Hans-Werner Hamacher

Deutschland im Visier

Hans-Werner Hamacher

Deutschland im Visier

Organisiertes Verbrechen

Militzke Verlag

Die Deutsche Bibliothek – CIP-Einheitsaufnahme
Hamacher, Hans-Werner:
Deutschland im Visier: Organisiertes Verbrechen / Hans-Werner Hamacher. –
Leipzig : Militzke, 2000
ISBN 3-86189-190-5

1. Auflage

Lektorat: Monika Werner
Umschlaggestaltung: Ralf Thielicke
Satz: Sandra Schneider
Gesamtherstellung: Druckhaus Schütze GmbH, Halle

INHALTSVERZEICHNIS

VORWORT

Die Entwicklung der allgemeinen Kriminalität beunruhigt zweifellos viele Bürger. Beim Organisierten Verbrechen allerdings fühlen sie sich oft an Chicago und Al Capone erinnert, an Schießereien auf offener Straße mit Toten und Verletzten. Da man von solchen Ereignissen seltener hört, meinen manche, daß es mit dem Organisierten Verbrechen in unseren Breitengraden nicht so schlimm sein kann.

Weit gefehlt! Das Organisierte Verbrechen – hier und heute – bedeutet Drogenkriminalität, Sklavenhandel mit Prostituierten und eingeschleusten Arbeitnehmern, heißt Subventions- und Scheckbetrug, Aktienschwindel, Produktpiraterie, Handel mit Raubkopien und – weiter unten in der Verbrecherszene – Eroberung des Rotlichtmilieus mit Hilfe von Erpressung. Da neue, »sanftere« Methoden eingesetzt werden, insbesondere Korruption und Bestechung, zählen Tote und Verletzte heute keineswegs immer zu den Markenzeichen dieser Verbrechensform.

Bei der Organisierten Kriminalität geht es nicht um Peanuts, sondern unter dem Strich um dreistellige Milliardengewinne. Diese riesigen Geldmengen zwingen die Hintermänner zur Geldwäsche und zu dem Versuch, mit dem leichtverdienten Geld Positionen in der legalen Wirtschaft zu besetzen.

Schon seit Mitte der 60er Jahre wiesen Kriminalisten auf die drohenden Gefahren hin und drängten auf Abhilfe. Doch ihre Alarmrufe stießen auf taube Ohren. Schlimmer noch, man verdächtigte sie der Panikmache und unterstellte ihnen, die Bürgerrechte aushöhlen zu wollen. Im Kapitel *Die Organisierte Kriminalität – Fiktion oder Realität?* rekapituliere ich den anhaltenden Streit um eine zutreffende Beschreibung (Definition) des *Organisierten Verbrechens.* Die Erinnerung daran ist nicht nur eine historische Reminiszenz, sondern auch ein Lehrstück für die Gegenwart.

Die Europäische Union eröffnet der Entwicklung des alten Europa neue Perspektiven. Sie garantiert ihren Bürgern u. a. die freie Wahl des Arbeitsplatzes in allen Mitgliedsstaaten und ungehindertes Reisen. Außerdem wurde der Eiserne Vorhang, der Teile Mitteleuropas sowie Südost- und Osteuropa vom Westen abschottete, in den Jahren 1989–1991 durchlässig. Wie die Organisierte Kriminalität einerseits und Polizei und Justiz andererseits auf die veränderte Situation reagierten, soll im Kapitel *Zögerlicher Fortschritt in Europa* untersucht werden.

Nicht genug damit: Die durch den Luftverkehr stark anwachsende Mobilität erleichtert auch Tätern aus aller Herren Länder, ihre Aktivitäten auf die »reichen Länder« Europas auszudehnen.

Diese Umstände veränderten die *Verbrechenssituation in der Bundesrepublik Deutschland* quantitativ und qualitativ. So stieg die Zahl der registrierten Straftaten in den alten Bundesländern von 1 789 319 im Jahre 1965 auf 5 149 995 im Jahre 1998.

Durch die neuen Entwicklungen sahen sich Parlamentarier im Verlaufe der 80er und vorwiegend der 90er Jahre veranlaßt, eine Anzahl von *Gesetzen zur Bekämpfung der Organisierten Kriminalität* zu verabschieden. Was diese beinhalten und inwiefern sie den Erfordernissen entsprechen, wird ebenso analysiert wie der *Stand der Verbrechensbekämpfung.*

Zur Rede stehen u. a. der Ausbau der Polizeilichen Datenverarbeitung, die Zentralisierung der Fingerabdruck-Sammlungen und die Gesetze für die akustische und optische Überwachung der Verbrecherszene.

Daß die im Buch beschriebenen Tatbestände nicht überholt sind, belegt neuerdings das nur mühsam über die Parlamentshürden gebrachte Kronzeugen-Gesetz. Es erlebte im Dezember 1999 eine stille und rasche Beerdigung. Diesmal rebellierte die Praxis energisch, und die Justizminister der Länder forderten bereits im Mai 2000, das Gesetz wieder aufleben zu lassen.

Im zweiten Teil stelle ich dar, wie der fälschlich so benannte *Genetische Fingerabdruck* als kriminalistische Untersuchungsmethode zur Einführung gelangte. Wie irreführend und unangebracht Befürchtungen waren und sind, dem Bürger und seinen Rechten dadurch Schaden zuzufügen, ergibt sich exemplarisch aus den angeführten, tief betroffen machenden Fall-Darstellungen.

Immer wieder warnten Kriminalisten vor dem Anwachsen der Organisierten Kriminalität und verlangten gemeinsam mit den Juristen vorbeugende Maßnahmen. Inzwischen haben die organisierten Stra ftäter trotz verbesserter Gesetzgebung erhebliches Terrain besetzt. Wiederum fordern Kriminalisten geeignete Maßnahmen zur Abwehr dieser akuten Gefahr. Dazu soll das Buch einen Beitrag leisten.

Hans-Werner Hamacher
Köln, im Juni 2000

TEIL I

Die Organisierte Kriminalität – Gefahr für Deutschland und Europa

Die Organisierte Kriminalität – Fiktion oder Realität?

Der »Knall von Wuppertal«

Über das gesamte Jahrzehnt der 70er Jahre hinweg wurde unter den Fachleuten und in der Öffentlichkeit erbittert über die Frage gestritten, ob die Organisierte Kriminalität in Deutschland bereits zur Realität geworden sei. Da geschah im April 1980 in Wuppertal etwas, was einem Ausrufungszeichen in der Diskussion gleichkam.

Wuppertal, Sonntag, 13. April 1980:

Der Justizbeamte Dirk Rainer O. verrichtet seinen Dienst in der Haftabteilung der Strafanstalt Wuppertal-Bendahl. Durch ein Fenster des Gebäudes an der Bundesallee sieht er zwei Männer des Weges kommen. Der eine trägt einen blauen Schutzhelm, der andere einen grauen Kittel. Die beiden Männer, vom Justizbeamten O. für Heizungsmonteure gehalten, verschwinden hinter der Hausecke. Er achtet danach nicht weiter auf sie.

Im Hof der Justizvollzugsanstalt machen 49 Häftlinge der Abteilung 4 ihren täglichen Rundgang. Das Gebäude ist von hohen, vermeintlich unüberwindbaren Mauern umgeben. Wachdienst im Hof versieht der Justizangestellte Rainer W. Der Häftling Archangelo Maglio (29) macht gewöhnlich beim Freigang Laufübungen; heute verzichtet er darauf, und anstatt des Trainingsanzuges trägt der italienische Gastwirt Zivil. Als der Beamte Wilfried K. den Italiener nach den Gründen fragt, erwidert er: »Ich fühle mich nicht wohl, keine Lust zum Laufen!«

Um 11.25 Uhr knallt es. Am Notausgang des Anstaltshofes reißt die stählerne Doppeltür aus den Angeln. Das innere Tor, über zwei Meter hoch und gut einen Meter breit, fliegt unter dem Druck der Explosion 15 Meter weit in den

Innenhof; Stahlsplitter werden bis zu 400 Meter weit geschleudert. Häftlinge und Wärter werfen sich auf den Boden, nur fünf Gefangene sprinten sofort los.

Drei von ihnen gelten als Schwerverbrecher: »Erzengel« Maglio und die Jugoslawen Branislaw Saranovic (27) und Jovan Osmajlic (31). Sie entkommen in einem Alfa Romeo, der mit laufendem Motor vor der Anstalt auf sie gewartet hat. Wilfried K. rennt noch ein Stück hinter dem anrollenden Wagen her, vergebens. Die Gefangenen entkommen mit ihren Befreiern.

Der gewaltige »Knall von Wuppertal« war das bis dahin lauteste Alarmsignal aus der Szene der Organisierten Kriminalität. Mit einem Schlage offenbarten sich langfristige kriminelle Planung, sorgfältiges Timing und Fürsorge für drei » schwere Jungs«. Zwar erhielten so auch zwei kleine Ganoven Gelegenheit zur Flucht, aber sie hatten nur die Gunst der Stunde genutzt. Gemeint waren die drei »dicken Fische«: Archangelo Maglio, Branislaw Saranovic und Jovan Osmajlic. Für sie war es äußerst wichtig, der deutschen Justiz zu entkommen.

Der »Erzengel« hatte schon in der Schweiz wegen Zuhälterei und Diebstahls Bekanntschaft mit der Justiz gemacht, ehe er sich in Wuppertal niederließ. Dort hatte er das Restaurant »La Pascha«, dem ein Bordell angeschlossen war, betrieben. Außerdem gehörte ihm noch das nahe gelegene »Café de Paris«. Woher die Mittel zum Aufbau der Geschäfte kamen, blieb im dunkeln.

Er kam in Untersuchungshaft, nachdem er versucht hatte, von einem Landsmann in Radevormwald eine »Schutzgebühr« in Höhe von 150 000 DM zu erpressen. An diesem Erpressungsversuch hatten auch drei deutsche Rechtsanwälte mitgewirkt – eine scheinbar besonders reizvolle, aber doch entlarvende Variante der Rechtsberatung und -hilfe.

Branislaw Saranovic saß gerade die ersten Monate einer achteinhalbjährigen Freiheitsstrafe ab, die man ihm wegen räuberischer Erpressung beim Kassieren von Schutzgeldern in Düsseldorfer Lokalen zudiktiert hatte.

Jovan Osmajlic befand sich dagegen noch in Untersuchungshaft, weil er als Aufpasser eines Düsseldorfer Spielclubs zwei unliebsame deutsche Konkurrenten angeschossen hatte. Eines der Opfer galt als Größe in der Düsseldorfer Unterwelt, so daß Vergeltung drohte. Es gehörte schon einiges an Macht und »Mut« dazu, solche Männer niederzuschießen. Normalerweise verringerte sich die Lebenserwar-tung des Schützen dadurch drastisch, und deshalb verzichtete man im Regelfall – auch bei vermeintlich dringlichem Anlaß – auf solche Attacken. Doch Osmajlic hatte die Machtprobe unter Preisgabe seiner Identität gegenüber den »Verurteilten« gewagt. Er wußte genügend Helfer, genügend Macht hinter sich, um eine mögliche Auseinandersetzung durchzustehen. Tatsächlich gehörte der Schütze einem Kreis von mehr als 50 Gangstern an, der überregional, möglicherweise sogar auf internationaler Ebene operierte.

Ein deutlicheres Signal für das Zusammenwirken einer Gangstergruppe zur Durchsetzung krimineller Ziele konnte es kaum geben. Der Knall von Wuppertal warf ein Schlaglicht auf die neue Art von Kriminalität. Nicht irgendeine zusammengewürfelte Bande praktizierte qualifizierte Kriminalität durch Erpressung, Mord, Schutzgeldeintreibung und Gefangenenbefreiung. Hier hatte sich die Existenz von straff geführten Gruppen erwiesen, mit weit vorausgreifender Planung, in Arbeitsteilung und mit angeworbenen Spezialisten, die ganze Deliktsbereiche beackerten.

Sie brauchten weder zuvor noch nachfolgend auf gute Rechtsberatung zu verzichten, wenn auch im Vorfeld eine gemeinschaftliche Operation mit Rechtsanwälten gründlich ins Auge gegangen war.

Laut Anklageschrift vom 23. Mai 1979 (Az.:26 Js 261/79) wurden die Rechtsanwälte Wolfgang B., Jürgen Dieter F. und Meinolf W., die Arbeitslosen Antonio Catarino und Emilio Boccolato, der Gastwirt Archangelo Maglio und der Geschäftsführer Jürgen Strecker angeklagt. Sie wurden beschuldigt, »gemeinschaftlich handelnd und unter Anwendung von Drohungen und gegenwärtiger Gefahr für Leib und Leben einen anderen rechtswidrig zu einer Handlung genötigt und dadurch dem Vermögen des Genötigten Nachteil zugefügt zu haben«.

Ferner wurden die Anwälte angeklagt, »gemeinschaftlich handelnd versucht zu haben, absichtlich ganz oder zum Teil zu vereiteln, daß andere dem Strafgesetz gemäß wegen einer rechtswidrigen Tat bestraft werden«.

Opfer dieser Straftaten war der italienische Landschaftsgärtner Oreste T. aus Radevormwald. Man hatte ihm deutlich gemacht, daß er nur als Krüppel oder Leiche in seine Heimat zurückkehren werde, wenn er nicht 150 000 DM an die Erpresser zahle.

Als er sich zahlungsunwillig erwies, rückten ihm zunächst die Anwälte auf den Pelz. Am 1. Juli 1978 trafen sie das Opfer im Schloß Lüntenbeck und stellten die ultimative Forderung: endlich zahlen und auf eine Anzeige verzichten. Außerdem forderten die Rechtsvertreter von ihm die Zahlung ausstehender Honorare ein.

Als Oreste T. darauf nicht einging, ließ die Erpresserbande einen bezahlten Killer aus Italien einfliegen, der dem Gärtner durch unterschiedliche Manöver Angst einjagen sollte. Um T. gefügig zu machen, brachten die Erpresser außerdem eine Bombe in seinem Auto zur Explosion. Danach versuchten sie, seine Tochter zu entführen.

Aber T. erwies sich als eine Ausnahme: Er ließ sich nicht einschüchtern und ging zur Polizei. So kam in Zusammenarbeit mit der Staatsanwaltschaft das ganze ungeheuerliche Geschehen ans Tageslicht. Es stand nur noch die Hauptverhandlung aus, in der die Machenschaften gerichtsfest dokumentiert werden sollten. Doch dazu kam es durch die »fürsorgliche Befreiung« von Maglio, der nach Italien entkam, nicht mehr. Allerdings blieb das Geschehen nicht gänzlich im Verborgenen. Die Anklage gegen die Anwälte führte zu Verurteilungen. Ein Blitz hatte die Existenz und Arbeitsweise von organisierten Straftätern erhellt, so daß eine Wende in der Diskussion um die neue Verbrechensform einsetzte.

Zick-Zack-Kurs in der öffentlichen Diskussion

Es stellt sich aus heutiger Sicht die Frage, warum es so lange gedauert hat, um in der Beurteilung der Organisierten Kriminalität voranzukommen. Zur Verdeutlichung soll im folgenden die Diskussion in den 70er Jahren in einigen Momenten rekonstruiert werden.

Zunächst ist festzuhalten, daß sich die Gesellschaften der westlichen Industriestaaten generell schwertun, die Existenz der Organisierten Kriminalität bei sich einzugestehen.

Das ergibt sich aus der Eigenart dieser Verbrechensform und dem politischen System dieser Länder.

Dem Wesen nach gedeiht Organisierte Kriminalität zunächst im Verborgenen. Offenkundige Organisierte Kriminalität wäre schlecht organisierte Kriminalität. Aber selbst wenn deutliche Anzeichen auf solche Straftäteraktivitäten hinwiesen, zögerten die Verantwortlichen, sie zur Kenntnis zu nehmen und daraus Konsequenzen zu ziehen.

Italien und die USA boten dafür guten Anschauungsunterricht. Doch auch in Großbritannien und Frankreich waren gleichartige Beobachtungen zu machen.

Die *Politiker* wiegelten zunächst ab, weil sie den Vorwurf der ungenügenden Vorsorge fürchteten. Wurden dann die Anzeichen unabweisbar, flüchteten sie in Gesetzesinitiativen, die etwas »hermachen«. Sie sollten beruhigend wirken, aber beileibe keinen politischen Streit oder bürgerlichen Unwillen verursachen. Das führte dann regelmäßig in der zweiten Runde zu langen Debatten über Ausmaß und Gefährlichkeit dieser Kriminalität und endete meist in halbherzigen Maßnahmen, die sich vor allem auf dem Papier gut ausnahmen.

Die der Regierung nahe stehende *veröffentlichte Meinung* folgte erst der Verharmlosung und bejubelte dann die »machtvolle« Scheinabwehr.

Die oppositionelle Presse dagegen übertrieb die Gefahr im Entstehungszeitraum, beschimpfte die Regierenden lautstark als Schwächlinge und Schlafmützen und machte sich durch Übertreibungen unglaubwürdig. Sobald sich die Parlamentarier allerdings anschickten, Gesetze zu verabschieden, die zur Abwehr der neuen Gefahren notgedrungen die Rechte einzelner Bürger einschränken mußten, forderte sie zum Widerstand auf. Sie wandte sich entschieden gegen Maßnahmen, mit denen der Staat – Polizei und Justiz – die Bürgerrechte gefährden könnten. In der Argumentation zog sie sich dabei ersatzweise meist auf den sogenannten Wurzelangriff zurück. Vereinfacht läßt sich dieser auf die folgende Formel bringen: Man muß nur die Ursachen der Verbrechen wie Armut, Arbeitslosigkeit, Werteverfall usw. beseitigen, dann geht auch die Kriminalität zurück. Darin steckt unbestreitbar viel Wahrheit. Allerdings berücksichtigt diese Argumentation die konkrete Verbrechenssituation unzureichend und dient oftmals als Vorwand, wirklich wirksame Maßnahmen gegen die Kriminalität auf den St. Nimmerleinstag zu verschieben.

Wenn die in der Demokratie notwendige Auseinandersetzung zwischen Regierung und Opposition zu einem formalen Schaukelspiel verkommt, bei dem die Sachfragen auf der Strecke bleiben, entspricht die Kriminalitätsbekämpfung meist nicht den Erfordernissen. Fehlt es an der politischen und öffentlichen Einsicht in die Gefährdung, bleiben auch finanzielle Hilfsmittel und gesetzliche Stützen aus. Wenn es jedoch daran mangelt, können die *Sicherheitsdienste* keine geeignete Organisation der Informationsbeschaffung und -verwertung über die tatsächliche Verbrechensentwicklung aufbauen. Als Folge unterblieb die Sammlung und Auswertung grenzüberschreitender Informationen, während den Tätern der Organisierten Kriminalität die modernen Kommunikationsmittel in vollem Umfang zur Verfügung standen.

So blieb das Geflecht organisiert handelnder Täter weitgehend unentdeckt. Neben unzureichenden finanziellen Mitteln zeichneten dafür ferner unterschiedliche Rechtsauffassungen, nationale Empfindlichkeiten und der Souveränitätsegoismus vieler neuer Staaten verantwortlich.

Ein Spiegelbild für diese Ermittlungsmisere boten von jeher die territorial ausgerichteten Organisationsstrukturen der Staatsanwaltschaften. Im Gegensatz dazu konnten und können Straftäter illegal erlangte Gewinne in Sekundenschnelle und über Kontinentgrenzen hinweg in den Tresoren der internationalen Banken verschwinden lassen und waren durch das Bankgeheimnis geschützt.

Da in den 70er Jahren keine oder nur wenige Erkenntnisse zur grenzüberschreitenden Organisierten Kriminalität aufliefen, verzichteten die Behörden auf personalintensive Organisationslösungen. Sie beschränkten sich auf die (bequemere) Abwehr der ins Auge fallenden Taten und Zusammenhänge im eigenen Zuständigkeitsbereich. Auf diese Weise entstanden Sachberichte und Statistiken, die scheinbar bestätigten, daß die Organisierte Kriminalität brav einen Bogen um das eigene Land schlug.

Fast überall in der Welt kam es bei der Auseinandersetzung mit neuen Formen der Kriminalität zu gleichartigen Verzögerungen.

Meist verharrte die jeweils bereits unterwanderte Gesellschaft in diesem Zustand der Verharmlosung, bis sich die Verbrechensszene so weit verfestigt hatte, daß ihre Existenz nicht mehr geleugnet werden konnte.

Einen typischen Hinweis auf die zunächst unsichtbare Unterwanderung einer Gesellschaft durch verbrecherische Strukturen stellt die Zunahme der Korruption dar. Sie beginnt mit dem Absinken der öffentlichen Moral (etwa Steuerbetrug als Alltagssport oder Verfall der sogenannten Kaufmannsehre, bei der ein Handschlag nichts mehr gilt), erreicht dann die Wirtschaft und Industrie (etwa durch Finanzflucht in Steueroasen, Preisabsprachen, geheime Absprache-Kartelle) und mündet in schlichte Bestechung ein, bis in die Vorstandsetagen und politischen Machtzentralen.

Das Unwesen erreicht die Amtsstuben, meist beginnend beim Bausektor, und macht schließlich auch vor den Zentralen der Abwehr in Justiz und Polizei nicht halt. Dabei schwindet allmählich das Unrechtsbewußtsein (»Cosi fan tutte!«), und dies bereitet den Boden für organisierte Schwarzarbeit, Unterschlagung von Sozialbeiträgen, Produktpiraterie, Subventionsschwindel, Schleuserkriminalität, Sklavenhandel mit Ausländern oder Minderheiten. Von da aus ist der Weg nicht mehr weit zur Alltagskriminalität wie Beherrschung des Rotlichtmilieus, Falschgeldherstellung und -verbreitung, reisende Bankräuber und Einbrecherbanden, Kfz-Schieberringe und Kompanien von angeleiteten kindlichen Taschendieben.

Das *ganze Ausmaß* der Korrosion entgeht der öffentlichen Aufmerksamkeit, weil immer nur punktuelle Erkenntnisse anfallen und eine planmäßige Suche nach national und international bestehenden Zusammenhängen unterbleibt. Die dadurch entstehende Laissez-faire-Haltung erzeugt nahezu zwangsläufig eine Infektionswirkung im Bewußtsein der Allgemeinheit, die auf die gewöhnliche Alltagskriminalität – bis hinein in die Jugend- und Straßenkriminalität – Einfluß nimmt. Letztere erreicht mit ihren Auswirkungen viele Bürger unmittelbar. Sie fordern vom »Staat« Abhilfe, der die Bekämpfung der Kleinkriminalität prompt in den Mittelpunkt stellt und darauf Ausrüstung und Personal konzentriert. Es entsteht die schizophrene Situation, daß man mit Macht gegen die Kleinen vorgeht und (un-) wissentlich die Großen laufen läßt.

Diese unerquickliche Situation mit falschen Fronten verschärfte sich angesichts der Tatsache, daß die Medien alle augenscheinlich »greifenden« Maßnahmen gegen Jugend- und Ausländerkriminalität begrüßten, gleichzeitig aber gesetzliche Regelungen, die auf die unsichtbaren Akteure der Organisierten Kriminalität zielten (Observation, Lauschangriff, Gendatei, Auskünfte aus den Sozialdateien usw.), verteufelten. Auch hier bewirkte die Befürchtung, daß die Demokratie auf der Strecke bleiben könnte, beinahe einen Stillstand bei der Verfolgung derartiger Verbrechen.

Zugegebenermaßen fehlte es auch oft an mutigen Richtern, Wissenschaftlern, Kriminalisten und Journalisten, die auf die Barrikaden geklettert wären und mit überzeugenden Worten auf die herannahenden Gefahren hingewiesen hätten.

Diese Zustandsbeschreibung traf über eine lange Zeit auch für die alte Bundesrepublik Deutschland zu. Die warnenden Stimmen fanden in den 70er Jahren jedoch wenig Gehör. Mein eigener Aufruf zur Vorsicht im Buch »Tatort Deutschland« (1973) nutzte das SED-Zentralorgan »Neues Deutschland« zu einem Frontalangriff auf das kapitalistische System, das eine Entwicklung hin zur Organisierten Kriminalität angeblich begünstige. Diese Ausschlachtung in einem Publikationsorgan, das eine uneingeschränkte Parteilichkeit pflegte und gegenüber den Machtorganen der Bundesrepublik per Auftrag feindlich eingestellt war, führte zu einer automatischen Disqualifikation meiner Aussagen und Warnungen.

In der alten Bundesrepublik veröffentlichte »Bild am Sonntag« in einer Artikelserie über mehrere Ausgaben Auszüge aus meinem Buch »Tatort Deutschland«. Diese Publikation wiederum wurde als Attacke gegen die Politiker schlechthin empfunden und verfehlte deshalb ebenfalls ihren Zweck.

Zur gleichen Zeit setzte die heftige Auseinandersetzung um den Datenschutz ein. Große Teile der Presse, der Wissenschaft und der Politik verdächtigten die Sicherheitsbehörden der Panikmache, unterstellten ihnen, *den Staat aus eigensüchtigen Gründen aufrüsten zu wollen*, um zusätzliche Beförderungsmöglichkeiten schaffen zu können, und zwar um den Preis einer *militarisierten Fahndung durch Einschränkung von Bürgerrechten.*

Es handelte sich um ein genaues Spiegelbild der Diskussion in den USA in den 60er Jahren.

In dieser Situation hatten diejenigen, die mehr Wissen und wirksamere Abwehrmaßnahmen gegen die Organisierte Kriminalität einforderten, schlechte Karten.

So konnten die neuen Formen des Verbrechens relativ unbehindert wachsen. Die Gründe dafür sind außer im fehlenden Wissen und in der Leugnung offenkundiger Anzeichen auch in der Verkennung ihrer spezifischen Erscheinungsformen in den europäischen Industriestaaten zu suchen. Schließlich gab es in Deutschland kein Abschlachten mutiger Richter und Polizisten wie in Italien und auch keine ethnisch miteinander verbundenen Mafiafamilien wie in den USA. Es ließen sich keine chinesischen Triaden und keine japanischen Yakuta-Formationen entdecken.

Völlig unbeachtet blieb, daß Straftäterformationen, wie sie für die Organisierte Kriminalität typisch sind, sich jeder staatlichen und wirtschaftlichen Organisationsform geschmeidig anzupassen wissen, um die jeweils gebotenen Möglichkeiten zu nutzen.

Dabei konnte selbst ein Unbefangener nicht übersehen, daß der explosionsartige Anstieg des Rauschgifthandels und -konsums die Existenz einer weltweiten Organisation für Anbau, Verarbeitung und Anlieferung voraussetzte. Und ebenso selbstverständlich ergab sich daraus die Notwendigkeit, in einer organisierten Form die riesigen illegal erlangten Geldsummen zu waschen, um sie legal nutzen zu können.

Streit um die Definition der Organisierten Kriminalität

Eine Vorstellung vom Zick-Zack-Kurs in der öffentlichen Diskussion vermittelt der Streit um eine Definition der neuen Verbrechensform. Er zeigt auch die Schwierigkeiten, in einem föderativ gegliederten Bundesstaat zu übereinstimmenden Einsichten und Maßnahmen zu gelangen.

Ausländische Beobachter wußten sich oft nicht zu fassen, wieso die deutsche Kripo so umständlich und so lange über die genannte Definition diskutierte, ohne eine Einigung zu erzielen. Die zunächst ausbleibende Verständigung wiederum verhinderte intensive Bekämpfungsmaßnahmen. Das muß unverständlich erscheinen, findet aber zumindest teilweise eine Erklärung in der verfassungsmäßig vorgegebenen Organisationsform der Polizei.

Im Wissen um den Mißbrauch der zentralisierten Polizei durch die Nationalsozialisten bestimmten die Väter des Grundgesetzes unmißverständlich: »Polizei ist Ländersache«. Nur Paulinus Dickopf (1910 bis 1973), der die Vertreter der amerikanischen Besatzungsmacht nach dem Krieg als Experte beriet, ist es zu danken, daß mit dem Bundeskriminalamt eine steuernde Koordinierungszentrale entstand, der nach und nach einige anleitende und bestimmende Funktionen übertragen wurden.

Da die Kriminalitätsbekämpfung – ebenso wie die Gestaltung des gesamten öffentlichen Lebens auf dem engen Bereich der Bundesrepublik – nach Einheitlichkeit und zureichender Effektivität verlangte, bedurfte es eines Gremiums, in dem alle Bundesländer durch kompetente Gesprächspartner vertreten waren. Dazu entstand bald nach dem Kriegsende die Arbeitsgemeinschaft Kripo, in der die Leiter der Landeskriminalämter Sitz und Stimme haben. Den Vorsitz führte der Präsident des BKA, dem aber lediglich ein Vorschlagsrecht zustand und dem die Pflicht zur Moderation der Beratungen oblag.

Die Konstruktion und Aufgabe des Beratungs- und Beschlußgremiums bedingt, daß jeder Vertreter eines Landes mit gleichem Gewicht abstimmen kann. Das gilt für den Vertreter des Landes Bremen als Repräsentant von etwa 600 000 Einwohnern gleichermaßen wie für den Vertreter von Nordrhein-Westfalen als Vertreter von über 17 Millionen Einwohnern.

Der Arbeitsgemeinschaft Kripo übergeordnet sind der Arbeitskreis II (Polizei-Abteilungsleiter aus den Länder-Innenministerien) und die Innenminister-Konferenz (Innenminister und Senatoren von Bund und Ländern).

Diese Gremien können jeden Beschluß der Arbeitsgemeinschaft Kripo bestätigen oder kassieren, realisieren oder verwerfen. Oft bedürfen aber selbst die Beschlüsse der Innenminister-Konferenz der Zustimmung durch die Landes- und Bundeskabinette oder bei

Gesetzesvorhaben der Verabschiedung durch die parlamentarischen Gremien.

Ursprünglich standen bei der Arbeitsgemeinschaft Kripo zentrale Themen wie Ausgestaltung des Erkennungsdienstes (Daktyloskopie) und des Meldedienstes (Meldeunterlagen und Meldewege) zur Diskussion, die nur bei totaler Einheitlichkeit funktionieren konnten. Im Laufe der Jahre kamen so diffizile Themen wie Grundsätze des Datenschutzes, Ausbau der Kriminaltechnik und Aufbau einer Gendatei hinzu.

Schon die karge Aufzählung der großen Themenbereiche verdeutlicht, daß Ergebnisse nur zu erzielen waren, wenn alle Bundesländer in die Absprachen eingebunden wurden und danach auch vorgingen. Logischerweise konnten daher Beschlüsse bloß bei Einstimmigkeit Wirksamkeit erlangen.

Eine solche Einstimmigkeit wäre unter den »Fachleuten« der Arbeitsgemeinschaft Kripo meistens zu erreichen gewesen, wenn ausschließlich sachliche Gesichtspunkte die Diskussion beherrscht hätten. Dem standen aber Hindernisse entgegen. Alle Landesvertreter in diesem Gremium stehen in einer mehr oder weniger starken Bindung an ihre politische Führung im jeweiligen Innenministerium. Die kursbestimmenden Innenminister gehören unterschiedlichen Parteien und Regierungskoalitionen an, die sich von jeher in A- und B-Länder gliedern (CDU-dominierte und SPD-dominierte Landesregierungen).

In wechselnder Folge standen immer einige Landesregierungen in Opposition zur jeweiligen Bundesregierung oder in Konkurrenz zu anderen Landesregierungen. Hinzu kam, daß viele Jahre die Position des Innenministers eine Domäne der FDP war, damit einer Partei, die entsprechend ihrem Selbstverständnis stets auf den Ausweis der besonderen Liberalität Wert legen mußte.

Quantität und Qualität von Erscheinungsformen des Verbrechens und der sich daraus ergebenden Form und Eingrifftiefe der Bekämpfungsmaßnahmen unterliegen immer einer sachlichen *und* politischen Bewertung. Die Ergebnisse fallen je nach Standort unterschiedlich aus.

Die jeweils regierende politische Formation tendiert dazu, ihre Schutzfunktion für die Bürger als vorausschauend und effektiv darzustellen, während die Opposition dazu neigt, den Regierenden Versäumnisse und Halbherzigkeit bei ihren Maßnahmen vorzuwerfen.

So entstehen in Bewertungsfragen häufig stark voneinander abweichende Standpunkte. Das wiederum führt zu Auswirkungen auf die Planungen für eingreifende Rechtsbestimmungen. Welche Möglichkeiten soll man der Polizei für Eingriffe in Bürgerrechte zugestehen, z. B. bei Ausweiskontrollen, bei Observationen, bei Lauschaktionen, bei der Rasterfahndung usw.?

Diese Divergenz in den Auffassungen zeigte sich exemplarisch bei der Entwicklung der Elektronischen Datenverarbeitung. Anfangs wurde das BKA von einigen Innenministern und der Presse gescholten, weil die Nutzung der EDV zu zögerlich einsetzte. Daraufhin begannen einzelne Bundesländer eigene Nutzungssysteme aufzubauen, die sich voneinander unterschieden und einen einheitlichen Datenaustausch unmöglich machten. Dieser Zustand rief natürlich die Kritiker erneut auf den Plan. Danach erhielt das BKA die Priorität, die Datenverarbeitung auszubauen. Als die Ergebnisse erkennbar wurden, überflutete das Amt eine Welle von Vorwürfen, die Polizei wolle den Bürger in allen seinen Lebensäußerungen ausforschen. Nicht zuletzt darüber stolperte der hervorragende Kriminalist Horst Herold als Leiter des BKA.

Solcher und ähnlicher Bewertungswandel schlug sich in den Beratungen der Arbeitsgemeinschaft Kripo nieder. Die Landesbeauftragten erschienen mit bestimmten Weisungen ihrer Minister zu den Sitzungen. Das zwang z. B. den Vertreter von Nordrhein-Westfalen unter dem damaligen Innenminister Willi Weyer dazu, auf Beschleunigung zu dringen, während der Vertreter von Hessen gezwungen war zu bremsen, weil in seinem Land ein besonders aktiver Datenschützer agierte. Völlig abweisend taktierte Bayern, dessen Politiker schon zu Zeiten der Weimarer Republik aus Furcht vor zu großer zentralisierter Polizeimacht das Reichs-Kriminalpolizei-Gesetz zu Fall gebracht hatten.

Ein derartiges Pro und Kontra wegen wechselnder politischer Bewertungen spielte bei der Einschätzung der Organisierten Kriminalität eine besondere Rolle.

Manche Innenminister leugneten deren Existenz, andere hielten sie bei Ausschöpfung der bestehenden Gesetze für beherrschbar, manche sahen sie erst heraufziehen, und wieder andere befürchteten den nahenden Kollaps der inneren Sicherheit.

Vieles hing von der Sachkenntnis und Überzeugungskraft der einzelnen Leiter der Landeskriminalämter ab. Sie mußten ihren Innenminister (und seinen ministeriellen Beraterstab) entsprechend ins Bild setzen. Das wiederum hing von ihrer Wirksamkeit im Lande und der Bereitschaft ihres Ministers ab, sich überzeugen zu lassen. Letztlich blieben aber die LKA-Leiter immer nur die »Stimme ihres Herrn«. Unter diesen Umständen fiel es einzelnen Kriminalisten schwer, bundesweit eine Art Stimmführerschaft in der Bewertung der Organisierten Kriminalität zu gewinnen; zumal das Bundeskriminalamt kurz treten mußte, um nicht in den Verdacht zu geraten, allzuviel Kompetenzen anzustreben.

Aber gerade auf dem Felde der Organisierten Kriminalität spielte eine allseits anerkannte Bewertung für die zu ergreifenden Maßnahmen eine besondere Rolle. Erst wenn es in der Arbeitsgemeinschaft Kripo gelänge, diese Einheitlichkeit der Bewertung (Definition) für das umstrittene Phänomen durchzusetzen, konnte man auf angemessene (allgemein anerkannte und praktizierte) Abwehrmaßnahmen rechnen, etwa für

- angepaßte Rechtsgrundlagen und Dienstanordnungen,
- Zuständigkeitsregelungen innerhalb der Polizei und Justiz,
- eine Zusammenarbeit der Polizeistellen untereinander und mit der Staatsanwaltschaft,
- die Ausgestaltung der internationalen Zusammenarbeit.

Die Warner und Mahner aus den Reihen der Kriminalpolizei und der Staatsanwaltschaft wußten wohl, welche Folgen die Anerkennung einer einheitlichen Definition zwangsläufig auslösen mußte. Denn wenn es zu der erstrebten Beschreibung kam, stand damit auch die Existenz der Organisierten Kriminalität fest. Alle Gesellschaftsschichten und Gremien mußten dann die Bedrohung ernst nehmen. Man käme nicht mehr umhin, sich zu Maßnahmen zu bekennen, die in anderen Staaten zur Abwehr dieser Kriminalitätsform bereits praktiziert wurden, etwa die Erlaubnis zur vorbeugenden Observation, zum Aufbau von Verdachtskarteien, der Einsatz verdeckter Ermittler, die Anwerbung von V-Leuten aus dem Milieu, die Entwicklung eines Zeugenschutzprogrammes, die Genehmigung von Lauschangriffen, die Überschreitung von Staatsgrenzen bei Ermittlungen usw.

Das alles würde weit in die Rechtssphäre der Bürger hineinreichen, bei ihnen und bei der Presse Unmut hervorrufen und so Politiker im Verein mit Datenschützern in Erklärungszwang bringen. Dem konnte man nur mit Überzeugungsarbeit auf der Basis vollständiger Übereinstimmung bei den Fachleuten entgegenwirken.

Es verwundert nicht, daß die zuerst von den neuen Kriminalitätsformen betroffenen Großstädte (und gleichzeitig Bundesländer) Hamburg und Berlin auf die Verabschiedung einer Maßnahmenkonzeption drängten.

So meldete sich bereits 1974 Landeskriminaldirektor Otto Boettcher aus Berlin zum Thema zu Wort. Ihm ging es weniger um die theoretische Beschreibung dieser Kriminalität. Er wollte vielmehr den Zwang zur Einigung durch eine Zustandsbeschreibung verdeutlichen. In seinem Dokument hieß es:

Parallel zum gesamten Leistungsbereich unserer Gesellschaft, die zu Rationalisierungen und Industrialisierungen gezwungen ist, verhält sich die Verbrechenswelt. Die Einzeltat ist nicht mehr lukrativ genug; sie wird den Markterfordernissen ebensowenig gerecht wie dem Bedürfnis nach risikogeringer, beständiger und profitbringender Sicherheit. Was liegt also näher, als Verbrechen in aller Konsequenz zu organisieren?

Daß dies geschieht, lassen doch zahlreiche Merkzeichen vermuten.

Offenkundig auf Marktbedürfnisse abgestimmte Diebstähle hochwertiger Waren – also z. B. Kraftfahrzeuge, Rauchwaren, elektrische Geräte – und der fast reibungslose Absatz in In- und Ausland, florierender Handel mit Rauschgiften und Wirtschaftsverbrechen aller Schattierungen steigern den Verdacht bis zur Gewißheit ...

In Gemeinschaft agierende Rechtsbrecher haben der Wirtschaft über die Schulter gesehen und sich dem zugewendet, was dort Marketing genannt wird. In verschiedenen Gruppen zusammenwirkende Spezialisten sind ebenso Realität wie langfristige Gruppierungen von Generalisten und zweckrational zusammengestellte schlagkräftige Tätergruppierungen mit einem gemeinsamen Bezugssystem unter gegenseitiger Respektierung.

Zweifelsfrei bestehen kriminelle Gruppen, deren gemeinsame Kennzeichnung im hierarchischen Aufbau, einer inneren Abschottung, im konspirativen und arbeitsteiligen Vorgehen, im Prinzip des Schweigens und in der Strategie der Einschüchterung besteht.

Boettcher argumentierte vom Stand des gesicherten Wissens aus und durfte auf die Überzeugungskraft der von ihm genannten Fakten hoffen, die eine gemeinsame Bekämpfung unabweisbar erforderten. Das mißlang beim ersten Versuch. Die befürchteten Widerstände machten sich recht bald bemerkbar. Politiker wiesen ihre Vertreter in der Arbeitsgemeinschaft Kripo an, bei der Diskussion um dieses Thema hinhaltend zu taktieren. Selbst wenn die so orientierten LKA-Leiter diesen Weisungen keine Folge geleistet hätten, wären gegenteilige Beschlüsse der Arbeitsgemeinschaft Kripo in der nächsthöheren Instanz – im AK II der Innenministerkonferenz – gescheitert. Das System der A- und B-Länder hätte eine radikale Einigung verhindert.

Immerhin zeigte 1975 die Hartnäckigkeit einiger Kriminalisten und Wissenschaftler, wobei sich Horst Herold mit besonders überzeugenden Argumenten hervortat, Wirkung.

Das BKA stellte eine international besetzte Jahrestagung unter das Thema »Organisierte Kriminalität«. Dabei traten gewichtige ausländische Referenten auf, die über die Verbrechensentwicklung in Italien und den USA berichteten. Führende Vertreter von Interpol bereicherten die Diskussion um einige Definitionsmöglichkeiten neuerer Art, die aber wenig hilfreich wirkten und wenig zu den Einigungsbemühungen beizutragen vermochten.

Zu den zahlreichen Umriß-Kennzeichnungen zählten u. a. Organized Crime, Syndikalisiertes Verbrechen, Organisierte Kriminalität, Organisiertes Verbrechen, Bandenkriminalität, Professionelle Kriminalität, Verbrechensindustrie, Organisiertes Verbrechertum, Organisierte Kriminelle Vereinigung, Krimineller Zusammenschluß und Kriminelle Gruppen.

Horst Herold hatte mich gebeten, vor diesem Forum ein Referat zu halten und einige grundsätzliche Dinge anzusprechen. Diesen Auftrag bekam ich wohl auch deshalb, weil ich zuvor bereits den Versuch unternommen hatte, durch eine situationsangepaßte Gliederung der Kriminalität den Gegebenheiten der Gegenwart zu entsprechen.

Der Vortrag stand unter der verharmlosenden Überschrift »Die Hintermänner der Verbrecher-Organisationen«. Es ging hauptsächlich darum, einige Definitionsangebote vorzustellen und sie möglichst ohne Widerspruch durch die Diskussion zu bringen. Im Falle des Erfolgs wäre es dann möglich gewesen, auf die internationale »Übereinstimmung« zu verweisen und wenigstens die allgemeine Anerkennung der Existenz einer Organisierten Kriminalität zu erreichen. Auf dieser Basis sollte dann die Erarbeitung angepaßter Maßnahmen in Angriff genommen werden. Diese Zielstellung bestimmte die Gliederung und Wortwahl meines Vortrages. Das erforderte vor allem den Verzicht auf den Begriff *Organisierte Kriminalität,* der offenbar so umstritten war, daß die erstrebte Einigung nur durch eine Umschreibung erreichbar schien.

Außerdem beanspruchten die Taten terroristischer Gewalttäter die öffentliche Aufmerksamkeit in einem Maße, daß man deren »Organisation« irgendwie mit berücksichtigen mußte, um nicht gleich auf der ganzen Linie zum Scheitern verurteilt zu sein. Daher unterschied ich zwischen der *ideologiebestimmten kriminellen Vereinigung, der wirtschaftskriminellen Vereinigung und der (all-)gemeinen kriminellen Vereinigung.*

Der Hinweis auf die *ideologiebestimmte kriminelle Vereinigung* sollte verhindern, daß sich die Diskussion ausschließlich auf die terroristischen Gewalttäter konzentrierte. Indem ich sie mit in die Betrachtung aufnahm, konnte ich auf öffentliche und politische Zustimmung rechnen.

Mein Vorgehen schien mir schon deshalb gerechtfertigt, weil es auch von der Sache her begründet war. Die Terroristen jener Zeit handelten gewiß kriminell, organisiert, hierarchisch strukturiert und in Arbeitsteilung, boten also äußerlich durchaus das Bild der Organisierten Kriminalität. Sie gehörten aber nicht in das klassische Raster dieser Kriminalitätsform, weil sie aus ganz speziellen – eben ideologischen – Motiven handelten und wegen des fehlenden Gewinnstrebens andere gesellschaftliche Abwehrmethoden und -strategien erforderten.

Durch die Berücksichtigung dieser Gruppe von Straftätern brachte ich zum Ausdruck, daß wir ihre Gefährlichkeit uneingeschränkt anerkennen und alles für deren Bekämpfung tun würden, ohne sie mit den anderen Formationen der Organisierten Kriminalität zu vermengen.

Die Bezeichnung *wirtschaftskriminelle Vereinigung* sollte verdeutlichen, daß die moderne Form der Organisierten Kriminalität nicht mehr nur die herkömmliche Art der Brutalkriminalität (Mord, Totschlag, Raub, Diebstahl, Erpressung und ähnliches) umfaßte, sondern inzwischen in ganz neue Bereiche hineingewuchert war. Da nahezu jeder Kriminalist und Politiker schon von solchen Straftaten Kenntnis erlangt hatte, oft sogar selbst davon betroffen war, hoffte ich auf Zustimmung durch das Identitätsempfinden der Angesprochenen.

Die dritte Gruppe – *die Allgemein-Kriminalität* – sollte alle organisierten Straftaten umfassen, die man gemeinhin in diesem Kriminalitätsfeld vermutet.

Wenn ich einige Bereitschaft zur Zustimmung erlangen wollte, mußte ich außerdem auf die Unterschiede zwischen der Verbrechensentwicklung in anderen Staaten und der Bundesrepublik eingehen. Die Bezeichnung »Organisierte Kriminalität« mit direktem Bezug auf die Mafia war durch die italienischen und US-amerikanischen Erscheinungsformen ideologisch besetzt. Bei vielen Versuchen einer Standortbestimmung oder Definition der Verbrechensentwicklung in unserem Lande wurden diese Formen der Kriminalität als absoluter Maßstab herangezogen. Das bedeutete ein (beinahe unausrottbares) Mißverständnis und verstellte fast blockadeartig den Blick für die Realitäten in der Bundesrepublik.

Tatsächlich lieferten diese Erscheinungsformen keinen tauglichen Vergleichsmaßstab. Das brutale Vorgehen dieses Verbrechertyps war uns nachhaltig durch Filme aus Hollywood überliefert worden. Dieses Bild traf allerdings längst nicht mehr in dieser Ausschließlichkeit zu. In den USA hatte sich inzwischen eine totale Vermischung von legalen und illegalen Aktivitäten herausgebildet. Als US-Spezialität mußten sowohl die bedenkenlose Beseitigung von Konkurrenten oder »Ungehorsamen« als auch der gegensätzlich wirksame Verzicht, Richter, FBI-Agenten oder qualifizierte Ermittler körperlich anzugreifen, Beachtung finden.

Diese spezifische Gemengelage aus Gesetzessituation, Western-Tradition und nahezu lupenreiner kapitalistischer Wirtschaftsform ist so typisch US-amerikanisch, daß ein einfacher Abklatsch nirgendwo möglich erscheint.

Ganz anders die typisch italienisch geprägte Szene. Sie ist einerseits von den rauhen Sitten der Blutrache der Mafia, Camorra und ähnlicher Formationen überlagert und andererseits von der Empfänglichkeit für Bestechlichkeit, die die staatlichen Verordnungen und Gesetze weitgehend unwirksam macht, bestimmt. Was im Norden als Korruption gilt, kann im tiefen Süden als wenig strafwürdiges »Schnabel-Nässen« durchgehen. Zudem lebten die Sizilianer und die Einwohner in den südlichen Provinzen des Stiefels Jahrhunderte unter der Knute von Despoten und Unterdrückern. Es galt unter der Bevölkerung fast als nationale Tat, die sie unterdrückenden Staatsbeamten und Herrschaftsvertreter *bei Bedarf* umzubringen. Daher rührt die lange anhaltende Neigung, »gefährlich« erscheinende Vertreter des Gesetzes durch Ermordung ihrer Wirksamkeit zu berauben. Auch diese besondere Mischung aus südlicher Leichtigkeit im Umgang mit Gesetzen und gnadenloser Härte gegen Rivalen, Blutsfeinde und Gesetzeshüter läßt sich nicht einfach eins zu eins exportieren.

Dagegen ist beiden Erscheinungsformen der Organisierten Kriminalität die Anpassungsfähigkeit an veränderte Situationen und Möglichkeiten eigen, so die geschmeidige Ausnutzung des grenzüberschreitenden Verkehrs und der Globalisierung, um illegale Gewinne zu erzielen und anzulegen.

Weder die amerikanische Cosa Nostra noch die italienische Mafia lieferten für sich genommen einen brauchbaren Vergleichsmaßstab, an dem man die Entwicklung der Organisierten Kriminalität in Deutschland und Europa ablesen konnte.

Da das aber immer wieder geschah, dienten Fiktionen als Modelle, so daß es leichtfiel, ihre Existenz in Deutschland aufgrund der anderen Erscheinungsform zu bestreiten.

Die an die BKA-Tagung geknüpften Hoffnungen der Praktiker erfüllten sich nicht. Ihre Vorschläge fielen in der öffentlichen Diskussion, die zu einseitig auf die terroristischen Gewalttaten oder auf die Einschränkung der bürgerlichen Freiheiten gerichtet war, nicht auf fruchtbaren Boden.

Daraufhin bot ich in einer Vorlage für die AG Kripo eine Ersatzlösung an. Ich verzichtete auf den Begriff *Organisierte Kriminalität* und brachte eine Stufenfolge der Tätergruppen ins Gespräch, gegliedert in *Bande, Kriminelle Vereinigung* und als Spitzenausprägung dieser Verbrechensform die Bezeichnung *Kriminelle Organisation* als Synonym für die OK. Damit sollte eine Einfügung der Verbrechensszene in der Bundesrepublik auf beliebiger Höhe in eine Stufenfolge ermöglicht werden.

Dieser Definitionstrick hätte jedem Innenminister gestattet, die Bewertung für sein Land auf der ihm zutreffenden Stufe unterzubringen. Dessen ungeachtet hätten sich alle Bundesländer ohne Ansehensverlust an der Entwicklung von Maßnahmen zur Bekämpfung der Organisierten Kriminalität beteiligen können.

In meinem »Denkmodell. Aufriß einer Kriminellen Organisation« hieß es:

Die hochentwickelte Kriminelle Organisation ist ein auf Dauer angelegter Zusammenschluß von Personen mit einem vom Straftatenziel unabhängigen Bezugssystem und festgelegter Kommando- und Verantwortungsstruktur, kanalisiertem Informationsfluß und im Schotten-Prinzip abgesichert.

Die Mitglieder begehen Straftaten nach zweckrationaler und strategischer Planung, arbeitsteilig oder unter Einsatz von Spezialisten, bei Beachtung wirtschaftlicher Gesichtspunkte, so zum Beispiel der Bedarfsforschung und der Absatzplanung.

Sie sichern sich durch ein System der Einschüchterung und des Terrors gegen Beteiligte und Unbeteiligte, durch Korruption und Bestechung, eigene »Gesetzgebung«, »Rechtsprechung« und Exekutivorgane, planvoll betriebene Öffentlichkeitsarbeit, soziale Abdeckung mit einem Scheinberuf und Scheineinkommen, gute Rechtsberatung und Rechtsbetreuung, Betreuung von Inhaftierten und deren Familien, Bindung an die Oberwelt und Aufbau von legalen Positionen im Wirtschaftsleben.

Meine Überlegungen waren den Ländervertretern aber zu utopisch. Man beschloß lediglich, die Darstellung zu überdenken, und schob damit die ganze Diskussion auf die lange Bank. Dieser Zustand hielt über das gesamte Jahrzehnt an, bis die Gangster selbst mit dem eingangs geschilderten »Wuppertaler Knall« ungewollt eine Beschleunigung anregten. Am Morgen nach der Tat beauftragte ich als Direktor des Landeskriminalamtes NRW eine kleine Sonderkommission, Ermittlungen über die Organisierte Kriminalität in unserem Lande anzustellen. Als Grundlage der Untersuchung sollte eine Auflistung *organisierbarer Verbrechensbereiche* dienen. Die Mitarbeiter der Kommission gingen danach auf die Suche nach Straftaten, die nach Art der Ausführung oder nach anderen Indizien das bis dahin unerkannte Mitwirken von organisierten Verbrechern vermuten ließen. Sie bekamen auch freie Hand, Geschehnisse und Verdachtsumstände mit in die Untersuchung aufzunehmen, die der Polizei unter der Hand zur Kenntnis gelangt waren und zu denen keine offizielle Anzeige vorlag. Das klingt aus heutiger Sicht selbstverständlich, stellte damals aber ein Ermittlungsnovum dar.

Als Ermittlungsansatz diente nicht der Verdacht auf eine Einzelstraftat oder auf eine Straftatenserie. Vielmehr handelte es sich um eine »verdachtsunabhängige« Überprüfung, die existierende Zusammenhänge, die sich bisher in ihrer Gesamtheit so noch nicht gezeigt hatten, erst einmal aufdecken sollte. Damit verbunden war die Suche nach bisher noch nicht belangbaren Hintermännern.

Die Ermittlungen erfolgten zudem nicht im Auftrag eines Staatsanwaltes. Denn welcher hätte das sein sollen, wenn man dem örtlichen Zuständigkeitsprinzip gefolgt wäre? Auch die einschlägigen Polizeigesetze und die sonst maßgebliche Strafprozeßordnung sahen einen solchen Ermittlungsansatz nicht vor. Wir verzichteten sogar auf die Unterrichtung des Innenministers. Damit hatten wir bei der nun planmäßig einsetzenden Suche nach Formationen der Organisierten Kriminalität das alleinige Risiko übernommen. Da Nachfragen und Anhörungen nicht von vornherein ausgeschlossen werden konnten, wären wir bei Beschwerden in Bedrängnis geraten.

Am Ende der nur wenige Monate dauernden Ermittlungszeit entstand ein Bericht, der zahlreiche Hinweise auf das Wirken von Tätern aus dem Bereich der Organisierten Kriminalität und auf deren Hintermänner enthielt. Die Vielzahl und die Dichte der dargestellten Fakten ließen keinen Zweifel mehr zu: Die Organisierte Kriminalität hatte auch in der Bundesrepublik Fuß gefaßt.

Der Bericht gelangte über den Landesinnenminister in die Konferenz der Innenminister des Bundes und der Länder, die eine Adhoc-Kommission zur Erarbeitung einer verbindlichen Definition dieser neuartigen Kriminalität bilden sollte. Obwohl die Fakten nun unabweisbar auf dem Tisch lagen, ging das noch immer nicht reibungslos vor sich. Immerhin wagte nun niemand mehr, die Existenz dieser Kriminalitätsform zu bestreiten. So veranlaßten dieser Bericht und andere Indizien den AK II 1981 – nach Zuarbeit durch die AG Kripo –, einem Definitionsvorschlag zuzustimmen und zur Verabschiedung an die Innenministerkonferenz weiterzureichen.
Darin hieß es:

Organisierte Kriminalität ist die von Gewinn- oder Machtstreben bestimmte planmäßige Begehung von Straftaten, die einzeln oder in ihrer Gesamtheit von erheblicher Bedeutung sind, wenn mehr als zwei Beteiligte auf längere oder unbestimmte Dauer arbeitsteilig

a) unter Verwendung gewerblicher oder geschäftsähnlicher Strukturen,
b) unter Anwendung von Gewalt oder anderer zur Einschüchterung geeigneter Mittel
c) unter Einflußnahme auf Politik, Medien, Öffentliche Verwaltung, Justiz oder Wirtschaft zusammenwirken.

Dieser Text fand Zustimmung bei der Innenministerkonferenz. Damit war ein wesentliches Hindernis für die Entwicklung einer wirksamen Bekämpfungsstrategie beseitigt. Man konnte darangehen, nach solchen Deliktzusammenhängen zu suchen. Doch bis zu einer wirklichen Übereinstimmung über die daraus zu ziehenden praktischen Konsequenzen sollten nochmals einige Jahre ins Land gehen.

Es wurde deutlich, daß die nunmehr als gültig anerkannte Definition aufgrund ihrer generalisierenden Aussage zwar die Organisierte Kriminalität (mit) erfaßte. Dennoch war sie in einer mit weiteren Indikatoren kombinierten Konstellation nicht geeignet, Delikte der Organisierten Kriminalität aus dem allgemeinen Kriminalitätsaufkommen herauszufiltern.

Besonders strapaziert wurde die Definition in den 80er Jahren, als die Kriminalisten darauf zu dringen begannen, eine umfassende rechtliche Regelung neuer bzw. angepaßter Ermittlungsmethoden und -instrumente sowie eine statistische Erfassung der neuartigen Delikte als Grundlage für eine bessere kriminalpolitische Einschätzung zu entwickeln.

Einzelne Bundesländer widersetzten sich z. B. der Neuregelung von Möglichkeiten der Gewinnabschöpfung oder des Instituts des Kronzeugen, obwohl die Notwendigkeit einer diesbezüglichen Gesetzesanpassung grundsätzlich nicht bestritten wurde. Sie argumentierten, daß der Anwendungsrahmen jedoch zuerst mit einer »soliden Definition« festgelegt werden müsse. So nahm das Hick-Hack in gemilderter Form seinen Fortgang.

Folgenreiche Diskusssion im Kanzlerbungalow

Immerhin – allmählich ermöglichten die Einzelanalysen der realen Verbrechensszene in den Bundesländern und auch beim BKA eine kräftigere Kolorierung des Gesamtbildes in der Republik. Es bildete sich eine deutlichere Vorstellung darüber heraus, in welchen Bereichen die Suche nach Anzeichen der Organisierten Kriminalität lohnend sein könnte. In diesem Zusammenhang spielte die Veröffentlichung des Buches »Der Mob« von Dagobert Lindlau im Jahre 1987 eine bedeutende Rolle.

Das Buch erschien rechtzeitig zum Weihnachtsgeschäft und erregte so viel Aufmerksamkeit in der Öffentlichkeit, daß es auch der damalige Bundeskanzler Helmut Kohl für seine Urlaubslektüre über den Jahreswechsel 1987/1988 auswählte. Er war von den Recherchen zum Organisierten Verbrechen tief beeindruckt und erörterte nach seiner Rückkehr zum Dienst mit dem damaligen Bundesinnenminister Wolfgang Schäuble die Problemlage. Beide Politiker stimmten darin überein, daß international koordinierte Maßnahmen ins Auge gefaßt werden müßten. Dafür bot sich eine günstige Gelegenheit, da die Bundesrepublik Deutschland am 1. Januar 1988 turnusmäßig den Vorsitz in der Ministerkonferenz der Europäischen Gemeinschaft zu übernehmen hatte.

Um geeignete Vorschläge unterbreiten zu können, suchten die beiden verantwortlichen Politiker Rat bei ihnen politisch nahestehenden Fachleuten. Zum engeren Beraterkreis des Kanzlers zählte Gerd Boeden, der eine glanzvolle Polizeikarriere absolviert hatte und wegen seiner Verdienste aus dem Polizeiruhestand an die Spitze des Verfassungsschutzamtes berufen worden war. Er empfahl, eine kleine Beratungsrunde in das Kanzleramt einzuberufen. Als sachkundige Teilnehmer benannte er den Landespolizeidirektor Stümper aus Baden-Württemberg und mich. Anfang Februar 1988 erreichte uns die Einladung ins Kanzleramt. Die erste Besprechung zwischen dem Bundeskanzler, Dr. Stümper, Boeden und mir begann gegen 12 Uhr im Arbeitszimmer im Kanzleramt und dauerte über zwei Stunden. Sie endete mit der Festlegung, für eine zweite – zeitlich unbegrenzte – Besprechung schriftliches Material vorzubereiten, aus dem sowohl Quantität und Qualität der Organisierten Kriminalität in der Bundesrepublik zu ersehen sein und Vorschläge für Maßnahmen für den Europäischen Raum enthalten sein sollten. An mich erging der Auftrag, eine schematisierte Aufstellung der *organisierbaren* Deliktsbereiche zu erarbeiten, während Dr. Stümper eine gehaltvolle Ergänzung durch Schilderung von Einzelfällen aus dem Raum Baden-Württemberg liefern und den Gesamtbericht mit einem knapp gehaltenen Vorschlagskatalog abschließen sollte.

Das zweite ausgedehntere Gespräch fand am Abend des 17. Mai 1988 im Kanzlerbungalow statt. Der Kanzler und Innenminister Schäuble hatten zum Abendessen eingeladen. In der fast bis Mitternacht andauernden, intensiven Besprechung versuchten wir gemeinsam, den Politikern eine generalisierte Übersicht über die zu diesem Zeitpunkt bereits erreichte Gefährdungslage zu verschaffen. In wesentlichen Punkten mußten wir die Warnungen und Befürchtungen von Lindlau bestätigen, die Situation zum Teil sogar noch drastischer schildern. Die Hinweise auf Existenz und Wirkungsweise der Organisierten Kriminalität in der Bundesrepublik hatten inzwischen Ausmaße erreicht, die Anlaß zur Sorge boten. Wir legten bzw. trugen den Politikern die folgenden Überlegungen vor, wobei wir uns bemühten, das Grobgemälde durch Detailschilderungen plastischer zu gestalten.

Organisationsverdächtige Verbrechensbereiche in der Bundesrepublik
(Stand: etwa Beginn 1988)

Tatziele und Tatmittel

Bei der organisierten Kriminalität geht es spezifisch und typisch um gruppenmäßig, banden- oder gewerkschaftsmäßig (syndicated crime) angelegte Verbrechen. Es geht um

- *mit wissenschaftlichen Methoden erreichte Perfektion,*
- *die Perfektion der Observation und Tatvorbereitung,*
- *die Perfektion der Technik bei der Tatbegehung und*
- *die Perfektion der Logistik*

bei diesen arbeitsteilig, berufsmäßig, gruppenmäßig, wissenschaftlich vorbereiteten und durchgeführten Verbrechen.

Organisierte Kriminalität ist im industriellen Zeitalter nicht mehr Verbrechenshandwerk, sondern Verbrechensindustrie. Das Ausmaß der Bemühungen vor, bei und nach den Taten, der erzielte Gewinn und dessen Verwertung entsprechen den Maßstäben der international operierenden Großindustrie.

Organisierte Kriminalität ist daher ein geordnetes Zusammenwirken mehrerer Personen, die auf Dauer direkt oder indirekt geschäftsmäßig durch Beschaffung und Anbieten von gesetzlich verbotenen oder kontrollierten Produkten oder Leistungen, durch illegale Methoden regelmäßig verdeckte Gewinne oder Einfluß in Bereichen des öffentlichen Lebens (Wirtschaft, Verwaltung, Politik) zu erlangen versuchen.

Methoden sind hierbei Ausbeutung, Erpressung, Drohung, Gewalt, Zwangsschutz, Terror, Korruption und aktive Bestechung.

Diesem illegalen Streben kommen Bedürfnisse und Nachfragen der Bevölkerung entgegen (Alkohol, Prostitution, Striptease, Massage, Pornographie, Glücksspiel, Rauschgift, Waffen, Hehlgut, Steuerbetrug), deren Befriedigung entweder gesetzlich untersagt, erschwert oder verteuert ist oder (bei denen) wegen fehlender ausreichender Geldmittel ein legaler Erwerb nicht möglich ist.

Im weiteren Verlauf der Beratung ging es darum, die Situation hinsichtlich der Rauschgiftkriminalität, der Wirtschaftskriminalität und der Eigentumsdelikte detaillierter zu umreißen.

Zur *Rauschgiftkriminalität* führten wir aus, daß dieser Verbrechensbereich nach zunächst langsamem Ansteigen in der Bundesrepublik sich zum umfangreichsten und gefährlichsten Zweig der Organisierten Kriminalität in allen westlichen Industriestaaten auswächst. Alle Fachleute stimmten in der Auffassung überein, daß das Rauschgiftgeschäft in weltweitem Maßstab in den Händen von kriminellen Organisationen liegt. Die alteingesessenen Cosa-Nostra-Familien in den USA zögerten lange, in dieses Geschäft einzusteigen, weil sie die höhere Verfolgungsintensität der Polizei und den aufkommenden Widerstand durch die Bevölkerung fürchteten. Allerdings verleiteten die riesigen Gewinnspannen die jüngeren Mitglieder der amerikanischen und italienischen Verbrechersyndikate dann doch dazu.

Ihre Rolle und Funktionen hatten bereits weitgehend Formationen aus Südamerika und dem Fernen Osten übernommen. Darüber hinaus vollzog sich damals eine weitere Ausdehnung der Geschäftspraktiken auf den Nahen Osten und auf Schwarzafrika. Sicher war, daß die illegalen Rauschgiftgeschäfte vorerst den sichtbarsten Teil der Organisierten Kriminalität in Westeuropa darstellten.

In den Herstellerländern und an den Umschlagplätzen waren Bestechung und Korruption an der Tagesordnung. Harte Drogen (Heroin und Kokain) waren auf dem Vormarsch.

Die verbotenen Substanzen kamen über See oder durch die Luft und wurden von einem Heer angeworbener Kuriere transportiert. Die Masse der Drogen gelangte über die Niederlande oder über den Balkan in die westlichen Länder. Das Auftauchen von Heroin beklagten die Kollegen in Italien, Frankreich, Großbritannien, Schweden und aus der Bundesrepublik gleichermaßen.

In den genannten Ländern bestand Einigkeit, daß Heroin aus Asien und Übersee auf den europäischen Markt drängt und daß es zur Herstellung, zum Antransport und zur Verteilung einer festen Organisation bedarf.

Wir erläuterten weiterhin, daß Rauschgiftkonsum Süchtige produziert, die wiederum zur Deckung ihres eigenen Bedarfs am Verkauf

(Ameisenhandel) teilnehmen. So trage jede Art von Rauschgifthandel die Tendenz zur organisatorischen Verfestigung in sich. Abschließend hieß es im schriftlich vorgelegten Papier:

Rauschgifthandel ist auf Internationalität und Verheimlichung angelegt. Die Gewinne sind so groß und unvorweisbar, daß sie zwangsläufig in andere »Geschäftszweige« drängen müssen (Geldwäsche). Rauschgifthandel zwingt daher auch zum Eindringen in das legale Geschäftsleben und zur Parallelkriminalität (Rauschgift und Aufbau von Speditionsfirmen und Reisebüros, Rauschgift und Aufkauf von Immobilien, Ferienclubs, Hotels, Rauschgift und Falschgeld, Rauschgift und Autohehlerei usw.).

Verdachtsanzeichen für Organisierte Rauschgiftkriminalität:

- *Verteilerringe (Ameisenhandel);*
- *Häufung von bestimmten Landsleuten bei Ermittlungen (Columbianer, Bolivianer, Chinesen, Bewohner des Vorderen Orients, Schwarzafrikaner jeweils mit überdurchschnittlichen Finanzmitteln ausgestattet);*
- *Bevorzugung eines Einfuhrlandes mit größter RG-Toleranz, daher geringes Entdeckungsrisiko;*
- *Ein-, Aus- und Durchfuhr von größeren Mengen auf dem Land-, Luft- und Seeweg, versteckt in Warensendungen aller Art und/oder in Transportmitteln;*
- *aufwendiger Einbau von Verstecken in Kraftfahrzeugen und/oder deren kostspieliger Umbau für Schmuggelfahrten;*
- *unverhältnismäßig hoher Aufwand bei Reisen, Verschiffung bzw. Transport von Material (z. B. Mitführen von Kfz oder Maschinen u. ä. als Versteck für Einfuhr von Übersee);*
- *Übereinstimmung benutzter Verbindungswege, -methoden und -mittel;*
- *Ein-, Aus- und Durchfuhr durch Kuriere, die größere Mengen am/im Körper verborgen haben;*
- *Transport von größeren Mengen innerhalb eines Landes/ins Ausland;*
- *illegales Aufbereiten, Gewinnen und Herstellen von Drogen in arbeitsteiligem Zusammenwirken;*
- *aufwendige technische Einrichtungen zur illegalen Aufbereitung, Gewinnung und Herstellung von Rauschgiften;*
- *Auffinden einer größeren Menge von Substanzen, die zur Verarbeitung bestimmt sind;*

– *Maßnahmen zur Geldwäsche.*

Hinsichtlich der *Wirtschaftskriminalität* gingen wir davon aus, daß sich hohe Gewinne durch Mißbrauch vorhandener Möglichkeiten in der gewerblichen Wirtschaft erzielen lassen. Als bevorzugte Tathandlungen und Deliktsbereiche charakterisierten wir folgendes:

- *Einzelunternehmen werden zur Tarnung von Mitarbeitern und zum Einschleusen von illegal erlangtem Geld mißbraucht;*
- *betrügerische Immobiliengeschäfte durch falsche Wertgutachten;*
- *zweckwidriges Verwenden von Baugeldern;*
- *dubiose Anlageberatung bei Investment- und Immobilienfondsanleihen;*
- *betrügerische Wertpapier- und Grundstücksmanipulationen;*
- *Manipulieren von Börsenkursen;*
- *Raubpressungen von Schallplatten, Raubdrucke gängiger Literatur;*
- *Manipulationen von Hitparaden;*
- *Aktienschwindel, Finanzierungs- und Kreditbetrug;*
- *Lebensmittel-Warenfälschung (in Qualität und Quantität);*
- *Insolvenzdelikte (geplanter Bankrott – run and rush);*
- *Industriespionage;*
- *Subventionserschleichung oder Subventionsschwindel;*
- *Preisabsprachen;*
- *Handel mit Arbeitskräften;*
- *Problemmüllbeseitigung.*

Wir unterstrichen, daß diese (und weitere) Deliktsbereiche sich zu organisierbaren Verbrechensbereichen auswachsen können.

Immer wieder geäußerte Zweifel, ob die Machenschaften bei Preisabsprachen ganzer Branchen oder Preistreibereien durch Weltfirmen den organisierbaren Verbrechensbereichen zuzurechnen seien, erschienen uns ungerechtfertigt. Wir verwiesen darauf, daß Weltfirmen ihre Angestellten zu Taschenspielertricks veranlassen, Auftrag geben, ganze Ölladungen auf hoher See umzubunkern, den Staat und den Käufer über die wahre Herkunft einer Ware täuschen und dafür den Preis drastisch heraufsetzen.

Dabei handelte es sich eindeutig um Machenschaften einer kriminellen Organisation, um eine Verschwörung von Verantwortlichen mit Kontrollpersonen und Aufträgen an eine Vollzugsebene mit dem Ziel, illegale Gewinne zu erzielen.

Immer wenn Bestechung und Korruption zum alltäglichen Geschäftsprinzip wird, um einen Markt zu erobern oder zu behaupten, den Konkurrenten niederzukämpfen und den Gesetzgeber zu beeinflussen, mußte dies aus unserer Sicht als Ausfluß der Tätigkeit einer kriminellen Vereinigung gewertet werden, selbst wenn andere Geschäftsaktivitäten auf legale Gewinne gerichtet sind.

Dabei bleiben die Verantwortlichen im Verborgenen, die Befehlsgeber der mittleren Ebene sind für die Justiz ebenfalls nicht greifbar. Nur die Ausführenden kommen in der Mehrzahl der Fälle vor Gericht. Sie schweigen jedoch, weil sie für ihre Angehörigen und um ihre zukünftige Versorgung fürchten. Wer dies nicht erträgt, bringt sich um, wer es erträgt, geht bei bester Betreuung und bester Rechtsberatung ins Gefängnis.

Buchstabengetreuer läßt sich die theoretische Vorstellung vom Zusammenarbeiten in einer kriminellen Organisation in der Wirklichkeit kaum rekonstruieren.

Aus der Kombination von Wirtschaftsspionage, Wirtschaftsverbrechen und Erpressung ergaben sich für die Zukunft ganz neue Möglichkeiten. Das Verbrechen folgt dem Geld. Beherrscht das Geld die elektronische Rechenanlage, dann schulen die Mitglieder der kriminellen Vereinigungen sich zu Computerfachleuten um. Schon damals konnten Firmen von ungetreuen Mitarbeitern im größten Stil beraubt werden, ohne daß dies die Leitung zunächst bemerken mußte.

Daß die zukünftige bargeldlose Gesellschaft mit den Datenverarbeitungsmaschinen der Organisierten Kriminalität willkommenen Schutz und breite Angriffsmöglichkeiten bietet, war bereits damals klar. Computeroperationen erfordern keine Geldwäsche. Keine verräterische Radierung oder Fälschung bleibt nach einer physikalischen Löschung und dem Neuaufbau der Daten zurück. Einer Gruppe von Kriminellen könnte es bald möglich sein, eine Firma, einen Konzern oder eine Stadt bis zur Zahlung eines Lösegeldes lahmzulegen, indem sie ein entscheidendes oder lebenswichtiges Computersystem stört.

Als eine weitere Art von organisierter Wirtschaftskriminalität hatte sich das Einschleusen von illegal einzusetzenden Arbeitskräften aus dem Ausland erwiesen. Gewappnet mit Chuzpe und Zuversicht, meist auch mit schlechten Papieren, war während der letzten Jahrzehnte ein Heer von Arbeitswilligen nach Deutschland gekommen. Aber anders als ihre offiziell angeworbenen oder legal beschäftigten ausländischen Arbeitskollegen besaßen die »Grauen« meist weder eine Arbeitserlaubnis noch eine Aufenthaltsgenehmigung. Aus Angst vor Entdeckung vertrauten und vertrauen sie sich der Vermittlung orts- und trickkundiger Landsleute oder deutscher »Arbeitskrafthändler« an, zahlen keine Sozialabgaben und leben, da unversichert, äußerst gefährlich.

Trotz Razzien und Festnahmen, Abschreckung und Abschiebung gelang es nicht, das Problem der Illegalen in den Griff zu bekommen. Wie groß ihre Zahl in der Bundesrepublik war, wußte damals niemand genau. Ämter, Gewerkschaften und Ausländerorganisationen nannten weit auseinanderfallende Zahlen zwischen 200 000 und einer Million Personen, die sich mindestens zeitweise ohne Genehmigung im Land aufhielten oder unerlaubt in Lohn und Brot standen.

Dokumentenfälschung war zum feinverästelten Dienstleistungsangebot in dieser illegalen Szene mutiert. Stempel wurden radiert und Siegel handgemalt oder auch mit modernsten Geräten nachgemacht. Einmal war es eine fingierte Arbeitsbescheinigung, die den offiziellen Aufenthaltsstempel einbrachte, zum anderen erwirkte die gut getürkte namentliche Anforderung auf einem Firmenbriefkopf die amtliche Arbeitserlaubnis.

Wo die illegale Arbeit nach Organisatoren verlangt, waren und sind fast immer Vermittler im Geschäft. Zwar stellte das Arbeitnehmerüberlassungsgesetz das illegale Vermitteln und das vorsätzliche Beschäftigen Illegaler mit erheblichen Bußgeldern oder mit Freiheitsstrafe bis zu fünf Jahren unter Strafe, so daß die Drahtzieher, oft Ausländer, über den Unrechtsgehalt ihres Handelns nicht im Zweifel sein konnten. Aber es fiel ihnen leicht, die oft viel geringer verhängten Bußgelder allein aus den hinterzogenen Steuern und Abgaben zu bestreiten.

Diese »Subunternehmer« hatten sich eine nur schwer anfechtbare und lukrative Stellung verschafft. Immerhin kosteten Einschleusung und Unterbringung von Illegalen zwischen 300 und 3 000 DM.

Dem Establishment der illegalen Arbeiterverleiher schien der Anschluß an die feineren Kreise deutscher Weißkragenkriminalität gelungen. So hatten allein in Frankfurt a. M. drei verurteilte Subunternehmer in einem kurzen Zeitraum über 1,7 Millionen Mark an Steuern und Sozialabgaben einbehalten, aber keinen Pfennig davon weitergegeben.

Das hinderte sie nicht, wenn gegenseitige Abwerbung von illegalen Arbeitskräften ins Spiel kam, die Streitigkeiten auf offener Straße mit Schußwaffen auszutragen.

Weitgehend machtlos waren und sind die Behörden, wenn unerlaubter Arbeitskräfteverleih durch vertragliche Absprachen zwischen Subunternehmer und Industriefirmen kaschiert wird.

Abschließend stellten wir zu diesem Problemkreis fest, daß man die kriminellen Machenschaften auf diesem Sektor nur bekämpfen kann, wenn die Scheu vor den scheinlegalen Verhaltensweisen »seriöser« Kaufleute abgelegt wird und Wirtschaftsstraftaten als das gesehen werden, was sie wirklich sind: das gefährlichste Arbeitsfeld der aktivsten kriminellen Gruppen. Die Wirtschaftskriminalität mit ihren vielfachen Möglichkeiten, so lautete unser Fazit, wird das Wirkungsfeld der organisierten Gruppen von morgen sein.

Verdachtsanzeichen für Organisierte Wirtschaftskriminalität:

- *Versprechen oder Gewähren nicht üblicher Vorteile wirtschaftlicher oder allgemeiner Art;*
- *ungewöhnlich hohe Renditen für den Einsatz von Kapital und Arbeitskraft;*
- *Anbieten von Vertretungen, Kursen etc. auf dem Wege des Schneeballsystems;*
- *phantastische Unternehmensbezeichnungen, besonders mit Sitz im Ausland;*
- *übertriebene Werbung;*
- *Bestechung als regelmäßige Geschäftspraxis;*
- *Fälschung von Belegen;*
- *Fälschung/Verfälschung von Warenbegleitpapieren;*

- *Wertpapierfälschungen;*
- *Umsatz von gefälschten/gestohlenen Wertpapieren;*
- *Anbieten von Leistungen zu Dumping-Preisen auf dem Bausektor/bei der Müllbeseitigung;*
- *unsinnig erscheinende Transportsendungen über Staatsgrenzen hinweg u. ä.*

Bezogen auf die *Eigentumsdelikte* konnte man annehmen, daß sie als Betätigungsfeld für Organisierte Täter beinahe antiquiert seien. Dennoch signalisierte die Entwicklung auf diesem Gebiet mancherlei Hinweise auf das allgemeine Verbrechensklima und den erreichten Organisationsstand bestimmter Gruppen.

Zweifellos gehörte der *Bankraub* damals bereits nicht mehr zu den bevorzugten Delikten Organisierter Täter in Italien und den USA. Die Gründe ergaben sich sicherlich aus dem unsicheren Erfolg, der großen Gefährdung der Täter beim Unternehmen, dem hohen Aufwand für die Vorbereitung, Durchführung und Flucht sowie dem beträchtlichen allgemeinen Aufsehen.

Allerdings sprachen Banküberfälle in großer Zahl für eine Infektionswirkung, die sich aus einem allgemeinen Verbrechensklima ergibt, in dem auch Vereinigungen und Gruppierungen gedeihen. In einem solchen Klima gehen dann auch Amateure ans Werk und wollen durch den schnellen Coup ein für allemal alle Lebenssorgen beheben.

Gehen die Zahlen wieder zurück, darf man in der Regel eine gewisse Konsolidierung in der Unterwelt vermuten, und die Täter gehen zu »feiner« eingefädelten Aktionen über. Ein Anstieg von Banküberfällen spricht daher meist für Gründerjahre von kriminellen Vereinigungen.

Nach dem Abflauen der Banküberfälle setzen die weniger auffälligen Raubüberfälle auf Kassen, Juweliere, Lohngeldtransporte und Geldtransportwagen ein. Trotzdem bleibt auch bei diesen Taten das Risiko groß, aber die Täter hoffen bei der Beute auf »sauberes Geld«. Da diese Vermutung nicht immer zutrifft, wurde die Organisationstätigkeit auf noch weniger auffällige, aber um so sicherere Arbeitsgebiete verlagert.
In unserem Bericht wurde dazu ausgeführt:

In den Niederlanden beobachten eingespielte Gruppen den gesamten Frachtverkehr in den Häfen. Schon dort ereignet sich eine beträchtliche Anzahl von Diebstählen. Es verschwinden Container oder ganze Wagenladungen mit scheinbar unbedeutenden Ladungen.

So bevorzugen die Täter Nickel, Kobalt, Kadmium, Kupfer, Quecksilber, Zigaretten, Zigarren, Whisky, Kameras, elektrische Apparate u. ä.

Alle diese Güter besitzen den Vorzug, auf kleinstem Raum einen hohen Wert zu repräsentieren und wieder leicht mit hohem Gewinn in den Markt eingeschleust werden zu können.

Lastwagen mit solchen Ladungen verschwinden nach Observation in der Bundesrepublik oder erst in Italien.

Die Vorliebe für die zu erbeutenden Waren stimmt fast in allen Ländern Europas überein. Es sind Spirituosen, Rauchwaren, Farbfernsehgeräte, Taschenrechner, verkaufsfertige Textilien, Teppiche und wenn möglich Waffen.

Auch hier erstaunt das spurenlose Eintauchen der Güter in den Markt. Durch Handelsketten wandern sie durch Europa und kehren frisch etikettiert als legale Ware wieder in den Handel zurück.

Neben dieser Beschaffungsart erfreuen sich auch ganz bestimmte Güter der Aufmerksamkeit von Hehlern und Hehlergruppen. Die Auswahl stimmt im wesentlichen mit den Gütern überein, die auf dem Transportwege verlorengehen. Ferner sind noch gefragt: Kunstgegenstände, Antiquitäten, Reiseschecks, Schmuck.

Die lohnende Verwertung solcher Beutestücke erfordert internationale Verbindungen, Umschlagplätze, Lagerräumlichkeiten, Transportmöglichkeiten. Die Täter betrachten Europa längst als ein einheitliches Arbeitsfeld; für sie wird die freie Wahl des Arbeitsortes seit langem gewährleistet.

Besondere Spezialgruppen versorgen den Kfz-Markt durch planmäßigen Diebstahl von Personenkraftwagen, die offenbar auf Bestellung nach Farbe, Typ und Kilometerstand geliefert werden können.

Die Ausfuhr erfolgt auf dem Landwege und über See in die Aufnahmeländer. Dahinter stehen Gruppen und Großhehler mit großem Einfluß und Kapital, die den Bedarf ermitteln und die Beschaffung sicherstellen. Die Beschaffung erfolgt in allen westeuropäischen Ländern. (...) Diese Kriminalität umfaßt zwangsläufig die Herstellung und Beschaffung von gefälschten Papieren für Personen und Fahrzeuge.

Wir kamen nicht umhin, in unserem Vortrag vor dem Kanzler und dem Innenminister auch auf die Kriminalität im Zusammenhang mit dem Nachtleben einzugehen, und verwiesen auf Versuche, in allen Ländern Westeuropas feste Positionen im Nachtleben zu erobern und auszubauen. Die ursprünglichen Inhaber der Lokale wurden nach und nach durch Gewalt, Geschäftsschädigung und Aufkauf vertrieben.

Auf diese Weise gerieten die Vergnügungsviertel in die Hand weniger Gangster, die allerdings ihren Besitz wieder gegen andere nachdrängende Verbrecher verteidigen mußten. Sie suchten daher nach Bundesgenossen in anderen Städten und schlossen Verträge. Sie tauschten Dirnen, Tänzerinnen, geschmuggelten Alkohol oder Tabakwaren aus, boten ihren Gesinnungsgenossen Unterkunft und schufen ein Stützpunktsystem, in dem kriminelle Aktivitäten vorbesprochen, geplant und zum Teil auch durchgeführt werden konnten (Hehlerei, Glücksspiel u. ä.).

Ein bedeutsamer Ansatz- und Ausgangspunkt für das Entstehen organisierter Gruppen stellte nach unserer Kenntnis die Prostitution dar. Sie zog Betreuer und Organisatoren an, und der verhältnismäßig hohe Verdienst verleitete zur direkten Anschlußkriminalität (Waffenhandel/Kuppelei/Hehlerei) und provozierte weitere Straftaten.

Außerdem fanden in unseren Ausführungen der illegale Waffenhandel, die Falschgeldherstellung, der Zinswucher und das Glücksspiel Berücksichtigiung.

Abschließend kamen wir zu folgender zusammenfassender Beurteilung:

Die Organisierte Kriminalität hat sich in der Bundesrepublik bereits eingenistet. Sie hat noch nicht das Ausmaß ausländischer Entwicklungen erreicht.

Dessen ungeachtet bedarf diese Kriminalitätsform der besonderen Beachtung durch den Gesetzgeber und die Justiz. Mit dem Polizeipräsidenten Dr. Manfred Schreiber, München, ist festzuhalten: »Die Bekämpfung der Organisierten Kriminalität erfordert einige neuartige Überlegungen. Die Qualität der Delikte beweist, daß es sich um die Kernbereiche der Kriminalität handelt, deren Folgen von der Vernichtung eines Staatswesens bis zur Bedrohung von Leben, Gesundheit und Existenz einzelner oder großer Personengruppen reicht.«

Schwierigkeiten bei der Bekämpfung solcher Organisationen ergeben sich insbesondere infolge

- *des Professionalismus der Bandenmitglieder,*
- *der Abschottung und Tarnung innerhalb der Organisationsstrukturen,*
- *der straffen Führungsverhältnisse und der Gehorsamspflicht der Mitglieder,*
- *der strengen Gruppendisziplin der Mitglieder,*
- *der Skrupellosigkeit des Vorgehens der Organisation,*
- *der guten finanziellen Ausstattung der Organisation,*
- *der Aussageunwilligkeit von Betroffenen und Zeugen,*
- *der Internationalität und Mobilität in der Besetzung und Arbeitsweise der Organisation.*

Die ebenso schwierige wie bisher im Grunde ungelöste exakte Deskription der Kriminalitätsform darf keine unüberwindlichen Schwierigkeiten bereiten. Der Ausgangsbegriff ist lediglich genügend weit zu fassen, um alle strategischen Gesichtspunkte in die Maßnahmen einbeziehen zu können. Es ist daher auch weder der zahlenmäßige Gesamtanteil an der Kriminalität noch der von ihr verursachte Schaden zu quantifizieren.

Die aus Gerd Boeden, Dr. Stümper und mir bestehende Gruppe fand mit ihrer Schilderung der Gefahren ein offenes Ohr. Sie erhielt von beiden Politikern die Zusage, daß die deutsche Delegation beim Euro-Gipfel im Juni 1988 in Hannover intensiv für die Einrichtung einer Europol-Dienststelle eintreten würde. Außerdem sagten sie zu, auch innerhalb der Bundesrepublik für eine angepaßte Gesetzgebung zu werben.

Tatsächlich konnte der Bundeskanzler seine Amtskollegen bei der Zusammenkunft in Hannover davon überzeugen, daß die Organisierte Kriminalität inzwischen ein bedrohliches Ausmaß erreicht habe und international koordinierte Abwehrbemühungen erfordere. Als geeignete Maßnahme schlug er die Einrichtung einer Europol-Behörde mit internationaler Zuständigkeit vor, vermochte aber seine Amtskollegen noch nicht gänzlich zu überzeugen.

Dennoch stimmte der Ministerkreis darin überein, daß die Informationssammlung und die zur Verwertung notwendige Kommunikation im überwiegend nationalen Rahmen nicht mehr ausreiche. Damit war auf europäischer Ebene ein Anfang gemacht, nicht mehr und nicht weniger. Wirklich bedeutsame Ergebnisse konnte die Exekutive im europäischen Rahmen erst zehn Jahre später verzeichnen.

Auch im nationalen Bereich durfte man auf neue Einsichten und Fortschritte in der Sache hoffen. Nahezu zeitgleich mit der Initiative des Bundeskanzlers beauftragte die Bundesregierung eine Kommission von 36 Fachleuten, die Ursachen für die allgemein ansteigende Gewalt in der Gesellschaft zu untersuchen und Vorschläge zur Abhilfe vorzulegen. Sie nahm im Februar 1988 die Arbeit auf und stand unter dem Patronat des damaligen Staatssekretärs Kinkel (FDP) aus dem Bundesjustizministerium.

Den Vorsitz der Kommission übernahm Professor Schwind (CDU), ehemals Justizminister in Niedersachsen, nunmehr Dekan der Juristischen Fakultät der Ruhr-Universität in Bochum. Sein Stellvertreter war Professor Bauman (FDP), ehemals Justizsenator in Berlin, nunmehr Dekan der Rechts-Fakultät der Universität in Tübingen.

Die Kommission gliederte sich in acht Unterkommissionen, die die unterschiedlichen wissenschaftlichen und praktischen Zugänge zum Thema Gewalt abdecken sollten.

Vorrangig Prävention

UK I	UK II	UK III	UK IV
Psychologie	Psychiatrie	Soziologie	Kriminologie

Vorrangig Repression

UK V	UK VI	UK VII	UK VIII
Polizeipraxis	Strafrechts-praxis	Strafrechts-wissenschaft	Öffentliches Recht

Bei den Kommissionsmitgliedern handelte es sich um renommierte Sachkenner, die allerdings aus Gründen der Ausgewogenheit auch nach ihrer Parteinähe ausgewählt worden waren.
Der *Unterkommission IV – Kriminologie* gehörten die anerkannten Professoren Kerner, Kaiser, Kreuzer und Pfeiffer an.

Die Wissenschaftler galten durch die Bank als gemäßigt links (SPD-nah); sie mißtrauten aber mehr oder weniger den Mitarbeitern der Exekutive, weil sie meinten, diese würden den staatlichen Eingriffsmöglichkeiten zuviel Gewicht beimessen. Sie tendierten überwiegend zu einer zurückhaltenden Einschätzung der Gewaltszene und setzten mehrheitlich auf Hilfe für Opfer und Täter statt auf bürgerrechtseinschränkende Gesetzesmaßnahmen.

Der *Unterkommission V – Polizeipraxis* gehörten Dr. Stümper, Dr. Gemmer, Diplom-Psychologe Salewski und ich als völlig titelloser Kriminalist an.

Dr. Stümper verdankte seine Berufung vorrangig seinem hohen Fachwissen, wobei seine CDU-Nähe die Benennung erleichterte. Dr. Gemmer kam durch Stimmen der SPD in die Kommission, und ich erhielt meinen Ruf offenbar aus den Reihen der FDP-Fraktion, obwohl jedermann um meine SPD-Mitgliedschaft wußte. Salewski hatte der Bundesregierung schon mehrfach als parteiunabhängiger Berater zur Verfügung gestanden. Er stand sozusagen für die »reine Vernunft« in unserer Unterkommission.

Stümper, Gemmer und ich hofften natürlich auch auf die Einbeziehung der Organisierten Kriminalität in die Beratungen. Durch Gewaltanwendung wird das organisierte Verbrechen sozial sichtbar. Das zwingt dazu, Mittel wie Erpressung u. a. möglichst dosiert einzusetzen, um die Öffentlichkeit nicht provokativ gegen sich aufzubringen. Dennoch ist Gewalt dem organisierten Verbrechen unausrottbar immanent und bleibt zumindest als Druckmittel stets präsent. Allerdings versuchen kluge Köpfe des Mileus, die nackte Gewalt nach Möglichkeit durch die Furcht zu ersetzen. Um diese aufrechtzuerhalten und aufzufrischen, ist man gleichwohl gezwungen, ab und zu Gewalttaten zu begehen. Eigene Leute werden ermordet, falls sie nicht gefügig oder verratsverdächtig sind. Diese Notwendigkeit wirkt in der Szene durch Infektion verrohend, ohne zahlenmäßig übermäßig ins Gewicht zu fallen. Aus den hier erörterten Gründen hätte die Gewalt im Organisierten Verbrechen zwangsläufig zum Themenkreis der Kommission gehören müssen.

Diese Hoffnung zerschlug sich jedoch bald. Der Vorsitzende, sein

Vertreter und die Mehrheit der Mitglieder wollten sich auf die Untersuchung der allgemein auftretenden Gewaltphänome konzentrieren, insbesondere auf die Erscheinungsformen bei den öffentlichen (demonstrativen) politischen Auseinandersetzungen und bei sonstigen öffentlichen Gelegenheiten wie bei Fußballspielen u. ä. Sie wollten die Suche nach den auslösenden Ursachen in den Mittelpunkt stellen, die sie in der Straßen-»Erziehung«, in Defiziten der Schule und im abnehmenden Einfluß der Familie vermuteten.

Die Diskussion über den Entwurf des Endgutachtens fand im November 1989 in Berlin statt, wenige Tage nach der Maueröffnung. Dieses Ereignis beherrschte auch die Stimmung, in der die Diskussion geführt wurde, so daß ein versöhnlicher Geist dominierte und die möglichen Befürchtungen um das Auswuchern der Organisierten Kriminalität fast gänzlich in den Hintergrund traten. Jetzt galt es, ganz andere politische Aufgaben in den Mittelpunkt zu stellen.

Das spiegelt auch der Bericht der Gewaltkommission wider, der ausdrücklich und expressis verbis die Phänomene der Organisierten Kriminalität unberücksichtigt ließ. Versuche der UK V – Polizeipraxis –, auch diesen Bereich zu thematisieren, fanden zwar Niederschlag in ihrem eigenen Beitrag, blieben aber ohne gravierende Auswirkungen auf die grundsätzlichen Empfehlungen der Kommission.

Im Endgutachten der Unterkommission Polizeipraxis hieß es:

Organisierte Kriminalität

Die Organisierte Kriminalität nimmt in der Bundesrepublik Deutschland immer mehr zu. Dies ist gleichbedeutend mit der Zunahme der der Organisierten Kriminalität immanenten Gewalt. Hier muß von einem großen Dunkelfeld und einer erheblichen Zunahme der Gewalt ausgegangen werden. Gelingt in Einzelfällen die ermittlungsmäßige Aufhellung dieser Kriminalität, tritt auch die damit verbundene Gewalt zutage, wie Erpressung, Disziplinierung oder Druckmittel, um Opfer in brutaler Weise gefügig zu machen, Zeugen als »Verräter« exemplarisch zu bestrafen (Marterung) und dann zu eliminieren oder um z. B. Frauen im Vergnügungsmilieu gefügig zu machen oder zu halten.

In der Polizeilichen Kriminalstatistik schlägt sich diese Gewalt nur ganz vereinzelt nieder.

(Schwind/Baumann: Ursachen, Prävention und Kontrolle der Gewalt, Bd. II, Duncker humblot, Berlin 1990, S. 624, Ord. Nr. 53)

An anderer Stelle ist in den Endgutachten der übrigen Unterkommissionen von der Organisierten Kriminalität keine Rede. Einzig die Unterkommission IV – Kriminologie – geht am Rande auf die Rauschgiftkriminalität, eine Sondererscheinung der OK, ein:

Zusätzliche Anstöße für Gewalt ergeben sich aus dem Wesen eines teilweisen organisierten illegalen Marktes. Ein solcher Markt ist gekennzeichnet durch Konkurrenz, Rivalität, Abschirmung und rigide Selbstjustiz.

Er fördert typische Rollen und Lebensstile. Er lebt in steter Auseinandersetzung nicht zuletzt mit der staatlichen Drogenkontrolle. Je intensiver diese ist, je mehr sie sich auch infiltrierender Methoden der Untergrundfahndung bedient, um so härter werden Auseinandersetzungen innerhalb der Drogenszene und zwischen dieser und staatlicher Kontrolle. Beispielsweise können erfolgreiche Aktionen der Drogenkontrolle dazu führen, daß der Nachschub vorübergehend erschwert ist, Preise steigen und der Verteilungskampf – mit entsprechender Steigerung von Gewalt – härter wird.

(Ebenda, Bd. II, S. 584, Ord. Nr. 288)

Dessen ungeachtet versuchten die Vertreter der UK V – Polizeipraxis –, in Diskussionen auf die gewaltfördernde Virulenz der Organisierten Kriminalität hinzuweisen und vor deren grenzüberschreitender Ausbreitung zu warnen. Sie wiesen auf die Notwendigkeit hin, gerade auf diesem Gebiet geeignete Abwehrmaßnahmen zu empfehlen und durchzusetzen. Vor allem erschien uns notwendig, auf die Möglichkeiten der internationalen Zusammenarbeit zu dringen. Dieses Bemühen blieb trotz der Vorgabe – auf die Untersuchung der Organisierten Kriminalität zu verzichten – nicht ohne Erfolg.

Im Endgutachten der Kommission heißt es:

Die internationale Ebene

Gewaltkriminalität nimmt verstärkt internationale Züge an. Europa wird immer mehr zu einer kriminalgeographischen Einheit. Unberücksichtigt blieb die Gewaltproblematik der Organisierten Kriminalität, weil es sich bei der Organisierten Kriminalität um ein selbst wiederum äußerst vielschichtiges Thema handelt, das in dem vorgegebenen Rahmen auch nicht annähernd abzuhandeln war.

Die Kommission war sich aber sehr wohl dessen bewußt, daß gerade die Organisierte Kriminalität in den letzten zwei Jahrzehnten in außergewöhnlichem Maße an Macht, Einfluß und Gefährlichkeit zugenommen hat und daß Gewalt Wesensbestandteil vieler Formen Organisierter Kriminalität ist, so um beispielsweise Opfer gefügig zu machen, Zeugen einzuschüchtern, Frauen zur Prostitution zu zwingen, Konkurrenz auszuschalten und ein Klima der Angst sowohl innerhalb der eigenen Strukturen als auch im Wirkungsfeld von Staat und Gesellschaft zu schaffen. Angesichts dieser weltweiten und speziell auch insgesamt Europa betreffenden Gesamtproblematik kann Verhütung, Ermittlung und Verfolgung von Gewaltkriminalität allenfalls dann erfolgreich sein, wenn sie durch Staatsgrenzen nicht behindert wird.

Vier Punkte stehen hier auf der Dringlichkeitsliste:

- *Einrichtung einer Europäischen Fahndungsunion als Vorstufe zu Europol;*
- *europaweiter Daten- und Informationsaustausch – unter Beachtung der datenschutzrechtlichen Vorgaben des Bundesverfassungsgerichts;*
- *Ermöglichung grenzüberschreitender polizeilicher Nacheile und Observation in effektiver Weise und*
- *grundlegende Vereinfachung und Beschleunigung des Rechtshilfeverkehrs.*

(Ebenda, Bd. I, S. 173, Ord. Nr. 497)

Wenn damit auch nicht alle Blütenträume gereift waren, so durfte die Exekutive nun endlich auf Einsicht und Unterstützung durch Politik und Parlamente hoffen.

Politik und Wissenschaft zeigten sich endlich überzeugt, daß von der Organisierten Kriminalität eine nicht zu unterschätzende Gefahr ausging, die dringend geeignete Abwehrmaßnahmen erforderte.

In der dringend erforderlichen internationalen Zusammenarbeit zeigten sich erste erfolgversprechende Ansätze. Die nationale Gesetzgebung in Straf- und Strafprozeßrecht kam in Gang. Die Informationsbeschaffung und Informationsverwertung fingen an, die besonderen Bedürfnisse zur Abwehr dieser besonderen Verbrechensform zu berücksichtigen. Bei Staatsanwaltschaft und Polizei entstanden besondere Einrichtungen, die speziell für die Bearbeitung dieser Delikte zuständig sein sollten.

Das Bohren dicker Bretter begann sich auszuzahlen. Die Fortschritte waren nicht einem einzelnen Kriminalisten oder Wissenschaftler zu danken. Den eigentlich entscheidenden Anstoß für ein Umdenken hatte Dagobert Lindlau geliefert. An der Verstärkung der so ausgelösten Wellenbewegung hatten Boeden, Gemmer, Stümper und auch ich mitgewirkt.

Zögerlicher Fortschritt in Europa (1990–1999)

Betrug, Korruption und Organisierte Kriminalität in der Europäischen Union

Da sich in allen europäischen Ländern unabweisbar grenzüberschreitende Aktivitäten des internationalen Verbrechertums von ganz neuer Qualität zeigten, halfen die überkommenen und bisher bewährten polizeilichen Organisationsformen nicht weiter. Mit Einsicht und Wissen um die Gefahr allein war noch nicht viel gewonnen.

Die Entwicklung zwang zu einer neuen Form der polizeilichen Zusammenarbeit über die Grenzen hinweg, vor allem für den zusammenwachsenden europäischen Raum. Die Europäische Union benötigt für zahlreiche Gemeinschaftsaufgaben (z. B. für Subventionen oder zur Förderung unterentwickelter Gebiete) große Geldsummen.

Die beträchtlichen Mittel – jährlich etwa 150 Milliarden DM – verwaltet die Kommission der EU über einen Haushaltplan, der vom Europäischen Rechnungshof kontrolliert wird.

Wo viel Geld im Spiel ist, finden sich auch die Wirtschaftskriminellen ein. Sie handeln organisiert, tagen in klimatisierten Büros, die mit den modernsten Mitteln der Kommunikationstechnik ausgestattet sind, und schöpfen einen nicht unerheblichen Anteil vom Gesamtaufkommen der Gelder ab.

Es handelt sich um Betrügereien, Schiebungen und Fälschungen größten Stils, die durch fehlende oder mangelhafte Kontrollen bei Genehmigungen und Ausgaben begünstigt werden. Allein die amtlich festgestellten Betrugsverluste betragen jährlich über 2 bis 3 Milliarden DM. Die britische Regierung bezifferte dagegen schon 1994 den jährlichen Verlust mit 10 bis 12 Milliarden DM. Der französische Forschungsstaatssekretär Francois d'Aubert vermutete einen Schaden von 15 Milliarden. Das würde schon mehr als drei Viertel des deutschen Netto-Beitrages ausmachen.

Zur Bekämpfung dieser Machenschaften hat die Kommission eine Antibetrugseinheit – die Uclaf – eingerichtet. Ihr gehören 120 Mitarbeiter an, die engagiert wirken und regelmäßig Straftaten aufdecken. Die Kommission veröffentlicht deren Ergebnisse jährlich in einem Bericht, den alle Mitgliedsstaaten erhalten und dem man bestürzende Tatsachen über Manipulationen, Betrug und Bestechung entnehmen kann. Allerdings enthält er keine Namen von Firmen oder Tätern, weil die Kommission die Weitergabe derartiger Erkenntnisse nicht erlaubt und die nationalen Datenschutzbestimmungen dem entgegenstehen.

Die Kommission empfiehlt den nationalen Behörden lediglich, rechtskräftig gewordene Urteile oder Verwaltungsentscheidungen nachhaltig in der Presse zu veröffentlichen. Gleichzeitig sollen die Mitgliedsstaaten darauf dringen, diese Veröffentlichungen zu sammeln und für eigenständige Ermittlungen auszuwerten.

Die Mitarbeiter der Uclaf können aus eigenem Entschluß keine Exekutivmaßnahmen ergreifen oder auch nur initiieren, sondern dürfen die nationalen Ermittler nur beraten und unterstützen. Sie sind bei ihren Maßnahmen absolut von den Entscheidungen der Kommission abhängig und dürfen selbst erkannte gewichtige Straftaten nur mit deren ausdrücklicher Genehmigung anzeigen. Diese wiederum kann dies ohne Angabe von Gründen untersagen, wenn es »nicht im Interesse eines Mitgliedsstaates oder der Kommission liegt«.

In einem Zeitraum von fünf Jahren deckten die Fahnder der Uclaf und des Europäischen Gerichtshofes über 12 000 Betrugsfälle auf. In über 500 Fällen ging es dabei um Schadenssummen, die mehr als zwei Millionen DM betrugen.

Einige Beispiele aus dem Reigen der registrierten Straftaten sollen Form und Umfang der Betrügereien verdeutlichen:

- *Italienische Firmen meldeten die Ausfuhr von 1 375 Tonnen Zucker nach Osteuropa an und erhielten dafür (Subventions-) Erstattungsmittel. Tatsächlich blieb der Zucker im Lande und fand bei der Weinsüßung Verwendung. An dem Schwindel waren mindestens 65 Personen beteiligt. Die Schadenshöhe erreichte einen zweistelligen Millionenbetrag.*

- *Wirtschaftskriminelle verschiedener Länder stellten mit gefälschten Bescheinigungen zahlreiche Erstattungsanträge für die Lieferungen von Käse, Fleisch und Molkereierzeugnissen nach Jordanien, Bulgarien und dem Libanon. Sie variierten auf dem Papier die Transportmittel, um den Verbleib der Waren im EU-Bereich zu kaschieren. Tatsächlich kamen diese Waren in Griechenland zu Dumping-Preisen in den freien Handel. Die beteiligten Straftäter stammten aus Deutschland, Dänemark und Griechenland (Verlust für die EU etwa 28 Millionen DM).*

- *Bei etwa 200 angeblich erstattungsfähigen Milchpulverlieferungen aus Belgien handelte es sich tatsächlich um chemische Erzeugnisse aus der Tschechischen und Slowakischen Republik (Verlust für die EU etwa 120 Millionen DM).*

- *Nach Zusatz eines minimalen Anteils (weniger als ein Prozent) einer Mikroorganismenkultur führten Betrüger große Mengen von Butter und Milchpulver einfuhrzollfrei aus osteuropäischen Ländern nach Österreich ein. Nach Entfernung der minimalen Beimengung kamen 6 000 Tonnen Butter und 20 000 Tonnen Milchpulver mit falschen Herkunftsangaben in der Gemeinschaft in den Handel (Verlust für die EU etwa 120 Millionen DM).*

- *Spanische Händler führten Milchpulver aus Estland nach Spanien ein, um es angeblich nach Marokko zu liefern. Davon brachten sie 650 Tonnen auf dem Inlandmarkt der Gemeinschaft unter. An dem illegalen Geschäft beteiligten sich niederländische, französische und deutsche Verbindungsleute (Verlust für die EU etwa 1,2 Millionen DM).*

- *Tschechische und polnische Verkehrsunternehmen erhielten die Genehmigung, 19 000 Tonnen Zucker aus osteuropäischen Staaten nach Marok-*

ko und Algerien zu transportieren. Die Ware sollte in Spanien und Portugal zur Verschiffung gelangen. Nach Fälschung der Zollpapiere verblieben die Waren in den Ländern der Gemeinschaft. An den verschleiernden Transportfahrten beteiligten sich 150 verschiedene Verkehrsunternehmen, die dazu mehr als 950 Carnets-TIR-Genehmigungen beantragten und erhielten (Verlust für die EU etwa 18 Millionen DM).

- *Bei einem betrügerischen Fleischkarussell wurde Lebendvieh zur Veredelung aus Osteuropa nach Italien eingeführt. Die Veredelung unterblieb. Stücke minderer Qualität und Schlachtabfälle gelangten nach Malta. Von dort kam das Fleisch in Containern nach angeblicher Veredelung zur Rücklieferung nach Osteuropa wieder in den Bereich der EU. Die Waren wurden bei der Durchfuhr in Italien umgeleitet und mit anderen Erzeugnissen aus dem Binnenmarkt unter Beantragung von Erstattungen nach verschiedenen Drittländern, u. a. nach Gabun, ausgeführt.*
  In Gabun, dem Hauptabnehmer der als qualitativ hochwertige Fleischstücke deklarierten Waren, erhielten die Verkäufer mit Falschangaben bestückte Einfuhrbescheinigungen. Auf diese Weise sparten die Betrüger den Einfuhrzoll und erhielten dazu noch Ausfuhrerstattungen.
  Diesmal veranlaßte die Kommission der EU die Einleitung eines Strafverfahrens wegen Bildung einer kriminellen Vereinigung, Betrug Schmuggel, Steuerhinterziehung, Urkundenfälschung und Bestechung. Das Verfahren richtete sich gegen 119 Personen. In Europa ergingen gegen 42 Personen rechtskräftige Verurteilungen. 60 Millionen DM konnten bei den Betrügern noch sichergestellt werden.
  Der verbleibende Schaden der EU betrug 37 Millionen DM Einfuhrabgaben und mehr als 48 Millionen DM nicht mehr beitreibbarer rechtsgrundlos gezahlter Ausfuhrerstattungen.

- *Fahnder entdeckten in Rotterdam Container mit Rindfleisch aus Argentinien, angeblich mit der Zielbestimmung Kroatien. Die Zollpapiere stammten aus Nizza (Frankreich) und waren mit gefälschten italienischen Zollstempeln für die freie Einfuhr in die EU versehen.*
  Der dabei tätig gewordene Transporteur hatte zuvor zahlreiche Lieferungen ähnlicher Art über Le Havre eingeführt und an britische Unternehmen weitergereicht. Diese verkauften die Ware als teures EU-Fleisch an

italienische und deutsche Kunden (Verlust für die EU sechs Millionen DM).

- *Französische, italienische und griechische Händler beantragten Ausfuhrerstattungen für Wein-Exporte nach Slowenien, Bosnien und Rumänien. Sie legten dazu gefälschte Einfuhrbestätigungen aus den angeblich belieferten Staaten vor.*
  Tatsächlich ging nur eine geringe Weinlieferung in die erstattungsfreie Schweiz. Bei der größten Menge der gemeldeten Weine handelte es sich um ein Ersatzprodukt, das keine Ausfuhrerstattung rechtfertigte und dessen Herstellung sogar unzulässig war.
  Die Zahlung für den »Schweizer Wein« betrug 3,6 Millionen DM. Der größere Teil der beantragten Ausfuhrerstattung konnte noch gestoppt werden.

Die Betrugsversuche sprengen die Grenzen der Phantasie. Die Ermittler vermeldeten einträgliche Manipulationen bei der Ein- und Ausfuhr von Kabeljau und Thunfischkonserven aus Ecuador, von Olivenöl, von gefrorenen Rinderzungen aus Argentinien, Emmentaler Käse, Grieß, Kasein, Computerdisketten aus Macao und Thailand, Fahrrädern aus Vietnam, Textilerzeugnissen aus Honduras, Nepal, den Vereinigten Arabischen Emiraten, Laos und vor allem aus China und, und, und ...

In einem früheren Bericht der Kommission war von Rindviechern die Rede, die nur mit einem Ohr auf der Wiese standen, weil das andere Ohr als Nachweis für die Abschlachtungsprämie eingereicht worden war (»Europa-Kühe«).

Kontrolleure wunderten sich über den angeblichen Bestand von über 28 000 Kühen auf den kargen Weiden in Korsika. Die Nachprüfung ergab eine bei weitem geringere Anzahl. Dafür waren aber überproportional Viehbesitzer vorhanden: angeheuerte Studenten, Kellner, Verkäuferinnen, die alle ihren Namen gegen ein geringes Entgelt für gefälschte Bescheinigungen hergegeben hatten.

Alle Rekorde schlug lange Zeit der Schmuggel und Handel mit unverzollten Zigaretten. 1994 sah sich die Kommission genötigt, im Rahmen der eigenen Zuständigkeit eine besondere Task Force zur Bekämpfung des Zigarettenschmuggels durch organisierte Verbrecherbanden einzurichten. Sie sollte eine Gesamtstrategie entwickeln, um koordinierte internationale Abwehrmaßnahmen in Gang zu bringen. Die festgestellten Ergebnisse aus nur einem Jahr vermitteln einen ungefähren Eindruck vom Ausmaß dieser Kriminalität:

- *In einem Komplex ergaben die Feststellungen, daß organisierte Straftäter Zigaretten aus Drittländern nach Österreich, Deutschland, den Niederlanden, Griechenland und Italien in großem Umfang eingeführt und abgesetzt hatten. In diesem Zusammenhang wurden 120 Millionen Zigaretten und zwei Flugzeuge beschlagnahmt, die beim Transport der Waren eingesetzt worden waren (Verlust für die EU etwa 30 Millionen DM).*

- *Diese Zugriffe resultierten aus vorausgegangenen Ermittlungen in anderen Mitgliedsstaaten, die bereits zur Beschlagnahme von weiteren 120 Millionen Zigaretten geführt hatten und auf den illegalen Absatz von etwa 1 Milliarde unverzollter Zigaretten schließen ließen (Verlust für die EU etwa 200 Millionen DM).*

- *Andere koordinierte Ermittlungen in Dänemark, Portugal und Spanien führten zur Entdeckung eines Lagers mit 92 Millionen Zigaretten, die für den illegalen Verkauf mit Hilfe falscher Stempel der Zollbehörden bereitlagen (Verlust für die EU etwa 30 Millionen DM).*

- *Ähnliche Ermittlungen machten die Entdeckung eines Lagers mit rund 102 Millionen Zigaretten möglich, die von Finnland und Schweden nach Spanien umgeleitet worden waren (Verlust für die EU etwa 25 Millionen DM).*

- *Die Task Force koordinierte einen Ermittlungsgang in Frankreich, Spanien, Irland und Großbritannien, in dessen Verlauf auf Anhieb 450 Millionen Zigaretten beschlagnahmt wurden (Verlust für die EU etwa 110 Millionen DM).*

- *Von Portugal aus rollten 76 Lkw-Ladungen Zigaretten ohne Abfertigung der Ausgangszollämter nach mittel- und osteuropäischen Ländern. Die Begleitpapiere trugen gefälschte deutsche Zollstempel.*

Weitere sieben LKW-Ladungen – abgefertigt in der Schweiz – kamen nie am Bestimmungsort an. Sie versackten samt Ladung im illegalen Markt (Verlust für die EU etwa 70 Millionen DM).

Diese willkürlich herausgegriffenen Beispiele belegen, mit welchem Volumen an illegalen Schiebungen man rechnen muß. Sie machen auch das Ausmaß und die Härte der Verteilungskämpfe verständlich, die von Zeit zu Zeit in Form von Bandenkämpfen, an denen in Berlin und den neuen Bundesländern insbesondere vietnamesische Staatsbürger beteiligt sind, oder Einzelmordtaten in der Öffentlichkeit zutage treten. Allein in den neuen Bundesländern kam es von 1992 bis 1995 bei diesen Kämpfen zu mindestens 74 Mordfällen.

Hinter solchen Straftaten und Manipulationen stehen entweder einzelne, die sich aus »geschäftlicher Notwendigkeit« miteinander absprechen und dann gemeinschaftlich (organisiert) handeln, oder Verbrecherorganisationen, die über beträchtliche Ressourcen, etwa finanzielle Mittel, verfügen können.

Mitunter handelt es sich um nur scheinbar getrennte, in mehreren Mitgliedsstaaten spürbare Aktivitäten, hinter denen tatsächlich ein und derselbe, zunächst unsichtbare Drahtzieher steht.

Die Straftäter arbeiten mit ausgefeilten Techniken. Sie operieren in betrugsanfälligen, schwer kontrollierbaren Bereichen, in denen die Gewinne die Risiken bei weitem übersteigen. Ihr Risiko ist gering, weil es an geeigneten europäischen Verfolgungs- und Ermittlungseinheiten fehlt.

Die ausgewählten Beispiele vermitteln nur einen kleinen Einblick in das tatsächliche Geschehen. In Brüssel, wo die 20 Kommissare weitgehend selbständig regieren und wo rund 30 000 Mitarbeiter den Wust der Vorschriften und Kontrollmechanismen zu handhaben versuchen, hatte sich offenbar eine Selbstbedienungsmentalität ausgebreitet. Neben den Subventionen erwiesen sich auch die übrigen Unterstützungsbereiche der EU als ergiebige Quellen für ungetreue Finanzverwalter. Aus dem Europäischen Sozialfonds fließen erhebliche Beträge in unterentwickelte Gebiete, eine gute Gelegenheit, mit Hilfe dubioser Nachweise abzusahnen. Die kaum zu überprüfenden Möglichkeiten verführten selbst hohe und höchste

Beamte zu Verhaltensweisen, die zumindest als zweifelhaft erscheinen müssen.

Im März 1993 stürzte sich der italienische Kommissionsbeamte Antonio Qu. aus dem Fenster seines Brüsseler Büros in den Tod. Er war in Verdacht geraten, Tabakbauern in Südeuropa mehr als großzügig mit Subventionen bedacht und dabei seinen Anteil mit gleicher Großzügigkeit berechnet zu haben. Sein Tod beendete die Untersuchung, die darauf abzielte, seine Verbindungen zur sizilianischen Mafia offenzulegen.

Das hätte Aufsichtspersonen alarmieren müssen. Die Wirkung hielt aber nicht an. 1998 gerieten erneut Verantwortliche der Kommission in die Schußlinie.

In einem Fall suchten die Ermittler nach dem Verbleib von rund 150 Millionen Mark, die innerhalb von drei Jahren in einem Subventionsloch verschwunden waren. Die *Agentur für transmediterrane Netze*, eine kommissionsnahe Einrichtung, sollte Gelder aus Brüssel für bedürftige EU-Regionen am Mittelmeer möglichst gerecht verteilen.

Die Verantwortlichen verteilten das Geld vor allem an sich selbst, wobei offenblieb, ob nur ungenügende Kontrolle oder stille Duldung bzw. gar Hilfe von EU-Beamten im Spiele war.

Bei Prüfungen von 30 Objekten durch die Ermittler kam heraus, daß Ausschreibungen umgangen, bestimmte Firmen bevorzugt, Gelder für nicht förderungswürdige Vorhaben ausgezahlt sowie Reisekosten, Spesen und Tageshonorare zu hoch und mehrfach abgerechnet worden waren.

Zwar forderte die Kommission Millionen zurück, aber der Rückfluß blieb bescheiden.

Man mußte mindestens festhalten, daß die übliche Kontrolle durch die zuständigen Beamten zu wünschen übrig ließ. Darüber hinaus ergab sich zum Teil eine verdächtige Nähe der Begünstigten zu unmittelbar mit der jeweiligen Angelegenheit befaßten Amtsträgern.

Noch brisanter gestalteten sich die Ermittlungsergebnisse aus der »Echo-Affäre«. Uclaf-Ermittler hatten im Sommer 1998 aufgedeckt, daß Millionenbeträge aus dem *Europäischen Amt für humane Hilfe*, bestimmt für Flüchtlinge aus Bosnien, Ruanda und Burundi, zweckentfremdet wurden bzw. spurlos verschwunden waren.

Die Mitgliedsstaaten wurden verpflichtet, in ihrem Bereich die illegal erlangten Summen durch eigene Bemühungen wieder einzutreiben. Dies gelang jedoch nur zu einem äußerst geringen Teil. Die Straftäter konnten folglich ihren verbrecherischen Verdienst überwiegend in Sicherheit bringen.

So wies eine Jahresaufstellung für die Mitgliedsstaaten, wonach über 1, 3 Milliarden DM illegaler Gewinne einzutreiben waren, nach gehöriger Schamfrist einen Betrag von nicht mehr erlangbaren Geldern in Höhe von 1,1 Milliarden DM aus. Ein derartiges Ergebnis läßt nur den Schluß zu, daß keine geeigneten Verfolgungs- und Beitreibungseinrichtungen vorhanden waren. Es sei denn, man geht davon aus, daß es an intensiven Bemühungen fehlte.

Die Uclaf ermittelte 1999 wiederum in über 20 Fällen wegen des Verdachts der illegalen Bereicherung, wobei kompromißloses Vorgehen für die Ermittlungsbeamten nicht ganz risikolos ist.

Als 1998 ein Beamter dieser Dienststelle Unkorrektheiten von maßgeblichen Mitarbeitern der Kommission – hart am Rande der Illegalität – öffentlich machte, beurlaubte man ihn mit halben Dienstbezügen und eröffnete gegen ihn ein Disziplinarverfahren wegen »Schädigung der Kommissions-Interessen«.

Doch diesmal hatte die Angelegenheit bereits zuviel Staub aufgewirbelt, so daß sich die Kommissare im Januar 1999 mitsamt ihrem Vorsitzenden gezwungen sahen, im Parlament an einer Debatte zur Klärung der Vorwürfe teilzunehmen. Da die Geschäftsordnung der Kommission nur einen geschlossenen Rücktritt des Präsidenten mit allen Kommissaren erlaubt, was nicht in der Absicht der Mehrzahl der Europa-Abgeordneten lag, blieb der betreffene Kommissar ebenfalls im Amt.

Der Präsident der Kommission sicherte eine Prüfung zu, ob den Uclaf-Mitarbeitern ein weitergehendes Offenbarungsrecht zugestanden werden kann (vgl. Der Stern, Nr. 47/1998, S. 112 ff.). Er stimmte außerdem der Einrichtung eines »Rates der Weisen« aus den Reihen des Europäischen Parlaments zu, der die Gepflogenheiten der Kommission näher untersuchen sollte. Um diesem eine sinnvolle Arbeit zu ermöglichen, mußte der Präsident der Kommission alle Mitarbeiter von der Geheimhaltungspflicht gegenüber den Untersuchungsführern befreien. Vorab wurde die Entscheidung gefällt, alle Nebeneinkünfte offenzulegen, auf Honorare für einschlägige Vorträge zu verzichten und Geschenke im Werte von über 300 DM abzuliefern. Auch die Beschäftigung von nahen Verwandten, Freunden oder Förderern auf Kosten der Kommission ist nun anzeigepflichtig. Wer dagegen verstößt, muß mit disziplinarischen Maßnahmen rechnen. Im Ergebnis ihrer Untersuchungen stellten die »Weisen« im März 1999 fest, daß »die Kommission mit ihren Verantwortlichen die Übersicht und die Kontrolle über die einzelnen Verfahren und die Handhabung des Haushaltes verloren hatte«.

Überraschend zeigte sich im März 1999 auch der Präsident der EU-Kommission einsichtig, ja beinahe bußfertig. Nach den heftigen Attacken im Europäischen Parlament gegen die mutmaßliche Selbstbedienung einiger Kommissare gestand er ein: »Wir haben Fehler gemacht. Betrug und Schlamperei müssen nun entschlossen an der Wurzel angepackt und beseitigt werden. Wer beim Schummeln erwischt wird, der muß auch wie ein Politiker die Konsequenzen ziehen.«

Damit wollte er vermutlich ausdrücken, daß auch höchste Würdenträger in der Kommission ihren Rücktritt vollziehen sollen, wenn ihnen Unkorrektheiten oder gar Korruption nachgewiesen werden. Aber die Einsicht kam für die bisherigen Mitglieder der Europäischen Kommission entschieden zu spät. Nach Vorlage eines Berichtes durch den »Rat der Weisen«, in dem erhebliche Verfehlungen einzelner Kommissare der europäischen Behörde beschrieben werden, nach Offenbarungen von beamteten Kassenprüfern der Europäischen Kommission, nach hartnäckigem Klagen der Mitarbeiter der Uclaf wegen anhaltender Maulkorbsperren und nach entsprechenden Interventionen des Europäischen Parlaments trat die gesamte Europäische Kommission mit ihrem Präsidenten am 16. März 1999 geschlossen zurück.

Einen Tag nach dem kollektiven Rücktritt hat die interimsmäßig handelnde EU-Kommission die Gründung einer Betrugsbekämpfungsbehörde beschlossen. Die Behörde mit dem Namen Olaf (Office européen anti-fraude) sollte die bis dahin arbeitende Antibetrugseinheit bei der EU-Kommission (Uclaf) am 1. Juni 1999 ablösen. Im Unterschied zur Uclaf-Einheit sollen die Olaf-Mitarbeiter unabhängig von den Weisungen der EU-Kommission Ermittlungen führen und auch mit den Behörden der Mitgliedsstaaten zusammenarbeiten können.

Das Ringen um Europol

Obwohl es aufgrund der grenzüberschreitenden Kriminalität in Europa immer schon Fürsprecher für die Errichtung einer supranationalen polizeilichen Einrichtung gab, kamen entsprechende Schritte lange nicht zustande.

Dazu trugen auch die weltpolitischen Ereignisse bei. Einerseits machte die europäische Einigung deutliche Fortschritte, zum anderen verursachten die Transformationsprozesse der ehemaligen Ostblockstaaten ganz neue Probleme. In der Auf- und Umbruchsituation dieser Staaten traten die Sorgen um eine geordnete Bekämpfung der Organisierten Kriminalität zunächst zurück. Sie erprobten demokratische Lebensformen und öffneten ihre Grenzen. Wie in demokratischen Staaten üblich, wurden die Prozeßrechte verbessert, was auch den Kriminellen zugute kam, die zudem Straftätergruppen aufbauten. Die offenen Grenzen ermöglichten es den Straftätern, in die reicheren Länder einzudringen, wo sie sich mit ungewohnter Brutalität einen Platz an der Futterkrippe zu sichern suchten.

Erst im Sommer 1991 beschloß der Europäische Rat, der die Staats- und Regierungschefs der EU-Mitgliedsstaaten umfaßt, eine kriminalpolizeiliche Zentralstelle für die EU einzurichten. Doch vom Wort zur Tat war ein weiter Weg. Frankreich legte im Juli 1992 zunächst einen Konventionsentwurf vor, der von allen Parlamenten der EU-Staaten bestätigt werden mußte. Immerhin konnte am 1. September 1992 ein international besetzter Aufbaustab in Straßburg mit eingeschränkten Kompetenzen die Arbeit aufnehmen. Im Oktober 1993 entschied der Europäische Rat, dieser Dienststelle den formellen Segen zu erteilen, und bestimmte Den Haag als deren dauerhaften Dienstsitz. Am 1. Januar 1994 begann die Dienststelle mit 80 Mitarbeitern die Arbeit. Dabei blieb es vorerst.Vergebens versuchten die deutschen Vertreter, im Dezember 1994 bei einer Ratssitzung in Essen weitere Fortschritte zu erwirken. Erfolge gelangen nur insoweit, als die bisherige Zuständigkeit eine Erweiterung erfuhr. Neben der Informationssammlung und -steuerung im Bereich der Organisierten Drogenkriminalität durften die Mitarbeiter nun auch Daten sammeln und bewerten über

- den international organisierten Autodiebstahl,
- den illegalen Handel mit radioaktivem Material bzw. Nuklearmaterial,
- die Organisierte Schleuserkriminalität,
- mit diesen Kriminalitätsformen zusammenhängende Versuche der Geldwäsche.

Im Dezember 1996 drängte Bundeskanzler Kohl beim EU-Gipfel in Dublin erneut auf Fortschritte in der gemeinsamen Kriminalitätsbekämpfung. Insbesondere ging es um Vorleistungen der inzwischen assoziierten ehemaligen Ostblockstaaten. Diese wurden in die Pflicht genommen, zur Bekämpfung der Mafia- und Drogenkriminalität beizutragen und den EU-Staaten als Vorleistung auf den versprochenen späteren Beitritt einige Sorgen abzunehmen. Bundeskanzler Kohl verlangte ausdrücklich, daß die Bekämpfung der Organisierten Kriminalität an der Ostgrenze der EU sofort beginnen müsse. Dazu erging folgender Beschluß:

Eine Expertengruppe soll bis zum Frühjahr 1997 Vorschläge für die Bekämpfung des organisierten Verbrechens vorlegen. Darüber hinaus sollen das Zollinformationssystem, die Übereinkommen über Betrugsbekämpfung und Auslieferung sowie der Europol-Vertrag bis Ende 1997 von den Parlamenten der EU-Länder verabschiedet werden.

Obwohl der Beschluß erfreulich war, ermöglichte er dennoch nur sehr begrenzte Regelungen. Die Zuteilung von umfassenderen Vollmachten scheiterte an den unterschiedlichen Vorstellungen über die Wahrung nationaler Rechte, vor allem im Zusammenhang mit Aufbau, Arbeitsweise und Kompetenzen der neuen Europol-Dienststelle. Das erklärte sich in weiten Teilen wiederum aus den nationalen Datenschutzbestimmungen, so daß die dann praktizierten Lösungen zum Teil skurrile Züge aufwiesen. Aus allen Mitgliedsstaaten wurden Verbindungsbeamte nach Den Haag entsandt, die über Netze der Datenfernverarbeitung Zugriff auf ihre nationalen Daten hatten. Es hätte nahegelegen, alle Verbindungsbeamten an dem nun möglichen unmittelbaren Datenaustausch zu beteiligen. Ein derartiges Verfahren fand jedoch keine Zustimmung. Vielmehr arbeitete jeder Verbindungsbeamte von den anderen isoliert an seinem Bildschirm. Erreichte ihn eine Information oder ein Nachfrageersuchen, so prüfte er, welche weiteren Personen oder Dienststellen in seiner räumlichen Nachbarschaft interessiert oder hilfreich sein könnten. Über eine E-Mail steuerte er dann seine Nachfrage über Draht auf den Bildschirm seines Kollegen aus einem EU-Staat, möglicherweise im unmittelbaren Nebenzimmer, der diese wiederum an sein Heimatland weiterleitete. Wenn dann entsprechende Informationen eintrafen, prüfte er jetzt noch einmal, ob er berechtigt sei, sie weiterzugeben, und erteilte danach womöglich die erwartete Auskunft.

Den formalen Erfordernissen des Datenschutzes war damit Genüge getan. Was sich aber im Gebäude dieser Dienststelle in Den Haag wirklich abspielt, kann von außen niemand kontrollieren. Es bleibt eine Vertrauenssache. Eventuell bringt ein schneller Gang ins Nebenzimmer doch mehr Erleichterung, als man denkt.

Auch bis zum Jahr 1998 schienen entscheidende Schritte bei der Betrugsbekämpfung noch nicht gelungen zu sein. Im Uclaf-Schwarzbuch berichteten die Ermittler wiederum über mehr als 5 000 erkannte Betrugsfälle im Zusammenhang mit den Finanzen der Europäischen Union. Sie konstatierten einen nahezu grassierenden Verfall von Wahrheitsliebe der Antragsteller in der Frage von Erstattungsvergütungen. Zwanzig Prozent(!) der überprüften Anträge auf Zuschüsse für stillgelegte Ackerflächen erwiesen sich als unkorrekt. Wörtlich stellten sie dann fest:

Weitaus größere Probleme als solche Einzeltäter bereiten jedoch zunehmend kriminelle, global operierende Organisationen, die genau die Lücken im Zoll- und Subventionssystem kennen und immer dreister ausnutzen. (...)

Zahlreiche (!) multinationale Konzerne bedienten sich über ihre nationalen Töchter aus den Subventionstöpfen und zogen Gelder mehrfach unberechtigt ab. (...)

Eine belgische Fleischmafia hat Papiere vorgelegt, auf denen die Lieferung von Tausenden Tonnen Rinderteilen etwa nach Bulgarien oder Rumänien bescheinigt wurde. Sie kassierte dafür Export-Erstattungs-Prämien in mehrfacher Millionenhöhe. Die Dokumente waren jedoch gefälscht, und bei der angeblich hochwertigen Ware handelte es sich um Schlachtabfälle. Der Abfall wurde in den Oststaaten an den Mann gebracht, das bessere Fleisch teuer auf dem europäischen Binnenmarkt abgesetzt.

Unter diesen Umständen verwundert es nicht, daß das europäische Parlament im September 1998 die Brüsseler Kommission aufforderte, endlich energischer vorzugehen. Es verlangte – offenbar in Kenntnis der ungenügenden Ermittlungsergebnisse der Dienststelle in Den Haag –, die Sondereinheit Betrugsbekämpfung (Uclaf) stärker auszubauen und ihre Unabhängigkeit gegenüber der Kommission zu erweitern.

In dieselbe Richtung zielte auch der im Juli 1998 erschienene *Jahresbericht des Rechnungshofes.* In ihm wurde die bisherige Betrugsbekämpfung, die selbst innerhalb der eigenen Reihen versage, als absolut uneffektiv bezeichnet.

Die Uclaf-Mitarbeiter erzielen zwar gelegentlich Erfolge bei der Aufdeckung von externen Betrugsfällen, sie sind aber recht zögerlich, wenn es um Sünder aus den eigenen Reihen geht. Inzwischen liegen Hinweise auf über 40 Fälle von Korruption, Mißmanagement und Günstlingswirtschaft vor, aber diese Fälle werden verschleppt. Beamte werden zwar versetzt, selten aber bestraft.
(Europäischer Rechnungshof, Jahresbericht 1997)

Die EU-Abgeordnete Edith Müller wunderte sich öffentlich, daß in der sogenannten Bosnien-Affäre erst ein einziger Beamter belangt wurde, obwohl dabei erhebliche Gelder für Flüchtlinge aus dieser Region einfach unauffindbar verschwunden waren. Schlimmer noch, die Fahnder fanden die beweiskräftigen Unterlagen nicht mehr vor. Sie waren verschwunden. Nicht einmal die Existenz der Akten konnte man nachvollziehen, denn die Archivierung von Dokumenten liegt bei der Brüsseler Behörde immer noch im argen.

Am 1. Oktober 1998 war es dann doch soweit. Alle EU-Staaten hatten die Europol-Konvention ratifiziert. Europol existierte mit dem Segen aller Mitgliedsstaaten – nun endlich offiziell. Von diesem Zeitpunkt an konnte der zentrale Computer in Den Haag mit Daten über die international organisierte Kriminalität gefüttert werden.

Mit der Bundestagswahl in Deutschland vom 27. September 1998 mußte Dr. Helmut Kohl, der eigentliche Initiator für die Einrichtung der gemeinsamen europäischen Polizeidienststelle, kurz vor der Übernahme der Präsidentschaft in der Europäischen Union seine Funktion als Bundeskanzler abtreten. Er hätte sich gewiß nachhaltig für weitere Fortschritte eingesetzt.

In den Artikeln 1-3 des 47 Artikel umfassenden Übereinkommens heißt es:

Übereinkommen
aufgrund von Artikel K 3 des Vertrags über die Europäische Union
Errichtung eines Europäischen Polizeiamts (Europol-Übereinkommen)

Artikel 1: ***Errichtung***

(1) Die Mitgliedsstaaten der Europäischen Union, nachstehend als Mitgliedsstaaten bezeichnet, errichten mit diesem Übereinkommen ein Europäisches Polizeiamt, nachstehend Europol genannt.

Artikel 2: ***Ziele***

(1) Europol hat das Ziel, im Rahmen der Zusammenarbeit der Mitgliedsstaaten nach Artikel K 1 Nummer 9 des Vertrages über die Europäische Union durch die in diesem Übereinkommen genannten Maßnahmen die Leistungsfähigkeit der zuständigen Behörden der Mitgliedsstaaten und ihre Zusammenarbeit zu verbessern im Hinblick auf die Verhütung und die Bekämpfung des Terrorismus, des illegalen Drogenhandels und sonstiger schwerwiegender Formen der internationalen Kriminalität, sofern tatsächliche Anhaltspunkte für eine kriminelle Organisationsstruktur vorliegen und von den genannten Kriminalitätsformen zwei oder mehr Mitgliedsstaaten in einer Weise betroffen sind, die

aufgrund des Umfangs, der Bedeutung und der Folgen der strafbaren Handlungen ein gemeinsames Vorgehen der Mitgliedsstaaten erfordert.

(2) Um die in Absatz 1 genannten Ziele schrittweise zu erreichen, wird Europol zunächst bei der Verhütung und der Bekämpfung des illegalen Drogenhandels, des illegalen Handels mit nuklearen und radioaktiven Substanzen, der Schleuserkriminalität des Menschenhandels und der Kraftfahrzeugkriminalität tätig.

(3) Die Zuständigkeit von Europol für eine bestimmte Form der Kriminalität oder für spezifische Ausprägungen einer Kriminalitätsform umfaßt auch

1. *die mit diesen Kriminalitätsformen oder ihren spezifischen Ausprägungen verbundene Geldwäsche,*
2. *die damit im Zusammenhang stehenden Straftaten.*

Artikel 3: ***Aufgaben***

(1) Europol hat im Rahmen seiner Ziele nach Artikel 2 Absatz 1 vorrangig die Aufgabe,

1. *den Informationsaustausch zwischen den Mitgliedsstaaten zu erleichtern,*
2. *Informationen und Erkenntnisse zu sammeln, zusammenzustellen und zu analysieren,*
3. *über die nationalen Stellen die zuständigen Behörden der Mitgliedsstaaten über die sie betreffenden Informationen und die in Erfahrung gebrachten Zusammenhänge von Straftaten unverzüglich zu unterrichten,*
4. *Ermittlungen in den Mitgliedsstaaten durch die Übermittlung aller sachdienlichen Informationen an die nationalen Stellen zu unterstützen,*
5. *automatische Informationssammlungen zu unterhalten, die Daten (nach vorgegebenen Beschränkungen) enthalten.*

(2) Um über die nationalen Stellen die Zusammenarbeit und die Leistungsfähigkeit der zuständigen Behörden der Mitgliedsstaaten im Rahmen der Ziele nach Artikel 2 Absatz 1 zu verbessern, hat Europol darüber hinaus folgende weitere Aufgaben:

1. *die Spezialkenntnisse, die im Rahmen der Ermittlungstätigkeit von den zu-*

ständigen Behörden der Mitgliedsstaaten verwendet werden, zu vertiefen und Beratung bei den Ermittlungen anzubieten,

2. *strategische Erkenntnisse zu übermitteln, um einen wirksamen und rationellen Einsatz der auf nationaler Ebene für operative Aufgaben vorhandenen Ressourcen zu erleichtern und zu fördern,*
3. *Gesamtberichte über den Stand der Arbeit auszuarbeiten.*

(3) Darüber hinaus kann Europol im Rahmen seiner Ziele nach Artikel 2 Absatz 1 nach Maßgabe seiner personellen und haushaltsmäßigen Möglichkeiten und innerhalb der vom Verwaltungsrat gesetzten Grenzen die Mitgliedsstaaten durch Beratung und Forschung auf folgenden Gebieten unterstützen:

1. *Fortbildung der Bediensteten der zuständigen Behörden,*
2. *Organisation und materielle Ausstattung dieser Behörden,*
3. *Methoden zur Verhütung von Straftaten,*
4. *kriminaltechnische und kriminalwissenschaftliche Methoden sowie Ermittlungsmethoden.*

Die nunmehr in Kraft befindliche Konvention sieht demnach vor, daß die Dienststelle im Laufe der nächsten Jahre Zuständigkeiten für praktisch alle Formen der Organisierten Kriminalität mit internationalem Charakter erhält, soweit es sich um die Sammlung, Auswertung und Weitergabe von Informationen handelt. Das betrifft auch Delikte aus der eminent wichtigen Wirtschafts- und Umweltkriminalität, Straftaten gegen die körperliche Unversehrtheit, gegen das Eigentum und alle Formen des damit verbundenen illegalen Handels. Weiterhin dürfen die Beamten in Den Haag ab 1.1.1999 Informationshilfen bei der Bekämpfung des internationalen Terrorismus oder der EURO-Falschgeldkriminalität leisten. Das ist nicht geringzuschätzen, denn angelieferte Informationen entwickeln häufig eine aus sich heraus wirkende Triebkraft für Ermittlungen. Untätigkeit läßt sich nämlich nur schwer begründen, wenn man über handfeste Nachrichten zu verübten oder bevorstehenden Straftaten verfügt und zudem Nachfragen durch die Politik oder Medien befürchten muß.

Von deutscher Seite wurde jedoch schon bald wieder Essig in den Wein geschüttet. Fundamentalisten aus der rot-grünen Koalition kündigten eine erneute Diskussion um die Ausgestaltung der soeben in Kraft getretenen Konvention, besonders hinsichtlich des Artikels 41, an, der den Mitarbeitern von Europol ein gewisses Maß an Immunität garantiert.

Artikel 41 der Europol-Konvention

(1) Europol, die Mitglieder der Organe, die stellvertretenden Direktoren und die Bediensteten von Europol genießen die zur Erfüllung ihrer Aufgaben erforderlichen Vorrechte und Immunität nach Maßgabe eines Protokolls, das die in allen Mitgliedsstaaten anzuwendenden Regelungen enthält.

(3) Das Protokoll nach Absatz 1 wird vom Rat im Verfahren nach Titel VI des Vertrages über die Europäische Union einstimmig beschlossen und von den Mitgliedsstaaten gemäß ihren verfassungsrechtlichen Vorschriften angenommen.

Die Immunitätsklausel soll verhindern, daß Mitarbeiter von Europol in Strafverfahren verwickelt werden, die möglicherweise aus unterschiedlichen Rechtsbestimmungen der einzelnen Staaten entstehen könnten. Die Klausel berechtigt nicht zu offenkundig rechtswidrigen Maßnahmen. Im übrigen genießen die Mitarbeiter von Interpol schon seit vielen Jahren den gleichen Schutz, ohne daß es jemals zu Beanstandungen gekommen wäre. Interventionen gegen diese Bestimmung können daher nur aus Unkenntnis oder aus populistischen Gründen geltend gemacht werden.

Präventiv haben deutsche Kriminalisten nachdrücklich darauf hingewiesen, daß die geplante Währungsunion mit dem Euro als Zahlungsmittel eines besonderen Schutzes bedürfe. Zumindest sei die Entwicklung eines neuen Analyse-Systems erforderlich, um Fälschungen der neuen Gemeinschaftswährung zu erkennen und nach Möglichkeit zu verhindern. Da dies in die Zuständigkeit der supranationalen Gremien fällt, ist der Erfolg solcher Mahnungen ungewiß. Wesentliche Änderungen sind vorerst nicht zu erwarten, weil Exekutivbeamte aus den beteiligten EU-Staaten zwar bei Europol tätig werden dürfen, das Maß ihrer Zuständigkeiten aber nur ungenügend auf die Bekämpfung von organisiert handelnden Straftätern zugeschnitten ist. Erst recht können nationale Kriminalisten oder Wissenschaftler keinen entscheidenden Einfluß mehr nehmen, da der Vertrag von Maastricht und die Folgevereinbarungen die Befugnisse weitgehend auf die Ebene der Kommission, bestenfalls auf die des Europäischen Rats verlagert haben.

Während in der Kommission das Prinzip der vorsichtigen Rücksichtnahme auf die Angehörigen der Mitgliedsstaaten herrscht, steht im Rat die Wahrung der nationalen Souveränität, die eine Delegation von Eingriffs- und Ermittlungsrechten auf supranationale Behörden ausschließt, stärker im Mittelpunkt.

Die Verbrechenssituation in Deutschland (1990–1999)

Wirtschaftskriminalität

Die Argumente, warum sich in der Bundesrepublik Deutschland, einem wohlgeordneten und zivilisierten Land, das zudem noch preußische Züge in der inneren Verwaltung aufweise, weder die Organisierte Kriminalität noch deren unvermeidliches Ziehkind, die Korruption, entwickeln könnten, wurden zum großen Teil bereits angesprochen.

Leider konnte man auch in vielen Amtsstuben der Polizei auf eine Unterschätzung der Gefahren treffen. Außerdem mochten nur wenige Polizeipräsidenten ihre politischen Vorgesetzten durch aufmüpfige Klagen über die Macht der Organisierten Kriminalität verärgern, zumal sie damit in gewisser Hinsicht ihre eigene Leistungsfähigkeit in Frage stellten.

Diese Situation machte es schwer, eine koordinierte Abwehranstrengung in Gang zu bringen, so daß »Augen zu und durch« ein verbreitetes Motto darstellte. Das fiel lange Jahre leicht, da es offensichtlich an Machtkämpfen zwischen Gangstern mit Toten und Verletzten zu fehlen schien. Es gab auch keine deutlichen Anzeichen, daß Banden harmlose Bürger terrorisierten. Scheinbar wies wenig auf das Anwachsen der Organisierten Kriminalität hin. Allmählich mehrten sich jedoch solche Anzeichen.

Ich wähle ein Beispiel aus, das besonders die typische Vielfalt der Organisierten Kriminalität verdeutlicht, wie sie in unterschiedlicher Form Deutschland erreicht hat.

Am 4. November 1998 gab die Staatsanwaltschaft Köln das Signal zum Losschlagen. Nach einjährigen verdeckten Ermittlungen (Observation, Telefonüberwachung, Postkontrolle und Buchkontrolle durch Steuerfahndung) gelang es Kriminalbeamten aus Köln, Düsseldorf, Koblenz und Hamm, in den Niederlanden und Frankreich 13 der insgesamt 65 Tatverdächtigen festzunehmen und sie in die Untersuchungsgefängnisse einzuliefern. Dieser Schlag richtete sich gegen eine im gesamten Bundesgebiet operierende Mafia-Bande, deren Mitglieder im Verdacht standen, mit Drogen und Waffen gehandelt sowie Steuergelder in zweistelliger Millionenhöhe hinterzogen zu haben.

Der Boss des »Unternehmens«, ein Italiener mit engen Verbindungen zur kalabrischen Mafia, residierte auf einem Landgut im Erftkreis. Er betrieb eine Reihe von Bauunternehmen, die von Strohmännern geleitet wurden, und unterhielt mehrere Scheinfirmen. Er ließ überwiegend italienische Landsleute einstellen und versah sie mit gefälschten Papieren. Seine Komplicen legten den Auftraggebern für einfache Beton- und Bauarbeiten fingierte Rechnungen vor. Die Drahtzieher sparten alle Sozialbeiträge und Arbeitgeberabgaben. Die Steuerersparnis betrug allein bei der Umsatzsteuer 16 Millionen DM. Die Kripo geht von einem Gesamtbetrag in Höhe von 53 Millionen DM aus.

Das war aber nur der scheinlegale Teil der vielfältigen Aktivitäten. Daß sich viel mehr dahinter verbarg, ließen bereits das nachweisbare stattliche Vermögen und die aufwendige Lebensweise des Bandenchefs vermuten. Dieser erwarb zahlreiche Immobilien und verfügte über einen luxuriösen Fahrzeugpark. Als Sportwagenfan nannte er zwei Ferraris und fünf Mercedes Kabriolets sein eigen.

Der Gesamtwert des vorläufig beschlagnahmten Vermögens betrug mehr als 20 Millionen DM. Mit einem Teil der hohen Einkünfte finanzierte die Bande einen umfangreichen Rauschgifthandel in der Größenordnung von einigen hundert Kilogramm. Außerdem handelten Mitglieder der Bande mit Waffen, darunter zum Teil taugliche Kriegswaffen, sowie mit Falschgeld. Mehr zufällig kam bei der Überprüfung der Waffengeschäfte ein Koffer mit 150 000 Dinaris (irakisches Geld im Werte von etwa 75 000 DM) zum Vorschein.

Im Gegensatz zu anderen Gruppierungen der Organisierten Kriminalität scheute diese Bande auch nicht vor roher Gewalt zurück. So kam es im Mai 1998 im Zusammenhang mit einer Inkasso-Angelegenheit am hellerlichten Tag mitten in der Großstadt zu einer Schießerei. Der Bandenchef hatte bei einer anderen Bande die Zahlung von 200 000 DM eingefordert, die diese aber nicht leisten wollte. Die Täter wurden jedoch gefaßt und wegen versuchten Mordes vor Gericht gestellt.

Auch gegenüber der Justiz verhalten sich die Hintermänner derartiger Verbrechen nicht gerade zimperlich. So erhielt der Staatsanwalt, der in einer Steuerangelegenheit gegen die betreffende Bande ermittelte, Morddrohungen, denen Patronenhülsen beigelegt waren.

Der geschilderte Fall weist alle Anzeichen auf, ihn in die Mafia-Tradition einzuordnen.

Es ist mit großer Wahrscheinlichkeit davon auszugehen, daß die unentdeckten oder unbeweisbaren Straftaten den unteren Teil eines Eisberges ausmachen.

Oft weist die Organisierte Kriminalität, wie sie in der Bundesrepublik Fuß gefaßt hat, allerdings Züge auf, die sich erheblich von den Erscheinungsformen in anderen Staaten unterscheiden. Dennoch reichen die Aktivitäten auch bei uns vom milliardenschweren Großbetrug bis zur organisierten Straßenkriminalität. Die beteiligten Täter umfassen alle Generationen, einschließlich des Kindes- und Greisenalters. Sie kommen sowohl aus den allerärmsten Gesellschaftsschichten als auch aus denen, die mehrmals in der Woche Smoking oder Frack aus dem Kleiderschrank holen müssen.

Organisierte Kriminalität gedeiht nicht im luftleeren Raum, sondern entsteht in einem begünstigenden gesellschaftlichen Klima. Die Veränderungen waren zunächst fast unmerklich, aber eben doch erheblich, was sich erst durch Stichproben im Vergleich zu den Verhältnissen vor einigen Jahren erwies.

Die allgemeinen Veränderungen kann man erst einmal an Äußerlichkeiten wie Grad der Motorisierung, Nutzung der elektrischen und elektronischen Hilfsmittel, Mode oder Urlaubsverhalten der Deutschen festmachen. Die Gesamtheit aller Veränderungen bewirkt veränderte Einstellungen und beeinflußt letztlich auch die Sicht von Gut und Böse, wodurch der Boden für das Anwachsen abweichenden Verhaltens bereitet wird. Zu Beginn fällt auf, daß eine zunehmende Zahl von Bürgern – zunächst noch in einem grauen Bereich – die Einhaltung unentbehrlicher Regeln für ein geordnetes Zusammenleben mißachten. Der Schritt in das Gebiet der strafbaren Handlungen ist manchmal kleiner als vermutet.

Nicht strafbar, aber wohl doch nicht eben hoch moralisch, verhielt sich ein Frankfurter Oberlandesgerichtspräsident, der gewiß kein armer Mann ist. Er verlangte für ein Gutachten – in »Nebentätigkeit« erstellt – von der IG-Metall ein Honorar in Höhe von 1,356 Millionen DM. Da bei Vergabe und Erledigung des Auftrages noch einiges andere überprüfenswert erschien, landete er mit dieser Forderung vor Gericht. Dort sah man jedoch keinen Anlaß, die Höhe der Forderung zu kritisieren. Nur für den ungenehmigten Gebrauch eines Diensthandys erhielt er einen Strafbefehl über 18 400 DM. Sicherlich kann man diese Reaktion des Rechtsstaates auf ein äußerst fragwürdiges Verhalten eines seiner Diener nicht gerade als kraftvoll charakterisieren.

In welchem Maße das allgemeine Unrechtsempfinden Schaden genommen hat, zeigt sich zum Beispiel daran, daß es im internationalen Geschäftsleben beinahe üblich geworden ist, sich mit Hilfe von aktiver und passiver Bestechung (Korruption) lukrative Aufträge zu ergattern. Die Weltbank bezifferte die Beträge, die 1998 unter dem Tisch gezahlt wurden, auf rund 140 Milliarden DM. Die sittenwidrigen und unzulässigen Zahlungen erreichten ein solches Ausmaß, daß die USA schon 1977 diese »Usance« unter erhebliche Strafandrohung stellte. Sie trat seitdem weltweit – zunächst allerdings vergebens – für gesetzliche Nachfolge in den anderen Industriestaaten ein.

Zu den zu Unrecht Begünstigten zählten höchste Mitglieder von Herrscherhäusern und amtierende Ministerpräsidenten von Weltstaaten. Die Welle dieses unrechtmäßigen Verhaltens machte vor keiner maßgeblichen Gesellschaftsschicht in Politik und Wirtschaft halt.

In manchen Staaten galt der Einsatz von Bestechungsgeldern geradezu als legitimes Mittel, die heimische Industrie zu stärken. Deshalb konnten z. B. auch deutsche Unternehmer derartige Zahlungen von der Steuer absetzen. Es konnte allerdings vorkommen, daß die Aufwendungen unter diesen Bedingungen einen solchen Umfang erreichten, daß die erstrebten Wettbewerbsvorteile ausblieben und sogar ins Gegenteil umschlugen. Die Kosten rechneten sich nicht mehr. Wenn jeder Anbieter bei der illegal geförderten Auftragserschleichung mitmacht, müssen sich die Konkurrenten gegenseitig überbieten, und der Produktpreis erreicht eine unvertretbare Höhe. Der letzte Höchstbietende kann dann seine Leistung nur zu einem Preis erbringen, der ihn auf dem Weltmarkt als unbezahlbar disqualifiziert. Insider konstatieren in einem solchen Fall hämisch, daß sich der Betreffende in der eigenen Korruptionsschlinge verfangen hat.

Deshalb drängten viele deutsche Unternehmer die Bundesregierung, einem von den USA initiierten Übereinkommen, dem *Internationalen Übereinkommen über die Bestechung ausländischer Amtsträger im internationalen Geschäftsverkehr*, verbindlich beizutreten.

Für Deutschland trat es am 15. Februar 1999 in Kraft. Es gilt inzwischen in allen OECD-Staaten.

In der Konvention wird die Bestechung mit bis zu zehn Jahren Freiheitsstrafe und hohen Geldbußen bedroht. Das gilt auch für die Mitwisser und Chefs der aktiv Handelnden. Damit behandelt der Staat auf einem wichtigen Gebiet äußerst verwerfliche Handlungen nicht mehr als Kavaliersdelikt. Allerdings muß man davon ausgehen, daß das Übereinkommen das Problem nicht aus der Welt schafft, zumal die guten Sitten durch zahlreiche schlechte Beispiele offenbar tiefgreifend verdorben sind.

Am oberen Ende der sozialen Skala haben die Gutverdienenden ein etwas außerhalb der Legalität liegendes Verhalten scheinbar so weit verinnerlicht, daß sie im bundesdeutschen Alltag vor strafbaren Praktiken nicht zurückschrecken. Der Verfall der Moral und der Umschlag in die unbedenkliche Verletzung der Regeln reicht längst auch in die höchsten Etagen des gesellschaftlichen und industriellen Managements.

Als augenscheinlich bequeme Einnahmequelle nutzen viele die Steuerhinterziehung im großen Stil. »Wirtschaftskriminelle«, so lautet die Schätzung des Frankfurter Professors für Wirtschaftskriminologie Hans See, »prellen den Staat jährlich um mindestens 200 Milliarden DM.« Wann immer Anlaß bestand, die Kontenunterlagen bei deutschen Großbanken zu überprüfen, stießen die Ermittler auf Hunderte, wenn nicht Tausende Steuerflüchtlinge. Und mancher höhere Bankmitarbeiter konnte den Verdacht der Beihilfe nur unter großer Mühe zurückweisen. Der Schritt von derartigen Vergehen zur Korruption und Bestechlichkeit fällt dann nicht mehr allzu schwer.

Die meisten rechtswidrigen Manipulationen erfordern das Zusammenwirken von mehreren Personen. Aber in diesem Milieu vermeidet man, die Beteiligten Komplicen zu nennen. Siemens-Direktoren scheuten nicht vor der Bestechung von Mitarbeitern in Ingenieur-Büros zurück, um Aufträge für die gewiß nicht arme Weltfirma hereinzuholen. Gegen ihre Bestrafung durch die Gerichte führten sie das Argument ins Feld, sie hätten keine *staatlichen* Bediensteten bestochen. Das unredliche Verhalten gegenüber ehrlich handelnden Konkurrenten hielten sie nicht für eine Regelverletzung.

José Ignacio López de Arriortua, der nach eigenem Selbstverständnis knochenharte Preisdrücker in der Automobil-Zulieferer-Branche, nahm gleich kistenweise geheimes Entwicklungsmaterial mit, als er zu seiner neuen Arbeitsstelle wechselte. Die geschädigte Firma erhob Klage. López verlor zwar seinen Managerjob bei der Volkswagen AG und zahlte unter Murren auf gerichtliche Weisung 400 000 Mark an eine pädagogische Einrichtung. Auch mußte sich der Wolfsburger Konzern im Zuge der Wiedergutmachung bei der Adam Opel AG zu einem Milliarden-Deal verpflichten, aber als ehrenrührig empfanden das die wenigsten der Beteiligten.

Der Diebstahl von geheimen Unterlagen bei einem Arbeitsplatzwechsel bringt einen normalen Arbeitnehmer unwiderruflich ins berufliche Abseits, während das gleiche Verhalten auf der Ebene der obersten Konzernspitzen offenkundig zu den läßlichen Sünden im Konkurrenzgeschehen gehört.

Verhältnismäßig ungerührt nimmt der Bundesbürger kleinere Notizen im Wirtschaftsteil der Tageszeitungen zur Kenntnis. Ich führe einige Beispiele an:

Verhaftungen bei Thyssen

Wegen des Verdachts der Bestechung, Bestechlichkeit und Untreue sind drei Mitarbeiter der Thyssen-Krupp-Stahl-AG verhaftet worden.

Die drei Männer stehen im Verdacht, Schmiergelder von Spediteuren genommen und ihnen dafür bevorzugt Transportaufträge verschafft zu haben.

Das Schmiergeld holten sich die Begünstigten durch überhöhte Rechnungen bei Thyssen wieder zurück. An dem Korruptionskarussell waren 10 bis 12 Personen beteiligt. Bei den Verhafteten handelt es sich um zwei Sachbearbeiter der Konzern-Abteilung sowie deren Vorgesetzten.

(dpa v. 25. September 1998)

VEW-Chef hinter Gittern

Der Vorstandsvorsitzende der Vereinigten Elektrizitätswerke Westfalen (VEW) Friz Z. sitzt in Bochum wegen Verdachts der Steuerhinterziehung in Millionenhöhe in Untersuchungshaft. Der Festgenommene galt lange Zeit als »Intimus von Ministerpräsident Rau«.

(dpa v. 24. September 1998)

Mildere Strafe für Opel-Manager

Der ehemalige Werksleiter des Ersatzteillagers der Adam-Opel-AG in Bochum, Werner R., ist vom Bochumer Landgericht zu sechseinhalb Jahren Haft verurteilt worden.

Der 59jährige hat als Opel-Manager jahrelang Schmiergelder kassiert .

R. war bereits im November 1997 von einer anderen Strafkammer wegen Untreue, Steuerhinterziehung und Erpressung mit achteinhalb Jahren Haft bestraft worden.

Nach Revision des Ex-Managers beim BGH mußte sich das Bochumer Gericht erneut mit einem Teil der Vorwürfe befassen und kam nun zu einem etwas milderen Urteil.

(dpa v. 20. März 1999)

Hohe Geldbußen gegen Banken

Wegen Beihilfe zur Steuerhinterziehung sind die DG-Bank und die WGZ-Bank mit Geldbußen über mehrere Millionen DM belegt worden.

Wie der Bielefelder Oberstaatsanwalt Burkhardt Dannewald berichtete, hatten die Banken ihren Kunden beim »anonymen Geldtransfer« nach Luxemburg und in die Schweiz geholfen.

Die WGZ muß drei Millionen DM und die DG fünf Millionen DM zahlen.

Gegen fünf Vorstandsmitglieder der DG-Bank wurden zudem »Geldauf-

lagen« von jeweils 350 000 DM verhängt, sechs Vorstandskollegen der WGZ kamen mit jeweils 300 000 DM davon.
(dpa v. 20. März 1999)

Deutlich kriminelle Handlungen muß man auch bei sogenannten Produktpiraten konstatieren, wobei in derartigen Fällen die Beteiligung leitender Angestellter der legalen Industrie ebenfalls naheliegt.

Im Juli 1998 kaperten die Ermittler des Zollfahndungsamtes einen LKW kurz nach dem Passieren der niederländischen Grenze. Sie beschlagnahmten die brisante Ladung: 75 000 (!) gefälschte Computerprogramme und Handbücher der Firma Microsoft. Bei der Überprüfung des Verantwortlichen für die Einfuhr, eines 39jährigen US-Bürgers mit Wohnsitz in Luxemburg und Geschäftsadressen in Frankreich, entdeckten die deutschen Fahnder im Großraum Köln weitere Lager mit gefälschten Software-Produkten: Gesamtwert etwa 120 Millionen DM.

Um Abnehmer hätte sich der Lieferant nicht sorgen müssen. Er bot die Produkte deutlich preiswerter als die Herstellerfirma an und signalisierte so die illegale Herkunft. Dennoch bewegte das keinen in der Abnahmeverpflichtung stehenden Großhändler zu einer genaueren Nachfrage über die Herkunft der Ware. Eine Anzeige bei den Behörden wurde schon gar nicht in Erwägung gezogen. Auch hier hielt die Aussicht auf den vermehrten Verdienst das Kartell der Betrüger im legalen Handel zusammen.

Das Geschilderte stellt keinen Einzelfall dar, sondern steht für viele andere. Diese Meinung vertrat auch das Bundesfinanzministerium in Bonn im Jahresbericht der deutschen Zollverwaltung für 1998:

Große Sorge macht derzeit der Schwarzhandel mit geschützten Marken. Die Produktpiraterie hat gegenüber dem Jahr 1995 um das Dreißigfache zugenommen. Ob Jeans mit bekannten Namen, Software großer Hersteller oder Sportartikel – keine Weltfirma ist vor Imitationen sicher. Der Zoll stellte bei rund 1 400 Einsätzen gefälschte Artikel sicher. Durch die Fälschungen entstehen Schäden in Milliardenhöhe. Nach Berechnungen des Deutschen Industrie- und Handelstages sind dabei bereits 70 000 Arbeitsplätze in Deutschland verlorengegangen.

Die Produktpiraterie – eine Domäne organisierter Straftäter mit eigener moderner industrieller Ausstattung – vernichtet nicht nur Arbeitsplätze, sie gefährdet auch unmittelbar Leben und Gesundheit vieler Menschen. So entdeckte man nur durch Zufall in den legalen Handel eingeschleuste minderwertige Ersatzteile für Verkehrsflugzeuge und Bremsanlagen für hochwertige Renn- und Kraftfahrzeuge.

Auch auf dem Medikamentenmarkt tummeln sich die Fälscher. Sie stellen gefragte Pillen und Tabletten her und bringen sie verhältnismäßig leicht in den legalen Handel. Von den deutlich niedrigeren Preisen lassen sich viele Drogisten und Apotheker verführen, so daß sie zu Mittätern werden.

Schätzungen der Sport-Bekleidungsindustrie (ADIDAS, NIKE und PUMA) gehen dahin, daß in der Dritten Welt und in den südlichen Ländern Europas im Handel etwa 90 Prozent gefälschte Artikel umgesetzt werden. Die Wahrnehmung dieser Fälscherkriminalität tendiert gegen Null. Es erfolgt keinerlei Quellenbekämpfung. Die Verfolgung setzt immer erst ein, wenn Fälschungen als solche entdeckt wurden.

Auf diese Weise festigt das Organisierte Verbrechen fast unbemerkt seine Position in der legalen Wirtschaft und macht zudem ungezählte scheinbar rechtstreue Bürger zu Komplicen.

Da es die Eliten vormachen, fühlen sich auch untere Amtsträger berechtigt, sich ebenfalls durch Korruption ein Stück vom Kuchen abzuschneiden.

Besonders häufig kommen Unregelmäßigkeiten im Zusammenhang mit Bauämtern ins Gerede. Die Bauskandale im Rhein-Main-Gebiet beraubten eine Vielzahl von Gemeinden ihrer Stadtdirektoren und Bürgermeister, die sich in einem Rattenschwanz-Verfahren als korruptionsanfällig erwiesen hatten.

Im September 1998 sprach der Wuppertaler Oberbürgermeister im Zusammenhang mit dem städtischen Bauamt von einem Saustall. Die Staatsanwaltschaft hatte inzwischen gegen mehr als 100 Bedienstete der Stadt Verfahren wegen Korruption und Bestechlichkeit eingeleitet. Zu den Beschuldigten gehörte auch der langjährige Kämmerer und frühere Stadtdirektor.

Meist arbeiteten die begünstigten Unternehmen an der Errichtung oder Renovierung von Privatbauten der städtischen Mitarbeiter –

kostenlos, aber teuer für die Stadtkasse. Die erlangten Bauaufträge stellten sie der Stadt mit überhöhten Kosten in Rechnung, gelegentlich für Arbeiten oder Baustellen, die es gar nicht gab.

Nicht minder spektakulär mußte die Staatsanwaltschaft in Köln vorgehen. Sie ließ Anfang 1999 einige städtische Ämter durch die Kripo besetzen und die Akten ausräumen. Es gab reichlich Anlaß, gegen bestechliche Mitarbeiter vorzugehen. Die Verwaltungsspitze der Stadt reagierte, wenn auch verspätet: Anfang März 1999 trat eine eigens bestellte Anti-Korruptions-Beauftragte ihren Dienst an. Sie soll als unabhängige Ermittlerin Richtlinien erarbeiten, deren Einhaltung überwachen und mit Stichproben die Vergabepraktiken kontrollieren.

Bei Kenntnis dieser Fakten ruft die ansonsten doch ungewöhnliche Pressemitteilung des früheren NRW-Innenministers Kniola vom 15.4.1998, die er aufgrund von Informationen des Landeskriminalamtes abgab, keine Verwunderung mehr hervor:

Immer öfter arbeiten Amtsträger mit Kriminellen zusammen. Sie sind die Brücke von der illegalen Schattenwirtschaft in den legalen Markt.

1997 wurden (allein) in NRW 348 Fälle von Bestechlichkeit aufgedeckt.

Als Beispiel nannte der Minister dabei den Fall des Angestellten eines Straßenverkehrsamtes. Dieser hatte einer Bande Plaketten und Blanko-Fahrzeugscheine verkauft. Damit rüsteten die professionellen Gangster Transporteure aus, die gestohlene Edelkarossen ins Ausland schafften.

Die Angestellten und Beamten in den Bauverwaltungen sind zwar besonders anfällig für illegale »Vorteilsnahme«, aber andernorts geht es auch nicht zimperlicher zu. Absprache- und Kassiererkartelle gibt es quer durch die Republik. Kaum hatte der bayerische Bauunternehmer-Verband die Bestechungsaffäre um Klärwerksbauten als Verirrung von schwarzen Schafen halbwegs aus den Schlagzeilen herausgebracht, da wurde der nächste Abspracheskandal publik. Diesmal entdeckte die Staatsanwaltschaft ein Straßenbau-Kartell. Die Kartellbrüder hatten sich seit Mitte der 80er Jahre bis 1998 mit internen Preisabsprachen und Bestechungen von Beamten Vorteile bei der

Auftragsvergabe verschafft und die Öffentliche Hand um Millionenbeträge betrogen.

Solche Beispiele und die Selbstbedienung in Politik und Wirtschaft reizen zur Nachahmung an. Wer hätte noch vor wenigen Jahrzehnten einem Arzt planmäßige Betrügereien wie falsche Rechnungen, getürkte Rezepte, schädliche Untersuchungen und überflüssige Operationen zugetraut? Jetzt findet man solche Meldungen immer häufiger in den Medien, allerdings meist unter der verniedlichenden Bezeichnung »schwarze Schafe«.

In dem 1998 erschienenen Buch »Patient Nebensache« berichtet ein Urologe über den kassenärztlichen Alltag, in dem von Bestechung des Buchprüfers bis zu unsinnigen Operationen jedes Mittel zur Anwendung kommt, um den persönlichen Wohlstand zu mehren. Werden sogenannte schwarze Schafe entdeckt, rechtfertigen sie ihr Verhalten nicht selten mit dem Hinweis, nur so ihr Existenzminimum sichern zu können.

Betrachten wir einen Fall aus Augsburg. Dort ermittelte die Staatsanwaltschaft gegen einen Laborarzt, der bei seinen Machenschaften schon in bedenklicher Weise begonnen hatte, die Methoden der Organisierten Kriminalität zu kopieren. Der Beschuldigte hatte es mit seinem Labor auf einen Jahresumsatz von 80 Millionen DM gebracht. Zur Tarnung dieser enormen Einkünfte und um seine Steuerzahlungen zu vermindern, führte er Unterlagen über die Beschäftigung von 19 Personen, bei denen das Monatseinkommen angeblich von 6 000 bis 30 000 DM betrug. Tatsächlich verdienten bedeutend weniger Mitarbeiter nur Bruchteile dieser Summen. Die Begünstigten – allesamt in das Komplott eingeweiht – zeigten sich zur tätigen Mithilfe bereit. Der Schwindel flog auf, als sich eine Ärztin mit ihrem Anteil am reichlich vorhandenen Kuchen unzufrieden zeigte und deshalb anonym eine Anzeige erstattete.

Der Sittenverfall reicht bis in die untersten Etagen des Arbeitsmarktes. Auch dort zocken viele unbedenklich ab. So stellen sich »arbeitslose Sozialempfänger« Bauunternehmern zur Verfügung, die sie schwarz beschäftigen, zugleich keine Sozialbeiträge abführen und allmählich zu Gemeinschaften von organisiert handelnden Kriminellen zusammenwachsen.

Die Zahlen der Kriminalstatistik spiegeln inzwischen auch den Verfall von Treu und Glauben sowie die Bereitschaft zur Regelverletzung als Vorstufe zur eindeutigen Kriminalität wider. Die Delikte »Unterschlagung und Veruntreuung« schlugen sich 1991 in der Statistik mit 435 000 Taten und einem ermittelten Gesamtschaden in Höhe von 4 Milliarden DM nieder. 1997 stiegen diese offenbar zum Volkssport mutierten Delikte auf 780 000 Delikte mit 12,5 Milliarden DM Schaden. Rund 40 Prozent der Taten richteten sich gegen den eigenen Arbeitgeber, so daß es nicht erstaunt, wenn sie um so eher gegen Dritte zur Anwendung kommen, wenn sich dazu nur eine Gelegenheit auftut.

In unserer kapitalistisch geprägten Lebensordnung, in der eine laxere Einstellung zu Werten und zum moralischen Verhalten gegen den Mitmenschen spürbar wird, werden Regelverletzungen begünstigt. Auf diesem Boden wächst eine neue Art Organisierter Kriminalität, die nicht vorrangig durch Mord und Totschlag, Raub und Körperverletzung, sondern durch die vielfachen Spielarten der Wirtschaftskriminalität gekennzeichnet ist.

Die Aufzählung der Beispiele ergibt keineswegs ein erschöpfendes Bild, auch deshalb nicht, weil bei den entsprechenden Straftaten mit einer hohen Dunkelziffer gerechnet werden muß. Die Ursachen dafür liegen darin, daß einerseits ein großer Teil der Straftaten nicht erkannt wird und andererseits bekannt gewordene nur ausnahmsweise zur Anzeige gebracht werden.

Gründe für negatives Anzeigenverhalten sind u. a. Wissen um die ungenügende und unklare Rechtslage, Beweisschwierigkeiten für die Geschädigten und Angst vor Geschäftseinbußen aufgrund von publicrelations-Verlusten. Bedenklich ist vor allem, daß sich das Gebiet der unentdeckten Straftaten qualitätsmäßig entscheidend verändert hat. Während früher Delikte der konventionellen Kriminalität dominierten, sind sie neuerdings gewichtigerer Natur. Dies hängt sowohl mit der Angst vor Repressionen (organisiertes Verbrechen) als auch mit der fachspezifischen Raffinesse der Täter zusammen.

Von einer Tätergruppe aus Frankfurt wurden z. B. im international organisierten Zusammenwirken minderwertige Edelsteine zur Kreditsicherung auf den Markt gebracht. Unter Vorlage der Edelsteine und fingierter Expertisen wurden bei Banken im In- und Ausland Kredite in Höhe von 540 Millionen DM erlangt. Die geschädigten Banken verzichteten zunächst auf die Erstattung von Anzeigen, weil sie einen hohen Ansehensverlust fürchteten.

Die tatsächliche Dominanz der organisierten Wirtschaftskriminalität wird häufig durch andere – leichter wahrnehmbare – Straftaten überdeckt, die nach Öffnung der Grenzen der wirtschaftlich unterentwickelten Ostblock-Staaten vermehrt zur Ausführung kamen und kommen. Solche Straftaten manifestieren sich in Bandenkämpfen, brutalen Raubüberfällen, organisierten Bankraubtaten und Einbruchsserien. Wichtige Betätigungsbereiche der organisierten Kriminalität dieser Art sind alle Spielarten der Rauschgiftkriminalität, Diebstahl von Kraftfahrzeugen auf Bestellung, Ladungsdiebstähle von LKW, organisierte Banküberfälle, gezielte Kunstdiebstähle, Schutzgelderpressungen, illegaler Handel mit Alkohol und Zigaretten, Goldschmuggel, Verrechnungskriminalität (white plastic cards-Kriminalität), Straftaten im Zusammenhang mit dem Nachtleben sowie Prostitution, Zuhälterei und Menschenschmuggel.

Handel mit illegalen Drogen

Im Vordergrund steht der Handel mit illegalen Drogen. Das Rauschgiftgeschäft gilt als Motor und Schmierstoff für jede Art der organisierten Kriminalität. Handel und Konsum von verschiedenen Rauschgiften sind in der Bundesrepublik so alltäglich, daß vielfach die Forderung laut wird, die Süchtigen staatlich genehmigt mit »Stoff« zu versorgen, um sie von Beschaffungstaten abzuhalten. Während die Polizei in früheren Jahren die Sicherstellung von Heroin oder Kokain im Umfang von mehreren Kilogramm als Erfolg verbuchte, häufen sich seit 1997 die Beschlagnahmen harter Drogen in Zentnermengen. Inzwischen nähern sie sich dem Volumen von Tonnen.

1996 stellten die Behörden in der Bundesrepublik 10 000 Kilo Haschisch, 900 Kilo Heroin, 1 370 Kilo Kokain sicher. Das sind bereits erschreckende Zahlen.

1997 lief neben vielen anderen Zugriffen die »Aktion Erdbeere«, bei der durch einen V-Mann allein für diesen einen Fall Hinweise auf die geplante Anlieferung von 1 800 Kilo Kokain aus Südamerika in die Bundesrepublik vorlagen. Die deutschen Ermittler unterrichteten ihre Kollegen in Argentinien, die den Transport im Hafen überwachen und dann die deutschen Behörden über das Auslaufen verständigen sollten. Auf diese Weise hoffte man die Empfänger und deren Verteilernetz in Westeuropa identifizieren zu können.

Dazu kam es aber nicht. Aus wahltaktischen Gründen ordnete der argentinische Präsident einen Zugriff im eigenen Land an. So stellten die südamerikanischen Zöllner im Hafen von Buenos Aires nahezu eineinhalb Tonnen Kokain sicher. Außerdem nahmen sie 16 Beteiligte fest und konnten damit einen großen Erfolg, der aufgrund einer Weisung des Präsidenten zustande gekommen war, für sich verbuchen. Unter den Festgenommenen befand sich auch ein verantwortlicher Exporteur des kolumbianischen *Cali-Kartells* (nach der Stadt Cali benannt), eines maßgeblichen Kokain-Kartells, dessen Hintermänner die USA und große Teile Europas mit Rauschgift versorgten. Die deutschen Beamten, von denen der Tip stammte, warteten dagegen vergebens auf die Ankunft der Großlieferung in deutschen Häfen.

Die spanische Polizei faßte Mitte 1998 eine Barkasse bei der Anlandung von 500 Kilo Kokain. Kaum hatte sich die Aufregung über eine derartige Menge gelegt, wurden in einem Depot an Land über 4 000 Kilogramm Kokain entdeckt, die für den Markt in Mittel- und Westeuropa bestimmt waren.

Ähnliche Sicherstellungen von Heroin in Frankreich und den Niederlanden lassen eine Vorstellung davon zu, welche Größenordnung der Konsum von harten Drogen in den europäischen Staaten erreicht hat. Bei all dem bleibt zu bedenken, daß manche Händlergruppen inzwischen Großdepots in den Europa umgebenden Staaten unterhalten und von dort aus Kuriere mit Kilomengen in Marsch setzen, um bei einem möglichen Zugriff große Verluste zu vermeiden.

Die folgenden Aussagen, die das Internationale Drogenkontrollamt (der UNO) zum Jahreswechsel 1998/1999 veröffentlichte, vervollständigen das Bild:

- *Der Heroin-Konsum ist 1998 weltweit gestiegen. Die Droge ist (durch vermehrtes Angebot) billiger geworden. Sie wurde mehr geraucht als gespritzt,*

weil die Konsumenten dies fälschlicherweise für weniger gefährlich halten. Hergestellt wird die Droge nach wie vor hauptsächlich in Asien (Burma, Afghanistan). Kolumbien bleibt der weltweit größte Produzent von Kokain.
- *Zunehmend dienen die baltischen Staaten Estland, Lettland und Litauen sowie Bulgarien, Ungarn, Rumänien und die Slowakei als Drehscheiben für den Drogenschmuggel nach Westeuropa.*
- *Europa ist nicht nur Ziel des Drogenschmuggels, sondern auch ein wichtiger Drogenproduzent. Dies gilt vor allem für die Herstellung der synthetischen Droge »Ecstasy«.*

Den bundesdeutschen Ermittlungsbehörden gelang am 28. Februar 1999 ein Drogenfund, der das bisher Gesagte nochmals bekräftigt. Zollfahnder stellten an der deutsch-polnischen Grenze mehr als sechs Zentner Heroin sicher. Das Rauschgift befand sich im doppelten Boden eines sonst nicht weiter beladenen Lastkraftwagens, den ein türkischer Fahrer gesteuert hatte. Drogenhunden war es gelungen, den in 300 Portionen verpackten »Stoff« zu verbellen. Der Wagen kam aus der Türkei, hatte in Polen seine Ladung gelöscht und sollte angeblich in die Niederlande weiterfahren.

Der zuständige Staatsanwalt erklärte nach der ersten Anhörung, daß der Fund nur die Spitze eines Eisberges darstelle. Weitere Ermittlungen seien erforderlich und erfolgversprechend.

Sechs Zentner Heroin, durch die zahlreiche Menschen zugrunde gerichtet werden, bringen im Einzelhandel über 26 Millionen DM ein. Eine derartige Menge fabriziert man nicht in Küchenlabors. Auch der Transport über viele Grenzen ist nicht das Werk von Gelegenheitstätern. Dazu gehören eine gut ausgebaute Organisation mit Stützpunkten in vielen europäischen Staaten sowie ein ausgeklügeltes Absatznetz, das eine derartige Menge mit geringem Risiko »an den Mann zu bringen« vermag – ein unübersehbares Signal für Existenz und Wirkungsweise von organisierten Straftätern.

Menschenhandel

Neben dem Handel mit illegalen Drogen hat der Menschenhandel eine außerordentliche Bedeutung erlangt. Profis und organisierte Straftäter schleusen Menschen aus aller Herren Länder nach Deutschland, um damit den illegalen Arbeitsmarkt zu versorgen oder um das Rotlichtmilieu mit »Nachschub« zu beliefern.

Eine stark frequentierte Route läuft über Pilsen. Diese Stadt gilt als Einfallstor für Illegale aus dem gesamten früheren Ostblock. Neuerlich sind dort auch Menschen aus Afrika und Asien in großer Zahl anzutreffen, die auf ihre Schleusung in die »gelobten Länder des goldenen Westens« warten. Schleuser und zu Schleusende können weitgehend unbehelligt auftreten. Für eine Stange guter Zigaretten schauen die miserabel bezahlten Polizisten schon mal kurzzeitig weg; für eine Flasche amerikanischen Whiskys erlahmt ihre Aufmerksamkeit auch für längere Zeit.

Da bei diesem schmutzigen Geschäft Werber, Transporteure, Unterkunftsbeschaffer, Grenzschleuser, Fälscher und andere oft über Kontinente hinweg koordiniert vorgehen müssen, bedarf es dazu ebenfalls einer hochentwickelten kriminellen Organisation, deren Mitglieder zudem nicht selten auch für den Transport von Rauschgift zur Verfügung stehen.

Die Preisvariation der illegalen Dienstleistungen orientiert sich am Herkunftsland und am sozialen Status des zu Schleusenden. Die Bandbreite reicht von der primitivsten bis zur luxuriösesten Schleusung. Billigkunden müssen mit einem Pferchtransport auf LKW-Ladeflächen auf dem Landweg und mit Schleichwegen durch finstere Wälder bei Nacht und Nebel vorliebnehmen. Luxuskunden aus dem Mittleren Osten, aus Süd- und Ostasien dürfen auf einen Lufttransport hoffen, wobei Umsteigehäfen in Osteuropa und Lateinamerika zur Planung der Schleusungsagenturen gehören.

Ausstehende Honorare an die Vertragspartner bleiben nicht lange ungerügt. Die Schleuser arbeiten zum Teil mit Beauftragten der russisch dominierten Inkassogesellschaften zusammen oder unterhalten gleich selbst solche Agenturen.

Letztere sorgen durch Gewalt oder durch Bedrohung von Familienangehörigen in der Heimat der Zahlungsverpflichteten für pünktliche Begleichung der Schulden plus aufgelaufener Zinsen und Bearbeitungsgebühr.

Behördliche Hilfe können die Erpreßten nicht in Anspruch nehmen, da sie die sofortige Ausweisung fürchten müssen. Die Einschleusung mündet durch Weiterleitung an ortsansässige Verbündete in eine direkte Vermittlung an skrupellose Unternehmer, die die Zwangslage der Menschen nutzen, um sie zu Dumping-Löhnen und ohne Sozialschutz zu beschäftigen oder – schlimmer noch – im Rotlichtmilieu zur Prostitution zu zwingen.

Für die Mehrzahl der Geschleusten setzt das Elend schon auf dem Transport ein. Gibt es irgendwo Schwierigkeiten, kommt es den Gangstern auf einen Mord mehr oder weniger nicht an. Droht irgendwo eine Entdeckung im einzelnen oder für ganze Routen, spielen Menschenleben keine Rolle. Ohne Verpflegung und Trinkwasser müssen Geschleuste oft tagelang zusammengepfercht auf der Pritsche eines Lastwagens ausharren. Manche überleben das nicht. Auf hoher See gehen die Opfer über Bord, wenn ein Zoll- oder Polizeiboot in Sicht kommt, wie aus Berichten der spanischen Küstenpolizei hervorgeht. Der Schutz der »Organisation« genießt immer und überall Vorrang.

Die Preise, die solchermaßen Geschleuste zu zahlen haben, sind dennoch hoch. Wenn sie diese beim Antransport nicht zahlen können, geraten sie zudem in eine sklavenähnliche Abhängigkeit von in Deutschland stationierten Bandenmitgliedern.

Nach zuverlässigen Schätzungen schleusten Menschenhändler bereits 1993 mehr als 50 000 Frauen illegal in die Bundesrepublik ein. Niedersachsens Polizei hob einen Täterring aus, der innerhalb von drei Jahren 16 Millionen DM Gewinn eingefahren hatte.

1995 stellte das Bundeskriminalamt in einem Lagebild »Menschenhandel« fest: »Aufgrund teilweise bestehender OK-Relevanz sowie des weiterhin zu erwartenden Einflusses Osteuropas auf den Menschenhandel ist ein Ende der expandierenden Entwicklung dieses Deliktbereiches derzeit nicht zuverlässig einzuschätzen. Die Bundesrepublik Deutschland wird auch weiterhin Zielland der durch Menschenhändler angeworbenen Opfer sein.«

Der Rat der Europäischen Union ergänzte im Februar 1997: »Der Menschenhandel ist eine wichtige Form der international organisierten Kriminalität, die zu immer größerer Besorgnis Anlaß gibt.«

Die weltweiten Aktivitäten erreichten ein solches Ausmaß, daß sich Ausschüsse und Kommissionen der politischen Weltorganisationen damit befassen mußten. Sie sahen sich zu Reaktionen gezwungen, weil unübersehbar geworden war, daß »importierte Frauen« im Rotlichtmilieu wie Sklavinnen gehalten wurden. Das veranlaßte Mitte September 1995 den »Ausschuß für die Rechte der Frau« des europäischen Parlaments zu folgender Stellungnahme: »Wichtig im Zusammenhang mit diesem nahezu unsichtbaren Verbrechen ist der wachsende Handel mit osteuropäischen Frauen nach der Öffnung der Grenzen und die Übernahme dieses Handels durch das Organisierte Verbrechen.«

Die Parlamentarier unterschieden beim Delikt Frauenhandel folgende Praktiken:

- *das Festhalten einer Person in illegaler Abhängigkeit;*
- *die Anwendung von Zwang und Irreführung;*
- *die Veranlassung zur Prostitution oder zu anderer ungeregelter und ungeschützter Arbeit;*
- *die Bindung durch Schulden, die beispielsweise mit Hilfe horrender Vermittlungssummen und Wucherzinsen angehäuft werden;*
- *emotionale Erpressung und Ausbeutung des illegalen Status;*
- *Verletzung der körperlichen und sexuellen Unversehrtheit;*
- *körperliche Gewalt und Androhung von Gewalt;*
- *Transport einer oder mehrerer Personen innerhalb eines Landes oder über Grenzen hinweg zu Gewinnzwecken.*

(Nel van Dijk, 7. September 1995, Ausschuß für die Rechte der Frau: Entwurf einer Stellungnahme zum Menschenhandel für den Ausschuß für Grundfreiheiten und innere Angelegenheiten)

Bis 1989 stammten diese Opfer überwiegend aus Südamerika, Thailand, Afrika und von den Philippinen. Danach kamen und kommen sie zumeist aus osteuropäischen Staaten wie den Ländern der ehemaligen Sowjetunion (38,7 %), Polen (18,5 %) und der früheren Tschechoslowakei (12,5%).

Im August 1997 berichtete die deutsche Europa-Abgeordnete Christa Randzio-Plath in einer öffentlichen Veranstaltung: »Gegenwärtig wird eine halbe Million Frauen in Europa zur Prostitution gezwungen. Der Handel mit Frauen ist mittlerweile lukrativer als der Handel mit Drogen.«

Die Angelockten werden gegen gute Kasse an Bordellbetreiber weitergereicht, wo sie wie Gefangene gehalten und brutal gezwungen werden, ihre Schulden abzuarbeiten. Für viele der Frauen beginnt die Schreckenszeit damit, daß sie viele Male vergewaltigt werden (im Jargon der Verbrecher »eingeritten«).

Selten gelingt es einer der Betroffenen, aus diesem Kreislauf auszubrechen. Flucht oder Arbeitsverweigerung werden meist mit Schlägen (Körperverletzung) bestraft. Oft steht dahinter sogar die Todesdrohung für sie selbst oder ihre Familie in der Heimat. Aufgrund solcher Drohungen sowie wegen des illegalen Aufenthalts und fehlender Beweismittel kommt es in den seltensten Fällen zu Hilfeersuchen bei Behörden.

In den letzten Jahren sanken die Preise für die Dienstleistung Prostitution durch das steigende »Angebot«. Gestiegen sind dagegen die Einnahmen für die organisiert handelnden Anwerber, Transporteure, Dokumentenbeschaffer, Zuhälter, Vermieter, Club- und Bordellbetreiber.

Auf einer Veranstaltung in Hamburg schilderte die Schwedin Anita Gradin, ebenfalls Europa-Abgeordnete und federführend für den »Aktionsplan gegen die sexuelle Ausbeutung der Frau«, den typischen Leidensweg eines Opfers der Zwangsprostitution:

Infolge der Wirtschaftskrise in ihrer polnischen Heimat verlor die 30jährige Ingenieurin ihre Arbeit in der Schiffahrtsindustrie. Sie war nach der Scheidung alleinstehend und mußte zwei Kinder versorgen.

Sie fand eine Aushilfsbeschäftigung als Kellnerin in einem Speiselokal. Hier lernte sie einen Mann kennen, der sie überredete, mit ihm nach Deutschland zu gehen, wo sie auch als Kellnerin angeblich das Dreifache würde verdienen können.

An der Grenze mußte sie ihm ihren Paß aushändigen. Kellnerin ist sie nie geworden – statt dessen verkaufte der Mann sie nach Holland, wo sie unter massiven Androhungen zur Prostitution gezwungen wurde. Obwohl sie ständig beobachtet und zwei ihrer Fluchtversuche mit Gewalt verhindert wurden, gelang es ihr schließlich doch zu fliehen.

Sie zeigte ihre Peiniger an, doch das Verfahren wurde wegen Mangel an Beweisen eingestellt.

Der zufällige Bekannte, der einen guten Job verspricht, ein angebliches Eheinstitut, die Au-pair-Stelle, die sich als Finte entpuppt – das sind oftmals die Wege, auf denen Frauen aus den wirtschaftlich schlechter gestellten Staaten aus ihrer Heimat in die Staaten des Wirtschaftsparadieses gelockt werden.

Nach amtlichen Statistiken stammen die anwerbenden Täter aus Deutschland (39,0 %), aber auch aus der Türkei (13,8 %) und der früheren Sowjetunion (11,3 %).

Häufig gründen die Menschenhändler Reisebüros, die Frauen (aber auch Männer) mit einem Sammelvisum zu einem Besuchsprogramm nach Deutschland bringen.

Während die Frauen der sexuellen Ausbeutung verfallen, müssen die Männer zur Begleichung der Schulden kriminelle Schmutzarbeit versehen.

Wie derartige kriminelle Schmutzarbeit aussieht, verdeutlichen die Aktivitäten rumänischer Straftäter. Ab 1995 machten aggressiv vorgehende Einbrecher in der Bundesrepublik verstärkt von sich reden. Einmal hebelten die Täter gewaltsam eine Villenhaustür auf, fesselten, knebelten und vergewaltigten die Hausbewohner, ein anderes Mal schlugen sie die Schaufenster von Geschäftsräumen ein oder zertrümmerten die Eingangsportale von einsam gelegenen Postfilialen.

Die brutalen Verbrecher hielten sich nicht lange mit der Überwindung von Sicherungsmaßnahmen auf. Sie zerrten die Geldschränke mit Seilen oder Rollen ins Freie, warfen sie auf gestohlene Transportwagen und verschwanden im nächsten Wald. Tauchten Zeugen auf, wurden sie eingeschüchtert und bedroht. Spaziergänger stießen in den Wäldern auf Erdhöhlen, die den Tätern offenbar für einige Tage als Unterkunft gedient hatten. Einsatzgruppen der Polizei kamen zunächst regelmäßig zu spät zu den Tatorten. Die Behörden in den Kleinstädten, die sich redlich um Aufklärung bemühten, waren meist überfordert.

Da erst allmählich klar wurde, daß gut geführte, professionelle Täter am Werk waren, dauerte es entsprechend lange, ehe in fast allen Landeskriminalämtern Sonderkommissionen die Fahndung nach solchen Tätern aufnahmen. Bald wußte man zumindest, daß die Verbrecher nach Deutschland einreisten, ihre Taten begingen, um dann schleunigst wieder zu verschwinden. Gelang es, einen einzelnen Täter zu fassen, verweigerte dieser konsequent die Aussage, fiel eine Gruppe in die Hand der Polizei, achteten die Festgenommenen untereinander streng darauf, daß keiner das Gesetz des Schweigens brach. Ungeachtet dieser Taktik stand dennoch bald fest, daß die Gruppen von Bossen gesteuert wurden, die unerreichbar in Rumänien residierten.

Anonyme Hinweise und Nachrichten, die in den Landeskriminalämtern gesammelt und verifiziert wurden, besagten: Die Unternehmer aus Ostrumänien machen alles, was sich lohnt. Sie heuern die Leute an und schleusen sie in das Operationsgebiet ein. Informationen über lohnende Ziele und günstig gelegene Tatorte erhalten sie auf geheimnisvolle Weise, wahrscheinlich über sympathisierende Landsleute im Einsatzgebiet.

Seit 1995 sorgte ein Verbindungsmann des BKA in Bukarest für eine verbesserte Zusammenarbeit zwischen deutschen und rumänischen Polizeibehörden. Allerdings glaubte man hier wie dort, daß manche Information mit einem Durchschlag an die Hintermänner der kriminellen Aktionen weitergereicht wurde. Jedenfalls ließen das die Abläufe weiterer Straftaten sowie die Einlassungen gefaßter Straftäter vermuten.

Hartnäckig verbreitete sich das Gerücht, Mitglieder der ehemaligen Geheimpolizei *Securitate* seien die eigentlichen Drahtzieher der Aktivitäten. Nach Aussagen eines in Bayern festgenommenen Mitwissers dirigierte ein inzwischen in Rumänien installierter Geheimbund *Die Garde* das Netzwerk der Einbrecherbanden, wobei sie in ihrer Heimat für ihre Aufgaben ausgebildet, nach strategischen Gesichtspunkten in das Operationsgebiet entsandt und dort von sogenannten Kapos auf Disziplin getrimmt wurden. Wer abzuspringen drohte, wurde brutal gezwungen, bei der Stange zu bleiben. Gelang das nicht, sorgte man mit »anderen« Mitteln für einen Rücktransport in sein Heimatland. Bei ganz hartnäckigen Verweigerungsfällen ereilte den oder die Abtrünnigen ein Unfall mit Todesfolge. Bei der Planung solcher Zwischenfälle achteten die Auftraggeber auf eine Streuung über verschiedene Bundesländer oder sogar über mehrere Staaten. Auf diese Weise vermied man eine Häufung von mysteriösen Todesfällen an einem Ort, die ansonsten die Vermutung von Zusammenhängen mit den Straftaten der rumänischen Bürger viel früher nahegelegt hätte.

In mancherlei Hinsicht erinnerten die Führungsmaßnahmen der Hintermänner an militärische Gepflogenheiten. Hatte eine Gruppe das Operationsziel erreicht und eine Beute von 500 000 bis drei Millionen DM erbracht, gab es drei Monate Heimaturlaub. Fiel ein einzelner oder eine Gruppe in die Hand der Polizei, hielten sich die Inhaftierten durch gegenseitige Information und durch Einschaltung von Rechtsanwälten über den Stand der Ermittlungen ständig auf dem laufenden.

Prinzipiell galt die Weisung, keinerlei Aussagen zu machen bzw. keine solchen, die Mittäter belasten oder Hintermänner enttarnen könnten. Wer gegen diese Weisung verstieß, lebte schon in der Haft gefährlich. Das erschwerte die Gewinnung von belastenden Aussagen durch Insider oder Mittäter erheblich.

Gerichtsverfahren gegen gefaßte Täter erforderten zudem einen erheblichen Aufwand. Gut plazierte Drohungen gegen Staatsanwälte und Polizisten, Ankündigungen von Befreiungsversuchen, Schreiben an die Richter – selbstverständlich alles anonym – machten die Hauptverhandlungen zu zeitlich ausgedehnten Großveranstaltungen. Durch (erlaubte) prozessuale Taschenspielertricks versuchte man die Verhandlungen in die Länge zu ziehen, um die Aufwands- und Drohsituation lange aufrechtzuerhalten. Solche Manipulationen mindern (in der Vorstellung der Hintermänner) die richterliche Bereitschaft, jedes Detail, vor allem hinsichtlich der Auftraggeber, in zeitaufwendigen Anhörungen offenzulegen. Dadurch konnten (und können) Angeklagte zuweilen zu berücksichtigende Milderungsgründe einbringen. Zum anderen vermag niemand genau die Wirkung solcher Maßnahmen auf die polizeiliche Ermittlungsintensität, die Anklagebereitschaft der Staatsanwaltschaft und die Festlegung der Strafhöhe einzuschätzen.

In einem (vergleichbaren) Fall sah sich das Bundeskriminalamt in einem Verfahren gegen einen Camorra-Paten gezwungen, den verdeckten Ermittler aus weiteren Operationen fernzuhalten, weil Drohungen »handfesten« Charakter angenommen hatten. Durch Korruption war es der Gegenseite gelungen, die wahre Identität des Ermittlers herauszufinden und seinen tatsächlichen Wohnsitz zu erkunden. Zugleich mußte der entsprechende Staatsanwalt unter ständigen Begleitschutz gestellt werden, um seine Sicherheit zu garantieren.

Organisierte Kinderbanden

Neben Raub und Einbruch in den westlichen Industriestaaten entdeckten die rumänischen Auftraggeber eine weitere illegale Einnahmequelle. Im Zuge der Ermittlungen gegen die Einbrecher stießen deutsche und französische Ermittler auf organisiert handelnde Gruppen von Taschendieben. Dabei setzten die Hintermänner sogenannte Klaukinder ein. Das logistische Zentrum dieser Banden lag (und liegt) in Berlin. Von dort aus schwärmten die Täter aus, fast immer in touristische Zentren, so auch nach Bonn und Köln. Jeder Bandenchef »betreute« eine Gruppe von zwei bis vier Kindern oder Jugendlichen. Sie nahmen mit ihnen kurzfristig Quartier im Operationsgebiet, transportierten die Kinder in die Fußgängerzonen der Städte und kassierten »nach getaner Arbeit« das Diebesgut. Einigen Kindern hatte man vorsorglich die Fingerkuppen verätzt, damit sie nicht durch die Fingerabdrucknahme als Wiederholungstäter identifiziert werden konnten.

Bedeutsame Hinweise ergaben sich aus dem Fall des 15jährigen Olariu in Berlin, den »fremde Männer« in Rumänien auf dem Schulhof angesprochen hatten. »Da kam ein Mann auf mich zu und schlug mir vor, gegen gutes Geld nach Deutschland zu gehen.« So lautete später seine Aussage. »Da kannst du mit einfachem Klauen eine Menge Geld holen. Ich habe gedacht, und das sollte ich wohl auch denken, Deutschland ist voller Geld. Überall, wo man hinkommt, findet man Geld!«

Der Junge erlag der Versuchung und lief von zu Hause weg. Nach einem Zwischenaufenthalt zur Ausbildung als Taschendieb kam er nach Berlin, wo ihn Kapos bereits erwarteten. Auf Anweisung seiner »Führungsleute« beantragte er Asyl, wobei er sein Alter um zwei Jahre verringerte, um nicht mehr strafmündig zu sein. Erst dann schickten ihn seine Auftraggeber mit anderen Jungen auf Tour.

Doch Olariu fehlte es offenbar an Talent und Fluchtgeschwindigkeit, so daß er häufig bei seinen Klauversuchen auffiel. Die Polizei erwischte ihn etwa zwanzigmal. Von der Polizeiwache kam er meist in eine offene Jugendeinrichtung, die ihn aber immer nur stundenweise beherbergen konnte. Dann kehrte er wieder zu seinen Landsleuten zurück, die ihn erneut zum Diebstahl anstachelten. Zweimal verfrachteten ihn die deutschen Behörden wieder nach Rumänien. Er blieb jedoch nicht lange dort, sondern kehrte auf illegalen Wegen wieder nach Berlin zurück. Zuletzt lebte er zusammen mit 20 bis 30 Kindern in einer Wohnung an der Berliner Landsbergallee.

Olariu blieb weiterhin untalentiert oder unwillig. Er hatte durchgehend Schwierigkeiten, das Soll zu erfüllen. Mehr als 300 oder 400 DM am Tag schaffte er nicht – zu wenig für seinen Auftraggeber. Talentiertere »Kollegen« brachten es auf mehr als 3 000 DM. Jedesmal, wenn Olariu seine geringen »Einkünfte« abrechnete, bekam er Prügel mit einem Stock oder Lederriemen. Vasile A. – der Boss – achtete dabei darauf, nur den Körper grün und blau zu schlagen, damit keine abstoßend aussehenden Wunden entstanden.

Trotzdem machte Olariu eine Woche keine Beute. Danach traute er sich nicht mehr in die Wohnung seines Peinigers, sondern suchte in einem Kinderheim Zuflucht. Dort machte ihn der »Chef« ausfindig. Erneut blieb dem verängstigten Jungen keine Wahl. Niemand würde Fragen stellen, wenn sie ihn umbrachten. Er hatte keine Papiere und war illegal eingeschleust worden. Auch in Rumänien, in den schäbigen Wohnblocks der rumänischen Stadt Iasi, würde er nicht vermißt werden. Als ihn die Polizei wieder einmal aufgriff, machte er umfangreiche Aussagen, soweit sein Wissen reichte.

Sein Boss – Vasile A. – zahlte monatlich pro Kind bis zu 450 DM an einen deutschen Hausbesitzer, dem das Treiben natürlich nicht verborgen bleiben konnte. Aber das scherte ihn nicht, solange er für sein Augenschließen die Abfindungsgelder erhielt. Ganz nebenbei beförderte dieser »Ehrenmann« auch noch die Logistik für sonstige kriminelle Aktivitäten. Er soll unter anderem falsche Pässe für Rumänen besorgt haben, die in Brandenburg zwischen 1994 und 1996 mehr als 30 bewaffnete Überfälle auf Banken und Postfilialen verübten. Als die Polizei dieser Bande auf die Spur kam, wechselte ein Großteil der Täter in andere Operationsgebiete, so in die alten Bundesländer, aber auch nach Belgien und Frankreich.

Ein anderer Bandenboss, Costell C., ein 29jähriger ehemaliger Ringer, der in Atlanta noch zum Olympiaaufgebot seines Landes gehört hatte, verlegte sich mit seiner »Truppe« auf mobile Einsätze. Er wurde unter anderem auch bei der Fußballweltmeisterschaft in Paris mit mehreren Kindern gesichtet. Er galt als besonders »schlagkräftig«, so daß ihn sogar die anderen Bosse fürchteten. Sie überließen ihm nach »Verschleiß seiner Kerntruppe« eigene »Nachwuchskräfte«.

Auch die Bonner Kripo konnte 1995 einige Strukturen solcher Diebesbanden erkunden. Die dabei entstandene Fahndungsakte umfaßte zahlreiche Fotos von tatverdächtigen Kindern und Hintermännern. Aber die Kripo erwischte nur einen einzigen der Bosse, der durch ein Gericht zu drei Jahren Gefängnis verurteilt wurde.

Den Kölner Ermittlern gelang Ende 1997 ebenfalls ein entscheidender Einbruch in das kriminelle Gefüge dieser Gruppierungen. Ende März 1998 machten sie die Ergebnisse zweijähriger Ermittlungen bekannt. Zum ersten Mal packten zwei Kinder aus, nannten ihre Auftraggeber beim Namen, berichteten über die Verbindungen nach Berlin und traten als »Kronzeugen« gegen ein Leverkusener Ehepaar vor dem Kölner Landgericht auf. Gegen das Angebot einer vergleichsweise milden Haftstrafe von drei Jahren lieferte das Pärchen Hinweise auf 25 abgetauchte Bandenchefs.

Die Täter hatten mehr als 100 Kinder und Jugendliche aus der rumänischen Grenzregion zu Moldawien nach Deutschland geschleust und zum Taschendiebstahl gezwungen.

In Rumänien wirkten die Bosse zusammen und entschieden gemeinsam darüber, wie man die Kinder rekrutiert, zum Taschendieb ausbildet und nach Deutschland bringt.

Zum Stehlen verurteilt

Die Kinder wurden als Arbeitssklaven mißbraucht. Die Mädchen und Jungen im Alter von acht bis 20 Jahren mußten täglich 2 000 bis 3 000 Mark abliefern. Monatlich schaffte jeder einzelne bis zu 100 000 DM heran. Den Tagesrekord hielt ein Mädchen mit 17 000 Mark. Allein auf das Konto eines zehnjährigen Jungen gehen rund 3 000 Diebstähle.

Fiel die Beute zu gering aus, setzte es Prügel. Dabei sind auch Kinder zu Tode gekommen und verbuddelt worden. In einem anderen Fall schlug einer der Bosse einen Jungen mit dem Baseballschläger zusammen und schickte ihn am nächsten Tag wieder humpelnd auf Klautour.

(Der Stern, Nr. 42/1999, S. 98 ff.)

Die Perfidie bestand zudem auch darin, daß die kleinen Diebe ohne Legitimationspapiere auf Jagd geschickt wurden. So konnten selbst 18jährige noch unwiderlegbar behaupten, sie seien unter 14 Jahre alt und daher nicht strafmündig. Wenn die Polizei sie nach Augenschein dennoch als wesentlich älter einschätzte und zur gutachterlichen Altersschätzung festsetzte, durfte sie der Intervention von liberalen Jugendschützern sicher sein.

Gesteuert wurden die Banden von 25 Rumänen. Festgenommen werden konnten allerdings nur acht Bandenchefs, darunter auch der ehemalige Ringer und das Ehepaar Eduard und Marga S. Das Pärchen kassierte allein unglaubliche 450 000 DM von den Kindersklaven. Die Haupttäter teilten Einsatzgebiete nach Absprachen auf. Für »Spitzenkönner« wurden hohe Ablösesummen bezahlt. Rekrutiert wurden die Kinder in geschlossenen Heimen oder in den Elendsquartieren im ostrumänischen Iasi. Zum Teil wurden sie mit dem Versprechen einer Gewinnbeteiligung geködert oder gegen Bargeld ihren Eltern abgehandelt. In der Regel erhielt jeder Boss drei bis fünf Kinder zugeteilt. Ausgebildet wurden sie von jugendlichen Profis meist auf den Wochenmärkten in Warschau, ehe die Bosse sie illegal über Berlin in die Großstädte der Bundesrepublik schleusten. Im Kölner Raum wurden sie z. B. von fünf konspirativen Wohnungen aus täglich in die Fußgängerzonen im Raum Aachen, Bonn oder ins Ruhrgebiet gebracht. Wurde eines der strafunmündigen Kinder gefaßt, schwieg es oder gab wegen Sprachschwierigkeiten nur wenig zu Protokoll.

Bei den Einreisen benutzten die Bandenchefs teilweise Papiere, die von entmündigten Insassen ungarischer Nervenheilanstalten stammten. Auch zwei korrupte Angehörige der rumänischen Botschaft in Bonn hatten falsche Ersatzpässe mit Phantasienamen geliefert.

Wenn Kinder geflüchtet waren, gingen die Bandenchefs gemeinsam auf Jagd. So holten sie zum Beispiel mit Schußwaffen in der Hand drei geflüchtete Kinder aus ihrem Versteck im Kölner Stadtteil Chorweiler heraus, behielten einen Jungen als Geisel, während die anderen beiden auf der Straße Beute machen mußten. Übereinstimmend hatten die kleinen Zeugen der Polizei später auch über den Foltertod eines Kindes in Berlin berichtet. Die Kriminalpolizei fand zwar die verscharrte Leiche nicht, wohl aber bestätigende Indizien für die Darstellung der Kinder.

Trotz der ausgezeichneten Ermittlungsergebnisse blieb den Kölner Kriminalisten der ganz große Schlag versagt. Als der Großteil der Bosse im November 1996 in Rumänien weilte, um Nachwuchskräfte für das Weihnachtsgeschäft anzuheuern, soll ausgerechnet der Leiter der OK-Abteilung im rumänischen Craiova die Ergebnisse der Telefonüberwachungen verraten haben, um Autoersatzteile von den Straftätern zu bekommen.

Die Staatsanwaltschaft erwirkte Haftbefehle gegen zehn Bandenbosse. Zumindest in ihren Fällen ist es unwahrscheinlich, daß sie abermals in Deutschland auftauchen werden. Womöglich haben sie aber ihr Operationsgebiet inzwischen nach Frankreich verlegt.

Was ist zu tun? Resignation oder Reaktion?

Durch solche und ähnliche Ereignisse gewannen die Forderungen der Kriminalisten nach angepaßten Bekämpfungsmöglichkeiten auch in der Bevölkerung an Gewicht. Der allmähliche, aber stetige Stimmungswandel fand Niederschlag in den Medien und veranlaßte damit auch die Politiker, über geeignete Maßnahmen nachzudenken.

Aber wie so oft tendierten sie vorrangig zu Strafverschärfungen und zur Einfügung neuer Tatumschreibungen im Strafgesetzbuch. Darüber kann man in den Parlamenten und in der Wissenschaft trefflich streiten, ideologische Positionen verdeutlichen und wechselweise als Kämpfer für die Innere Sicherheit oder als Hüter der gefährdeten Bürgerrechte auftrumpfen. Der aus solchen Debatten meist erwachsende Kompromiß zwischen Sicherheit und Freiheit findet seinen Niederschlag in wohlgesetzten Formulierungen, mit denen die Praxis in der Regel nur wenig bewirken kann. Wirksame Möglichkeiten zur Abwehr der Organisierten Kriminalität ergeben sich aus meiner Sicht weniger aus dem Strafgesetzbuch als vielmehr aus Polizeigesetzen und der Strafprozeßordnung.

Als Praktiker stelle ich fest, daß es den Kriminalisten gemäß der Volksmundmeinung »Die Nürnberger hängen keinen, denn sie hätten ihn« weniger auf gutklingende Gesetzentwürfe als auf die Verbesserung des Vollzugs ankommt.

So standen auf dem Wunschkatalog der Kriminalisten Vorschläge zur Verbesserung oder Einführung

- der verdachtsunabhängigen Personenidentifizierung,
- der verdachtsunabhängigen Personenkontrolle im Inland (polizeiliche Beobachtung),
- der Observation,
- der Lockerung des Datenschutzes,
- der Raster- und der Schleppnetzfahndung,
- der erweiterten Postkontrolle,
- der Telefonüberwachung,
- des Großen Lauschangriffs (elektronische Raumüberwachung),
- der Kronzeugenregelung mit einem Zeugenschutzprogramm,
- des Einsatzes von V-Leuten und Verdeckten Ermittlern,
- der Gewinnaufspürung (Geldwäsche),
- der Lockerung des Steuer- und des Bankgeheimnisses und
- der Einziehung von durch Straftaten erlangten Gewinnen sowie einer tatunabhängigen Vermögensstrafe.

Es besteht kein Zweifel, daß diese Auflistung der geforderten Ermittlungs- und Eingriffsmöglichkeiten ziemlich beeindruckend auf den rechtstreuen Bürger wirken mußte und muß. Im Komplex scheint eine Realisierung des Katalogs in den totalen Überwachungsstaat einzumünden, so daß Ablehnung und Widerstand vorprogrammiert waren und sind. Aber zum einen sollen die Maßnahmen nicht für einen flächendeckenden Einsatz gelten, und zum anderen haben sie sich in anderen Rechtsstaaten als taugliche Abwehrmittel bewährt, ohne die Rechte der Bürger in ungebührlicher Weise einzuschränken.

Ein Blick in die USA, nach Italien oder Großbritannien hätte deutlich machen können, welche Maßnahmen sich nach langen Diskussionen letztendlich als einzig wirksam erwiesen hatten.

Das *Beispiel der USA* hatte gezeigt, daß die organisierten Gangster ohne Einsatz von elektronischen Lauschgeräten nicht zu packen waren. Man konnte zwar Ermittlungsansätze gewinnen, die aber allein nicht ausreichten, eine Anklage mit gerichtsfesten Beweisen aufzubauen. Hinzu mußten rechtlich zulässig erlangte Tonaufnahmen kommen, deren Zustandekommen mit gleicher Sicherheit vor Gericht vertreten werden konnte. Die Identifizierung der Sprecher erforderte weiterhin technisch unterstützte Augenscheinobservationen, mit Lichtbildern festgehalten.

Der Nachweis von illegal erlangten Einnahmen – ein Schlüsselerfordernis für erfolgreiche Ermittlungen in diesem Bereich – kann nur durch versierte Fachleute gelingen. Darüber hinaus erfordern die Installation und der Betrieb von Lausch- und Observationsgeräten den Einsatz von technischen Sachverständigen und Wissenschaftlern.

Das *italienische Beispiel* hatte bewiesen, daß es ohne eine Kronzeugenregelung und ein Zeugenschutzprogramm kein Weiterkommen gab.

In den USA und in Italien mußten nach einer entsprechenden Gesetzgebung schwierige Organisationslösungen gesucht, durchgesetzt und praktiziert werden: *in den USA* die Zuteilung einer Zuständigkeit an die Bundespolizei (FBI) und die Einrichtung von auf Dauer angelegten und auf bestimmte Gruppen konzentrierten Sonderkommissionen; *in Italien* die Einrichtung eines Untersuchungsrichter-Pools mit zentraler Zuständigkeit sowie der Auf- und Ausbau von Gerichten in festungsartig ausgestalteten Gebäuden für die gleichzeitige Verhandlung gegen zahlreiche Angeklagte.

Eine vergleichbare Gesetzgebung in der Bundesrepublik würde personellen Aufwand, Ausbildung und eine moderne technische Ausrüstung der Polizei zwingend erfordern.

Unverkennbar wäre damit auch in genau zu bestimmenden Einzelfällen die Einschränkung von Bürgerrechten möglich.

Naturgemäß wirkte und wirkt diese Tatsache als besonderes Hindernis für eine angepaßte Gesetzgebung, weil vermeintlich ein Verlust von Wahlstimmen für befürwortende Parteien droht.

Zudem ließ die Nachrichtenlage zu Beginn der von den deutschen Kriminalisten ausgelösten Debatte über das tatsächliche Ausmaß der Bedrohung durch die Organisierte Kriminalität noch sehr zu wünschen übrig. Längst noch nicht jeder Politiker hielt einen Handlungsbedarf für gegeben und fand in seiner Verweigerungshaltung Unterstützung in den Medien. Die wenigen befürwortenden Politiker taten sich deshalb in der Überzeugungsarbeit schwer.

Von daher erscheint es nur zu verständlich, daß die erforderlichen Regelungen nur langsam in Gang kamen und mancherlei Hindernisse überwinden mußten.

Da nach dem Ausscheiden von Horst Herold als Chef des BKA kein deutscher Kriminalist mit gleichem Ansehen solche Forderungen mit Kompetenz und Glaubwürdigkeit vertreten konnte, suchte man Schützenhilfe aus dem Ausland. In Frage kamen dafür international ausgewiesene Fachleute, Vertreter von angesehenen Polizeieinrichtungen und sachkundige Journalisten.

Solche Überlegungen veranlaßten das BKA, im November 1990 eine Tagung unter dem Thema »Organisierte Kriminalität in einem Europa durchlässiger Grenzen« durchzuführen. Nach einer gründlichen Sachstandschilderung über die bereits eingetretene Verbrechensentwicklung in der Bundesrepublik durch den Leiter des BKA und seine kompetenten Mitarbeiter kam der inzwischen international anerkannte Fachmann Giovanni Falcone mit einem Referat »Organisierte Kriminalität – ein Weltproblem« zu Wort. Seine Ausführungen besaßen besonderes Gewicht, weil jedermann um seine persönliche Gefährdung im Kampf gegen die Mafia wußte. Daß er wenig später ermordet wurde, bestätigte auf grausame Weise seine Mahnungen und Warnungen. Falcone sagte in seiner ausführlichen Darstellung mit Blickrichtung auf das in der Bundesrepublik fehlende Verständnis für die drohenden Gefahren unter anderem:

Die Begriffe »Mafia« und »Cosa Nostra« stehen in meinen Ausführungen immer stellvertretend für in anderen Staaten bestehende Formationen der Organisierten Kriminalität. (...)

Schon seit mehreren Jahren haben sich der »Cosa Nostra« angehörende Mafia-Familien in aller Heimlichkeit sowohl in ganz Sizilien als auch in anderen Teilen Italiens, wie z. B. in Neapel, in Rom, in Mailand und in Turin niedergelassen. »Niederlassungen« der »Cosa Nostra« sind inzwischen auch in einigen europäischen Ländern gegründet worden. Man muß dabei insbesondere Frankreich, Belgien und Deutschland im Auge behalten.

Die Öffnung der Grenzen in der Europäischen Gemeinschaft wird zwangsläufig die Verbreitung der Mafia und die nach Art der Mafia organisierte Kriminalität begünstigen. Diese Art Kriminalität läßt sich ohnehin kaum von nationalen Grenzen und sonstigen Barrieren wirksam eingrenzen. (...)

Vielfach sind Fachleute davon ausgegangen, die Mafia sei eine Anreihung einzelner Verbrecherbanden, die, im permanenten Streit miteinander, sich infolge der Verbesserung der sozialen und wirtschaftlichen Verhältnisse zwangsläufig auflösen würden. Die fortbestehende, sogar gewachsene Vitalität der Mafia und die damit zusammenhängenden tragischen Ereignisse der letzten Jahre zeigen, wie falsch und wirklichkeitsfremd diese Auffassung ist. (...)

Die Mafia hat sich immer in lukrative illegale Aktivitäten eingeschaltet, die eine regelmäßige, ständige Ausbeutung ermöglichen. Es ist ihr oft gelungen, eine Monopolstellung zu erreichen, auch mit Hilfe von Verbündeten, die sie zuerst benutzt, um sie dann – wenn sie sie nicht mehr braucht – wieder fallenzulassen. Die Geschehnisse um den illegalen Handel mit Tabakwaren sind dafür beispielhaft. (...)

Die sehr hohen Geldbeträge, die aus illegalen Aktivitäten, insbesondere aus dem Rauschgifthandel, stammen, müssen investiert oder zumindest weißgewaschen werden. Diese Notwendigkeit hat zu immer häufigeren Kontakten zwischen der »Cosa Nostra« und der Finanzwelt bzw. dem legalen Markt (...) geführt – Kontakte, die ganze Wirtschaftsbereiche kontaminiert und verzerrt haben. (...)

Es ist typisch für diese Kriminellen, Institutionen hinterlistig zu unterwandern. Es würde mich nicht wundern , wenn – sobald sie Fuß gefaßt haben – sich die Fälle von Beamtenbestechung und Korruption vermehrten. (...)

Die Aufdeckung der organisatorischen Zusammenhänge von handelnden Tätern erfordert Geduld und den Einsatz von personellen und technischen Mitteln.

Es wird viel Aufwand darauf verwendet, die Organisation zu verheimlichen und die Polizeikräfte in dieser Richtung in langer Untätigkeit zu belassen.

Es handelt sich um fast klassische Methoden. Die Sicherung der Geheimhaltung der kriminellen Unternehmungen sowie der Personen, die sie verüben, werden durch Phänomene wie Einschüchterung, Korruption und stillschweigende Vergünstigungen von Angehörigen der Staatsorgane begleitet. Solche Erscheinungen sind gewiß nicht nur typisch für die italienische organisierte Kriminalität. (...)

Für eine erfolgreiche Bekämpfung solcher Täterformationen ist vordringlich ein verstärktes Engagement der Polizeikräfte erforderlich, aber auch eine beharrliche Einwirkung auf die Bürger, solche Phänomene nicht mehr zu dulden.

Sicher scheint mir ferner, daß der wichtigste Weg, der eingeschlagen werden muß, in der Vernichtung der finanziellen Macht der Organisierten Kriminalität besteht, was wiederum eine tatkräftige und wirksame internationale Zusammenarbeit voraussetzt. Die bereits vorhandenen Mittel zur direkten Bekämpfung der Unternehmungen der Organisierten Kriminalität sind notwendig, müssen aber verfeinert und intensiviert werden.

Aber jenseits der einzelnen Maßnahmen traditioneller Art ist es erforderlich, die Bemühungen zu fördern und zu koordinieren, die darauf abzielen, Vermögen illegaler Herkunft zu erkennen und zu beschlagnahmen. (...)

Dies ist ein Kampf, bei dem sich alle Mitglieder der internationalen Gemeinschaft angesprochen fühlen müssen, weil vom Ausgang dieses Kampfes abhängt, ob die Organisierte Kriminalität vernichtet oder zumindest so stark eingeschränkt werden kann, daß sie keine ernsthafte Bedrohung für die Gesellschaft mehr darstellt.

Auf der gleichen Veranstaltung sprach – aus gutem Grund – Dr. Alexander Iwanowitsch Gurow, Leiter der Abteilung »Bekämpfung des Organisierten Verbrechens« im Ministerium für Innere Angelegenheiten, der bereits zu Zeiten der UdSSR als erster auf die besondere Notwendigkeit des Kampfes gegen organisierte Verbrechen hingewiesen hatte.

Er malte ein düsteres Bild und prophezeite eine Auswanderung der besonders brutal handelnden Straftäter aus den GUS-Staaten in die westeuropäischen Demokratien und empfahl dringend internationale Zusammenarbeit.

Auch dieser Referent konnte mit ausgewiesener Kompetenz vortragen, weil er unter persönlicher Gefährdung in schwierigen Zeiten vor den Gefahren gewarnt und Maßnahmen angemahnt hatte. Zudem bot die Öffnung der Ostgrenzen ein handhabbares Alibi für westliche Politiker, Gesetzesverschärfungen gegen die Zuwanderung von Gangstern aus diesen Bereichen anzuvisieren.

Gleiche Kompetenz durfte man dem britischen Referenten Tony McStravick, Detective Chief, Superintendent und stellvertetender Leiter der Metropolitan Fraud Squad bei New Scotland Yard, zuletzt auch Beauftragter für die Erforschung neuer (organisierter) Formen der Betrugskriminalität im Vereinigten Königreich, zubilligen.

Seine Schilderung neuer (organisierter) Verbrechensphänomene mündete ebenfalls in der Forderung, die Organisierte Kriminalität angemessen zu bekämpfen:

Die alte Vorstellung des Angreifens eines Straftäters in diesem Kriminalitätsbereich ist für sich allein nicht mehr wirksam. Selbst ein Angriff auf die Straftat als solche ist inzwischen als überholt anzusehen. Unsere Aktionen müssen darauf ausgerichtet sein, die Straftäterorganisation zu zerschlagen und die für sie bestimmte Geldzufuhr zu unterbrechen. (...)

Dann verwies er auf die bereits ergangenen gesetzlichen Möglichkeiten, insbesondere gegen internationalen Betrug und die Geldwäsche vorzugehen, Möglichkeiten, auf die deutsche Ermittlungsbehörden Ende der 90er Jahre erst noch hofften.

Ein Stimmungsbild aus der englischen Politik vermittelte er mit einem Zitat aus der Debatte im britischen Unterhaus vom 15.10.1990:

Es besteht eindeutig ein Bedarf an weitaus engeren und ständigen Kontakten und Zusammenarbeit auf internationaler Ebene. Unterbleiben sie, besteht die Gefahr, daß wir eher einen einheitlichen Markt für Wirtschaftskriminalität als für seriöse Wirtschaftsleistungen schaffen. Dieser Frage muß in Zukunft mehr Bedeutung zugemessen werden.

Mit gleicher Zielrichtung berichtete René Wark, Leiter des Office de Répression de la Grande Délinquence Financière im Französischen

Innenministerium, über die gesetzlichen Möglichkeiten, die Geldwäsche zu verfolgen und zu unterbinden. Er verwies auf das Finanzgesetz vom 23.12.1988 und auf Artikel 415 des Zollgesetzbuches.

Zum Vollzug hatten die Franzosen mit Erlaß vom 9. Mai 1990 das Zentralbüro zur Bekämpfung der Schwerkriminalität im Wirtschaftsbereich eingerichtet, das ein hohes Maß an Zuständigkeit zur Verfolgung von Wirtschaftsstraftaten besitzt, die im Zusammenhang mit der Organisierten Kriminalität stehen.

In der die Tagung abschließenden Diskussion erhielt der Journalist Dr. Werner Raith ausführlich Gelegenheit, über seine Kenntnisse und Erfahrungen aus Italien zu berichten.

Er hatte sich in Aufsätzen und in einem Buch ausführlich mit der Mafia befaßt und die Übertragungen von Mafia-Strukturen auf deutsche Verhältnisse untersucht. Insbesondere seine Beiträge riefen großes Interesse bei den zahlreich erschienenen Medienvertretern hervor. Er führte u. a. aus:

Ein bedeutsames Phänomen ist, daß die Presse sich aufgerufen fühlt, die staatlichen Organe zu kontrollieren. Wenn die Polizei neue Rechte haben will, dann fragen wir natürlich sehr nach dem Warum. Was ich aber sehr ernst bewerte, ist, daß auch die Kollegen, die dem Phänomen gegenüber sensibler sind, überhaupt keine Vorstellung vom Ausmaß der tatsächlich gegebenen Bedrohung besitzen. (...)

Für mich ist die Situation in der Bundesrepublik deshalb so ernst, weil wir uns in der öffentlichen Diskussion nur auf die sichtbar vordergründigen Phänomene stützen, aber nicht erkennen, daß die Organisierte Kriminalität eine ungeheuer zersetzende Auswirkung auf die demokratischen Institutionen hat. Die Bewegung kommt von beiden Seiten, nicht nur von der Basis der Ganoven. Oben, wo die Institutionen, die Politiker, die Administratoren sitzen, breitet sich die Tendenz zur «Verkavaliersdeliktisierung« der eigenen Vergehen aus. (...)

Frage von Herrn Willner, Lüneburg: »*Ich wende mich nun mit einer konkreten Frage an Sie, Herr Raith: Welche Möglichkeiten haben die Medien – insbesondere also die Journalisten –, mit mehr Professionalität und somit auch mit mehr Effektivität die Organisierte Kriminalität wirkungsvoller an die Öffent-*

lichkeit heranzubringen und sie so zu sensibilisieren, daß sowohl die Gesetzgebung als auch die Öffentlichkeit mehr Verständnis für die zwingend notwendige Intensivierung der Bekämpfung der Organisierten Kriminalität aufbringen?«

Raith: »*Ich kann Ihnen nur empfehlen, nehmen Sie Ihre Politiker, wo Sie sie erwischen, und bringen Sie sie vor Ort zu Herrn Falcone und lassen Sie sich dort berichten und hören sich das unaufhörliche Polizei-Sirenengeheul an.*

Wenn die dann noch merken, wie weit das Verbrechen in die nördliche Richtung fundiert, daß in Turin und in Mailand, wo es bis vor 20 Jahren faktisch keinen organisierten Mord gegeben hat, jetzt auch 50 bis 60 Morde aus OK-Motiven begangen werden, dann merken sie, Palermo bis München, das sind rund 1 800 Kilometer, Mailand jedoch ist nur noch 500 Kilometer weit weg. (...)

Außerdem muß man bei den Journalisten die zu Recht bestehende Ängstlichkeit abbauen, daß ihnen etwas anderes untergejubelt werden soll, als man vorgibt, haben zu wollen. Das gilt vor allem bei der Forderung nach neuen Eingriffsmöglichkeiten. Nehmen wir das vorgesehene Org.KG, das Gesetz zur Bekämpfung des illegalen Rauschgifthandels und anderer Erscheinungsformen der Organisierten Kriminalität. Man spricht von einem »Rauschgift-Gesetz«, aber das ist nur das Schaufenster, weil man natürlich weiß, daß der Bürger für Maßnahmen gegen den Rauschgifthandel zu haben ist. Bei genauerem Hinsehen merkt dann aber sogar ein Volontär, ein Schreibanfänger, daß da ein Etikettenschwindel dahintersteckt. Denn es geht eben nicht nur um Rauschgift in dem Gesetz, sondern um vieles andere mehr. Diese jungen Leute sind sofort für Ihren Kampf verloren.

Sagen Sie doch einfach die Wahrheit, was Sie wollen. Die neuen Mittel müssen nicht nur kontrollfähig sein, sondern jedermann muß vorher wissen, auf was er sich einlassen soll. Dieses Vertrauen müssen Sie herstellen. (...)

Das gilt auch gegenüber den Bürgern. Sie werden mit den besten Gesetzen nicht vorankommen, wenn Sie große Teile der Bevölkerung nicht von der Notwendigkeit der Maßnahmen überzeugen können. Sie werden ständig gegen Sie arbeiten. (...)

Sie müssen sagen und zeigen, warum Sie nicht weitergekommen sind und daß es nur mit diesem (von Ihnen gewünschten) Instrument gehen würde, oder Sie müssen zumindest zeigen, daß eine Aktion, die Sie durchgeführt haben und die auch erfolgreich war, ein Riesenaufwand für einen kleinen Fisch war.

Wir haben hier das Beispiel von den Falschmünzern gehört, denen man zwei oder drei Jahre auf den Fersen geblieben war. Am Ende stellte man 300 000 DM sicher. Da müssen Sie auch einmal sagen, was das gekostet hat. Dann kann man begründen und überlegen, ob es nicht vielleicht doch ab und zu besser wäre, eine Wanze zu installieren. Wenn Sie also Ihre Mißerfolge aufzeigen, werden Sie die Öffentlichkeit hinter sich bekommen, weil die Menschen nämlich zum großen Teil gar nicht wissen, was Sie alles nicht dürfen. Z.B. die Registrierung von Namen, was jeder Journalist natürlich macht. Jedes Zeitungsarchiv ist besser bestückt als die Polizeiunterlagen. Sagen Sie doch oder verlangen Sie doch Dateien und Sammlungen und fügen hinzu, wir können uns nicht vorstellen, wie Journalisten auf solche Archive verzichten.

Diese Tagung des BKA und andere Aktivitäten verfehlten tatsächlich nicht ihre Wirkung. Die erwünschte Gesetzgebung kam langsam in Gang. Das hieß jedoch nicht, daß nun allerorten die Möglichkeiten optimal gestaltet oder Veränderungen in der Praxis zügig umgesetzt worden wären. Die anscheinend schier endlose Liste von Forderungen aus der Praxis hielt die Befürchtungen bei liberalen Politikern wach und führte in meinungsführenden Medien auch zu einer steten und harschen Kritik.

Zudem hätten die geforderten praktischen Maßnahmen – im Gegensatz zu den Änderungen im Strafgesetzbuch – viel Geld gekostet, Geld für Personal und Material.

Da die öffentlichen (Länder)-Kassen ohnehin unter Auszehrung litten, boten die weiterhin bestehenden Befürchtungen um eine ungewollte Aushöhlung der Freiheitsrechte der Bürger willkommenen Anlaß, auf praktische Schritte noch einmal zu verzichten oder sie zumindest zu verzögern.

So wundert es nicht, daß die Fortschritte nur nach hartem Feilschen erzielt wurden und im Kern ziemlich verwässert die Praxis erreichten.

Die Gesetzessituation in den Jahren 1998/1999

Neue Gesetze gegen die Organisierte Kriminalität

Der Direktor des Max-Plank-Instituts für ausländisches und internationales Strafrecht in Freiburg i. Br., Prof. Dr. jur. Hans Heinrich Jeschek, leitet seinen Kommentar zum Strafgesetzbuch folgendermaßen ein:

Die neueste Entwicklung der Kriminalität hat der verständnisbereiten Allgemeinheit gezeigt, daß zur Bekämpfung der Gewaltdelikte, der Sexualstraftaten, insbesondere an Kindern, der Brandstiftung an Asylanten- und Ausländerheimen, des Auftretens von bewaffneten Schlägertrupps, des Einbruchsdiebstahls in Wohnungen und der organisierten Kriminalität Freiheitsstrafen und freiheitsentziehende Maßregeln voll eingesetzt werden müssen.

Die Grundstimmung in der Bevölkerung beginnt in Richtung auf eine Verschärfung der Kriminalpolitik umzuschlagen, und die großen Parteien schließen sich an.

(Hans Heinrich Jescheck. In: Strafgesetzbuch, Deutscher Taschenbuch Verlag, 32. Aufl., München 1998)

Diese Entwicklung hat nach Hans Heinrich Jeschek zu mehrfachen Änderungen und Ergänzungen des Strafgesetzbuches und der Strafprozeßordnung geführt. Vor allem der Kampf gegen die Organisierte Kriminalität – insbesondere auf dem Gebiet der Betäubungsmittelkriminalität – ist durch das *Gesetz zur Bekämpfung des illegalen Rauschgifthandels und anderer Erscheinungsformen der Organisierten Kriminalität (Org.KG) vom 15. Juli 1992* aufgenommen und durch das *Verbrechensbekämpfungsgesetz vom 28. Oktober 1994* weitergeführt sowie auf die Gewaltkriminalität ausgedehnt worden.

Nach einer Zeit der Erprobung wurden die Bestimmungen durch ein *Gesetz zur besseren Bekämpfung von Organisierter Kriminalität am 4. Mai 1998* angepaßt und ergänzt.

Der noch unzureichende Schutz der Europäischen Union und der Europäischen Gemeinschaften, vor allem der finanziellen Interessen der Gemeinschaft, muß in der Zukunft über den Artikel 280 EVG in der Fassung des Vertrages von Amsterdam hinaus verbessert werden.

Es scheint, als wenn das hartnäckige Bemühen der Kriminalisten um Verbesserung der Gesetzeslage Erfolg gehabt hätte. Zumindest das Strafgesetzbuch und einige darin enthaltene Verfahrensbestimmungen entsprechen nunmehr weitgehend den Anforderungen für eine moderne Verbrechensbekämpfung.

Vom Beginn der Bemühungen um eine solche Anpassung bis zum jetzigen Iststand vergingen nahezu 30 Jahre. Aber in einer Demokratie bedarf es immer langwieriger Überzeugungsarbeit, um Mehrheiten für eine gewichtige Änderung der Rechtsordnung zu gewinnen. Dies entspricht dem Wesen einer parlamentarisch verfaßten Staatsform.

Ab 1970 hatten die Praktiker auf eine Änderung der Bestimmungen des Strafgesetzbuches gedrängt. In den Folgejahren hatten aber zunächst die Bemühungen um die Abwehr der terroristischen Gewalttaten im Mittelpunkt der politischen Interessen gestanden.

Die in diesem Zusammenhang gelegentlich überzogen erscheinenden Gesetzesänderungen hatten in vielen Bereichen der Öffentlichkeit Bastionen gegen weitere Rechtsänderungen aufgebaut. Der öffentliche Bewußtseinswandel setzte etwa Ende der 80er Jahre ein, nachdem zuvor (ab Mitte 1985) angesehene und unverdächtige Journalisten einen Meinungsumschwung vollzogen und in den Chor der Kriminalisten eingestimmt hatten.

Einen ersten bedeutsamen Einschnitt – allerdings immer noch rückwärts gewandt – stellte das Gesetz vom 9. Juni 1989 (BGBl. I. S. 1059) dar, das eine *Kronzeugenregelung* im Zusammenhang mit *terroristischen Straftaten* einführte.

Artikel 5 des Gesetzes zur Änderung des Strafgesetzbuches, der Strafprozeßordnung und des Versammlungsgesetzes in der Fassung vom 19. Januar 1996 (BGBl. I. S. 58) ergänzte die Regelung und erlaubt die Anwendung der *Kronzeugenregelung* auch bei *organisiert begangenen Straftaten.*

Durch das 26. Strafrechtsänderungsgesetz vom 14. Juli 1992 (BGBl. I. S. 1255) erfuhr der *Menschenhandel* (§§ 180 b, 181 StGB) eine besondere Heraushebung.

Durch das *Gesetz zur Bekämpfung des illegalen Rauschgifthandels und anderer Erscheinungsformen der Organisierten Kriminalität (Org.KG) vom 15. Juli 1992* (BGBl. I. S. 1302) wurden folgende Tatbestände neu definiert:

- schwerer Bandendiebstahl (§ 244 a),
- Bandenhehlerei (§ 260),
- gewerbsmäßige Bandenhehlerei (§ 260 a) und
- Geldwäsche (§ 261).

Das *Geldwäschegesetz vom 25. Oktober 1993* (BGBl. I. S. 1770) stellte zu letzterem eine wichtige Ergänzung dar, weil es die Pflicht der Geldinstitute zur Identifizierung des Geschäftspartners bei Geschäften im Wert von 20 000 DM festschrieb.

Die Sanktionen dieser Delikte sowie des schweren Menschenhandels und besonders schwerer Verstöße gegen das Betäubungsmittelgesetz verschärfte das Org.KG nochmals durch die Einführung der *Vermögensstrafe (§ 43 a StGB)* und des *Erweiterten Verfalls (§ 73 d StGB).*

Die *Vermögensstrafe* erlaubt dem Richter bei bestimmten schweren Verbrechen neben einer lebenslangen oder einer Freiheitsstrafe von mehr als zwei Jahren einen Zugriff auf das gesamte Vermögen des Täters ohne inhaltliche Kriterien für die Zumessung im Einzelfall. Die Höhe der Strafe wird nur durch den Wert des Täter-Vermögens bestimmt. Ziel der Vermögensstrafe ist es, die Möglichkeiten zur Abschöpfung von Gewinnen aus der Organisierten und der Betäubungsmittel-Kriminalität zu vergrößern und dem Täter die Mittel für die Fortsetzung der strafbaren Tätigkeit nach Verbüßung der Freiheitsstrafe zu entziehen.

Dagegen werden von Rechtswissenschaftlern anhaltend Bedenken erhoben, weil im Strafrahmen keine Ober- und Untergrenze vorgesehen ist, wie es das Gesetzlichkeitsprinzip verlangt. Aus diesem Grunde machen die Gerichte nur zurückhaltend von dieser Möglichkeit Gebrauch.

Das Org.KG hat ferner die *Verfalls-Bestimmungen* (aus Straftaten hervorgegangene oder erlangte Werte) aus dem StGB (§§ 73 ff StGB) durch Einführung des *Erweiterten Verfalls (§ 73 d)* erheblich ausgedehnt. Danach kann das Gericht den Verfall von Vermögensgegenständen des Täters oder Teilnehmers einer rechtswidrigen Tat bei bestimmten bandenmäßig oder gewerbsmäßig begangenen Straftaten auch dann anordnen, wenn lediglich eine große *Wahrscheinlichkeit dafür spricht, daß diese aus der Begehung von Straftaten herrühren.* Die Rechtsprechung hat den darin liegenden Verstoß gegen den Grundsatz *in dubio pro reo* dahingehend korrigiert, daß die Anordnung des Erweiterten Verfalls die *uneingeschränkte richterliche Überzeugung* von der deliktischen Herkunft der Vermögensgegenstände voraussetzt (BGHSt 40/371).

Der besondere Teil des StGB wurde weiterhin ergänzt durch Einführung einer Strafvorschrift gegen *Abgeordnetenbestechung* (31. Mai 1994/BGBl. I. S. 1168), die auch Wahlen und Abstimmungen im Europäischen Parlament einschließt (§ 108 d StGB). Damit sollte eine Lücke in der Korruptionsbekämpfung geschlossen werden.

Dem Erfordernis einer intensiveren Reaktion auf die auswuchernde *Wirtschaftskriminalität* wurde mit der Einführung der Strafvorschriften über den *Subventionsbetrug (§ 264 StGB)* und den *Kreditbetrug (§ 265 b)* – zwei besondere Formen des modernen »white-collar-crime« – durch spezielle Gefährdungstatbestände entsprochen. Zur Tatbestandserfüllung reichen schon falsche Angaben. Der Eintritt eines Vermögensschadens einschließlich des darauf gerichteten Vorsatzes muß dabei nicht nachgewiesen werden.

Weiterhin wurden die *Konkursdelikte* aus der Konkursordnung wieder in den 24. Abschnitt des Strafgesetzbuches (§§ 283, 283 d StGB) überführt und zugleich nach den kriminalpolitischen Erfordernissen bei der Bekämpfung des betrügerischen Bankrotts umgestaltet sowie den Anforderungen des Schuldprinzips besser angepaßt.

Schließlich wurden im 25. Abschnitt die *Wucherdelikte (§ 302 a–f StGB)* durch eine einzige umfassende Strafvorschrift gegen den *Wucher (§ 302 a. F.)* ersetzt, die außer dem ausdrücklich genannten Miet- und Kreditwucher auch die wucherische Übervorteilung bei sonstigen Leistungen einschließt.

Wichtige Neuerungen brachten weiter das *Zweite Gesetz zur Bekämpfung der Umweltkriminalität vom 27. Juni 1994 (BGBl. I. S. 1440)* und das *Verbrechensbekämpfungsgesetz vom 28. Oktober 1994 (BGBl. I. S. 3186).* Das *Verbrechensbekämpfungsgesetz* führt sich mit der Namensgebung eigentlich selbst ad absurdum. Denn wozu anders sollten Strafgesetze dienen, wenn nicht zur Verbrechensbekämpfung? Offenkundig befand sich der Gesetzgeber im Notstand, einen passenden Namen für das neue Ergänzungsgesetz zu finden, weil in allzu schneller Folge immer wieder neue Nachbesserungen erforderlich geworden waren. Die Parlamentarier hatten den Vorstellungen der Praktiker nicht getraut und überwiegend nur kleine Schritte für ausreichend gehalten, ehe sie durch die Entwicklung der Kriminalität stets aufs neue zu Ergänzungen gezwungen wurden.

Das Gesetz beinhaltet Strafverschärfungen für Körperverletzungen, die Schleuserkriminalität, Maßnahmen zur Verkürzung und Beschleunigung von Strafverfahren, Erweiterung der Befugnisse des Bundesnachrichtendienstes in der Verfolgung international angelegter Kriminalität und die bereits dargestellte Ausdehnung einer Kronzeugenregelung zur Bekämpfung der Banden- und Organisierten Kriminalität.

Die Regelung zur Verkürzung und Beschleunigung von Strafverfahren erbrachte keinerlei Fortschritte, weil die Voraussetzungen (einfache und eindeutige Beweislage, Einverständnis des Delinquenten, Höchststrafe ein Jahr) fast nie alle auf einmal gegeben sind.

Ein neues Gesetz zur Verbesserung der Bekämpfung der Organisierten Kriminalität vom 4. Mai 1998 (BGBl. I. S. 845) dehnte den Kreis der Straftaten auf die Bestimmungen über die *Geldwäsche* beachtlich aus und verschärfte die Strafandrohung.

Obwohl wichtige Fortschritte in der Gesetzgebung erzielt wurden, kam es in einigen Bereichen nur zu halbherzigen Kompromissen. Dies gilt insbesondere für die Bestimmungen über den *Großen Lauschangriff* und zur *Verhinderung der Geldwäsche.*

So steht die dringend erforderliche Verbesserung der *Zeugenschutzmöglichkeiten* in Gänze immer noch aus. Dazu verabschiedete der Bundesrat im Januar 1999 einen von der Landesregierung Rheinland-Pfalz eingebrachten Gesetzesentwurf und übersandte ihn zur weiteren Behandlung an den Bundestag. Danach sollen gefährdete Zeugen, die gegen die Drahtzieher der Organisierten Kriminalität aussagen, künftig besser geschützt werden. Betroffene und deren Angehörige sollen vorübergehend (?) mit Personalpapieren für eine andere Identität, Zeugen mit ausländischer Staatsbürgerschaft mit der deutschen Staatsbürgerschaft ausgestattet werden können. Zur Realisierung sollen Bund und Länder besondere Dienststellen einrichten.

Diese Überlegungen gehen auf amerikanische und italienische Modelle zurück, die allerdings großzügiger ausgestaltet sind.

In Deutschland kritisierten Bürgerrechtsorganisationen und der Deutsche Anwaltsverein anhaltend fast alle veränderten Rechtsbestimmungen und befürchteten eine Einschränkung der Bürgerrechte. Die dazu geführten Diskussionen waren häufig stark emotional geprägt und folgten weniger rationalen Überlegungen.

Das Ringen um den Großen Lauschangriff

Ein exemplarisches Beispiel für die Entwicklung der politischen Willensbildung boten die Diskussionen um den *Großen Lauschangriff.* Abgesehen davon, daß diese Bezeichnung von den erklärten Gegnern als Killerphrase zur Abschreckung erfunden wurde, handelt es sich bei dem Für und Wider tatsächlich um ein Kernstück der Bekämpfungsmaßnahmen. Eine Realisierung erforderte von Anfang an die Änderung des Grundgesetzes mit einer Zwei-Drittel-Mehrheit im Bundestag. Da half kein Lippenspitzen, da mußte gepfiffen werden.

Die Christdemokraten ließen sich relativ schnell von ihren Spitzenpolitikern Helmut Kohl und Wolfgang Schäuble überzeugen, daß nach dem Beispiel anderer Rechtsstaaten auf eine solche Möglichkeit nicht verzichtet werden könne.

Die Sozialdemokraten waren zunächst dagegen. Auch die FDP sah die Freiheit aller Bürger im Falle der Realisierung des Großen Lauschangriffs so bedroht, daß die Bundesrepublik nicht mehr mit dem Anspruch auf die Bezeichnung »Rechtsstaat« auftreten dürfe.

Schließlich argumentierten meinungsbildende Zeitungen und Fernsehmagazine in vehementer Weise gegen den Großen Lauschangriff. Als Beispiel soll Dr. Heribert Prantl, maßgeblicher Kommentator für die überregionale *Süddeutsche Zeitung,* zu Wort kommen, der bei einer Anhörung vor Mitgliedern des Landtages Nordrhein-Westfalen im März 1993 seine Auffassung vortrug. Vor ihm hatte der Präsident des BKA Zachert gesprochen und die Notwendigkeit einer gesetzlichen Regelung für den Großen Lauschangriff begründet.

Prantl antwortete darauf:

»Ich habe meinem geschätzten Vorredner gut zugehört. Wir brauchen also nach dessen Meinung den Großen Lauschangriff. Wir brauchen die elektronische Überwachung von Privatwohnungen, weil sie bei der Verfolgung von Organisierter Kriminalität zweckdienlich und nützlich sein könnte. Wie er trefflich begründet, darf man nämlich nichts unversucht lassen, wenn es um die Wahrung der Inneren Sicherheit geht. Es darf, so fordert es auch der CDU-Bundesinnenminister, keine Sicherheitsdefizite geben. Und dies erfordert, so sagen beide, die Sicherheit der Bürger mit allen Mitteln zu schützen. Mit allen Mitteln!

Wenn das wirklich so ist, dann gibt es noch viele andere Mittel, die auch sehr zweckmäßig und sehr nützlich sein könnten. Schauen wir doch dazu in die Strafprozeßordnung. Die ganze Strafprozeßordnung ist eine Sammlung von Unzweckmäßigkeiten und Unnützlichkeiten.

Wem nutzt eigentlich das Aussageverweigerungsrecht des Beschuldigten? Wem nutzt das Zeugnisverweigerungsrecht der Angehörigen eines Angeklagten? Wem nutzt das Zeugnisverweigerungsrecht des Arztes, des Rechtsanwaltes, des Journalisten? Immer ist es der Beschuldigte, der Verdächtige, der potentielle Straftäter, der davon profitiert.

Immer ist es die Effektivität der Strafrechtspflege, die unter solchen Rechten leidet. Für die effektive Strafverfolgung sind Aussage- und Zeugnisverweigerungsrechte unnützlich, ja hinderlich.

Wem nutzt der Grundsatz »in dubio pro reo?« Er nutzt dem Beschuldigten! Wem nutzt das Verbot bestimmter Vernehmungsmethoden? Wiederum dem Beschuldigten. Ihm nutzt es, daß die Polizei ein Geständnis nicht durch Täuschung oder Hypnose herauslocken und erst recht nicht durch Ermüdung, Mißhandlung oder Quälerei erzwingen darf.

Wieviel effektiver könnte die Strafverfolgung ohne solche Schutzvorschriften sein. Polizei und Staatsanwaltschaft könnten mehr und schneller aufklären.

Wem nutzen Verwertungsverbote? Wem nutzt also das Verbot, eine Verurteilung auf Beweise zu stützen, die unter Verletzung der vorgeschriebenen Regeln erlangt worden sind? Wiederum profitiert der Beschuldigte.

Ist es unter dem Gesichtspunkt der Effektivität der Strafrechtspflege zu vertreten, wenn ein echtes, ein freiwilliges Geständnis eines Beschuldigten, so wie das heute ist, nur deswegen nicht verwertet werden darf, weil der Beschuldigte vorher nicht darüber belehrt wurde, daß er auch schweigen darf?

Zeugnisverweigerungsrechte, Beweisverwertungsverbote, das Verbot von bestimmten Vernehmungsmethoden, der Grundsatz »im Zweifel für den Angeklagten« – all diese Rechte und Schutzvorschriften schaffen Freiräume; so wie auch die Wohnung – jedenfalls bis heute, vor der Einführung des Großen Lauschangriffs – Schuldigen und Unschuldigen einen in gewisser Weise unantastbaren Freiraum schafft. Der Präsident des BKA hat in der Deutschen Richter-Zeitung davon gesprochen, daß man die Wohnung als einen Freiraum für Organisierte Straftäter aufbrechen müsse.

Nun denn, wenn dem so ist, gibt es noch viele Freiräume aufzubrechen. (...) Wo bitte, soll solches Argumentieren enden? Was will die Polizei noch? Sie wird den Großen Lauschangriff bekommen und vielleicht auch die Keuschheitsprobe für Verdeckte Ermittler. Und was dann? (...) Wenn wir heute der Polizei erlauben würden, einfache Diebstähle und einfache Körperverletzungen zu begehen, damit sie sich so ins Milieu einschleichen kann, dann werden wir morgen darüber reden müssen, ob nicht auch dem guten Zweck zuliebe schwere Diebstähle und schwere Körperverletzung akzeptiert werden müssen. Und übermorgen wird man uns dann möglicherweise erzählen, daß ohne die Erlaubnis zu einem Mordversuch an ein Infiltrieren in hochkriminellen Milieus gar nicht zu denken sei. Und es wird hinzugefügt werden: Keine Angst, es geht ja nur um einen Mordversuch, nicht um einen vollendeten Mord. Wenn wir unseren Ermittlern keinen Mordversuch erlauben, so wird es heißen, hat er keine Chance, im Rahmen der Organisierten Kriminalität beschäftigt zu werden. (...)

Wo soll es enden, wenn sich Polizei und Verbrecherbanden in nichts mehr unterscheiden als in dem Ziel, das sie mit gleichen Mitteln verfolgen?

Die Verfechter des Großen Lauschangriffs halten dagegen, daß man sich ja nicht im Überwachungsstaat Metternichs und auch nicht im Spitzelstaat DDR befindet. Das stimmt. Aber soll man also einfach Vertrauen haben, daß der Gebrauch neuer Methoden durch die Polizei in einem rechtakzeptablen Rahmen geschieht? (...)

Jeder Fachmann kennt den Mißbrauch der schon geltenden Möglichkeiten. Sowohl für die Telefonüberwachung als auch für die Wohnungsdurchsuchungen. (...)

Strafverfolgung hätte dann völlig freie Bahn, wenn jeder einzelne Mensch als potentielle Bedrohung der Ordnung angesehen würde. Ich habe den Ein-

druck, als tauche dieses Menschenbild in der Diskussion um die OK immer stärker auf.

Das läuft letztlich darauf hinaus, die Beweislastregel des Grundgesetzes umzudrehen. Nicht die staatliche Gewalt wird in die Pflicht genommen, um den einzelnen zu schützen, sondern der einzelne wird in die Pflicht genommen zu beweisen, daß er nicht gefährlich ist.«

Damit die Leser die Argumente der Gegner des Großen Lauschangriffs selbst prüfen können, habe ich Dr. Heribert Prantl ausführlich zu Wort kommen lassen. Sie scheinen auf den ersten Blick überzeugend, weil sie die Verteidigung der Rechte der Bürger an die erste Stelle setzen.

Ohne eine detaillierte Auseinandersetzung an dieser Stelle vornehmen zu wollen, muß ich doch darauf hinweisen, daß Prantls Argumentation rhetorische Kunstgriffe einschließt. So behauptet er z. B. ungerechtfertigt, daß der Bundesinnenminister und der BKA-Präsident gefordert hätten, *die innere Sicherheit mit allen Mitteln zu schützen.* Tatsächlich ging es nur um die Möglichkeit, den Großen Lauschangriff im Kampf gegen das Organisierte Verbrechen einsetzen zu können. Aber ohne diesen Kunstgriff hätten die folgenden Ausführungen von Prantl viel an rhetorischem Glanz eingebüßt. Kein Kriminalist, kein Staatsanwalt und kein Politiker hatten bis dahin die Aufhebung der von Prantl angeführten weiteren rechtsstaatlichen Prinzipien gefordert oder auch nur annähernd in Erwägung gezogen.

Ein weiterer Mangel seiner Ausführungen besteht darin, daß er kein Wort über die Erfahrungen in anderen westlichen Staaten verliert, in denen es längst eine bewährte Praxis darstellte, mit Lauschmitteln unter bestimmten gesetzlich vorgeschriebenen Voraussetzungen zu arbeiten, ohne daß die von Prantl genannten Rechte angetastet worden wären.

Er unterläßt außerdem den Hinweis darauf, daß alle von ihm verteidigten Rechte zum Schutze des einzelnen Straftäters geschaffen wurden und auch zukünftig uneingeschränkt erhalten bleiben sollen. Schließlich äußert er sich nicht dazu, daß die in Gesetze zu gießenden Forderungen darauf abzielen, Maßnahmen gegen Organisationen zu ermöglichen, die nicht nur einzelne Bürger bedrohen, sondern das gesamte Gemeinwesen. Prantl übersieht absichtlich oder unabsichtlich, daß die Tätergruppen der Organisierten Kriminalität auch das grundgesetzlich geschützte Bürgerrecht auf Leben, auf körperliche Unversehrtheit sowie auf Eigentum und Besitz erheblich gefährden. Letztlich drohen sie, den staatlichen Schutz dieser hohen Güter des Rechtsstaates auszuhebeln, und stellen diesen damit insgesamt in Frage.

Nur wenige Monate später nahm der zu diesem Zeitpunkt amtierende Generalbundesanwalt Alexander von Stahl zum Thema Stellung:

Wer die Begriffe prägt, besetzt die Köpfe

Organisiertes Verbrechen, ob aus Habgier oder aus politischer Motivation, beruht ganz wesentlich auf Kommunikation. Deshalb wird es immer wichtiger, daß sich Verfassungsschutz und Strafverfolgung in die Kommunikationsstränge einschalten können, um die kriminellen Strukturen zu erkennen, Verbrechen zu verhindern und Straftäter zu stellen. (...)

Mittlerweile hat die Debatte (darum) ein Ausmaß erreicht, das der geplanten Gesetzesänderung nicht annähernd entspricht. Es wird auf beiden Seiten gekämpft, als gehe es um den Bestand des Rechtsstaates. Dabei haben Schlagwörter längst sachliche Argumente verdrängt. Wer die Begriffe prägt, besetzt die Köpfe. Wer die Köpfe beeinflußt, hat die Macht zu manipulieren.

»Großer Lauschangriff« ist dafür ein prächtiges Beispiel. Schwingt darin doch alles mit, was der gute, rechtsstaatlich gesinnte Bürger mit Entrüstung zurückweisen muß. Wäre die Kronzeugenregelung unter der Bezeichnung »Verräterbonus« je Gesetz geworden? (...)

Gäbe es dieses famose Etikett »Lauschangriff«, angereichert noch durch das Blähwort »Groß«, nicht, hätte das Abhören von Wohnungen, die akustische Raumüberwachung mit richterlicher Anordnung und Kontrolle, bereits vor Jahren, genauso wie das Abhören von Telefongesprächen, ihren gesicherten Platz als Mittel der Strafverfolgung in der Strafprozeßordnung gefunden.

Bereits heute läßt das Grundgesetz schwerwiegende Eingriffe in die Privatsphäre zu, wenn sie der Aufklärung von Verbrechen dienen. Die Staatsanwaltschaft darf Briefe kontrollieren, Wohnungen und Geschäftsräume durchsuchen lassen.

Auch die Beschlagnahme von Beweismitteln bei Verdächtigen und unbetei-

ligten Dritten ist ein schwerer Eingriff, der bei der Verbrechensbekämpfung seit langem zum Alltag gehört. (...)

Zwischen der Lektüre von Tagebüchern, dem Abhören von Telefonaten und des gesprochenen Wortes in Wohnungen gibt es keinen qualitativen Unterschied.

Bei jeder dieser drei Varianten hat der Betroffene nicht damit gerechnet, daß seine Äußerungen den Strafverfolgungsbehörden bekannt werden. (...)

In den Polizeigesetzen der einzelnen Länder ist die akustische Überwachung von Wohnungen fast übereinstimmend nach gleichem Muster geregelt: Abhören ist erlaubt, wenn es der Abwehr einer unmittelbar bevorstehenden Gefahr für Leib, Leben oder Freiheit einer Person dient. (...)

Das Abhören in Wohnungen ist in allen Bundesländern allerdings rechtlich so sehr erschwert, daß es in der Praxis kaum eine Rolle spielt. (...)

Trotzdem, (...) den »Großen Lauschangriff« gibt es schon, wenn es darum geht, geplante Verbrechen zu verhindern. Lediglich die Voraussetzungen sind zu eng. (...)

Der Blick über den Zaun zeigt: In Frankreich, der Schweiz, Italien, Großbritannien und den Vereinigten Staaten kann abgehört werden im Sinne des »Großen Lauschangriffs«. Die Niederlande bereiten ein entsprechendes Gesetz vor. Nur in Deutschland gibt es den hartnäckigen Widerstand.

(Der Spiegel, Nr. 43/1993)

Diese Meinungsäußerung des Obersten Anklägers der Bundesrepublik blieb nicht ohne Folgen.

Seine Parteifreundin, die damalige Justizministerin, hielt solche Äußerungen für unvereinbar mit dem Amt des Generalbundesanwaltes. Es dauerte nicht lange, und er mußte sein Amt quittieren. Er versuchte weiterhin für seine Auffassungen zu werben, stand jedoch bald im Ruf eines »Stahlhelm-Strafrechtlers«, für den es keinen Platz in einer liberalen Partei geben dürfe.

Die SPD schwenkte nach heftigen inneren Auseinandersetzungen auf die Position ein, der Änderung des Grundgesetzes zuzustimmen, um die Möglichkeit zu haben, bei der gesetzlichen Schlußfassung rechtsstaatliche Sicherungen einbauen zu können.

Eine bedeutende Rolle spielte dabei der damalige Innenminister von Nordrhein-Westfalen Herbert Schnoor. Im März 1993 bekannte er vor Mitgliedern des Landtages:

Soll die Polizei technische Mittel zum Abhören von Gesprächen in Wohnungen einsetzen dürfen? Das Wort »Lauschangriff« macht die Runde. Diejenigen, die meinen, dieses Mittel fordern zu müssen, sind eigentlich schon durch diese Wortwahl auf der Verliererseite. Wer möchte schon einen Angriff auf alle Bürger unterstützen?

Nach der derzeitigen Rechtslage müssen die Ermittlungsbeamten an den Türen der Drahtzieher der Organisierten Kriminalität Halt machen, weil Artikel 13 GG die Wohn-, Arbeits-, Betriebs- und Geschäftsräume, aber auch Bordelle, illegale Spielsalons und Garagen schützt.

Kompetente kriminalistische Fachleute haben mir 32 Fälle aufgelistet und dokumentiert, in denen Ermittlungen an dieser Rechtssperre scheiterten. Es handelte sich um verdächtige Kriminelle, die unter Observation standen, deren Telefon rechtlich zulässig überwacht werden durfte, aber der letzte Beweis nur aus den Unterredungen in solchen geschützten Räumen hätte gewonnen werden können.

So konnten rabiate, aber auch Weiße-Kragen-Täter ungestört weitermachen und andere Bürger so oder so schädigen.

Oft kam es in der Vergangenheit dann zwar zu Verurteilungen, aber die Richter konnten nur die beweisbaren Bagatellen ahnden, während die dicken Sachen ungesühnt blieben.

Wenn es sich um geschlossene Zirkel handelt, ist auf keine andere Weise die Schädigung von weiteren Opfern zu vermeiden.

Letztlich handelt es sich um die Entscheidung, ob wir die Unverletzbarkeit der Wohnung fast um jeden Preis verteidigen oder die sicher ebenso bedeutenden Güter der Bürger wie Leben, Gesundheit, Eigentum in gleicher Weise schützen wollen.

Wenn wir uns zum Schutz der individuellen Rechte der Menschen verpflichtet fühlen, müssen wir den Artikel 13 des Grundgesetzes ändern, mit allem Vorbehalt und vielen eingebauten Sicherheiten, aber an einer Änderung kommen wir dann nicht vorbei.

Die parteiinterne Diskussion in der SPD zog sich über zwei bis drei Jahre hin. Die Argumentation von Herbert Schnoor überzeugte schließlich auch den Parteivorstand, der sich die veränderte Position auf einem außerordentlichen Parteitag von der Basis absegnen ließ.

In der FDP wagte es der Parteivorstand nicht, eine solche Position aus eigenem Entschluß einzunehmen. Man organisierte eine Mitgliederbefragung, die mit einer zustimmenden Mehrheit endete. Als die FDP-Fraktion schließlich am 16. Januar 1998 mehrheitlich der Änderung des Artikels 13 Grundgesetz im Bundestag zustimmte, trat die damalige FDP-Justizministerin aus Protest zurück.

Die Neufassung des Artikels 13 GG belegt durch ihren Umfang die ganze Komplexität des Vorhabens. Die ursprüngliche schlichte Schutzbestimmung mit drei Unterabschnitten erfuhr eine umfangreiche Ergänzung:

(I.) Die Wohnung ist unverletzlich.

(II.) Durchsuchungen dürfen nur durch den Richter, bei Gefahr im Verzuge auch durch die in den Gesetzen vorgesehenen anderen Organe angeordnet und nur in der dort vorgeschriebenen Form durchgeführt werden.

(III.) Begründen bestimmte Tatsachen den Verdacht, daß jemand eine durch Gesetz einzeln besonders bestimmte schwere Straftat begangen hat, so dürfen zur Verfolgung der Tat und auf Grund richterlicher Anordnung technische Mittel zur akustischen Überwachung der Wohnung, in denen der Beschuldigte sich vermutlich aufhält, eingesetzt werden, wenn die Erforschung des Sachverhaltes auf andere Weise unverhältnismäßig erschwert oder aussichtslos wäre. Die Maßnahme ist zu befristen. Die Anordnung erfolgt durch einen mit drei Richtern besetzten Spruchkörper. Bei Gefahr im Verzuge kann sie auch durch einen einzelnen Richter getroffen werden.

(IV.) Zur Abwehr dringender Gefahren für die öffentliche Sicherheit, insbesondere einer gemeinen Gefahr oder einer Lebensgefahr, dürfen technische Mittel zur Überwachung von Wohnungen nur auf Grund richterlicher Anordnung eingesetzt werden. Bei Gefahr im Verzuge kann die Maßnahme auch durch eine andere gesetzlich bestimmte Stelle angeordnet werden, eine richterliche Entscheidung ist unverzüglich einzuholen.

(V.) Sind technische Mittel ausschließlich zum Schutze der bei einem Einsatz in Wohnungen tätigen Personen vorgesehen, kann die Maßnahme durch eine gesetzlich bestimmte Stelle angeordnet werden. Eine anderweitige Verwertung der hierbei erlangten Erkenntnisse ist nur zum Zwecke der Strafverfolgung oder der Gefahrenabwehr und nur zulässig, wenn zuvor die Rechtmäßigkeit der Maßnahme richterlich festgestellt ist; bei Gefahr im Verzuge ist die richterliche Entscheidung unverzüglich nachzuholen.

(VI.) Die Bundesregierung unterrichtet den Bundestag jährlich über den Absatz 3 sowie über den im Zuständigkeitsbereich des Bundes nach Absatz 4 und, soweit richterlich überprüfensbedürftig, nach Absatz 5 erfolgten Einsatz technischer Mittel. Ein vom Bundestag gewähltes Gremium übt auf der Grundlage dieses Berichtes die parlamentarische Kontrolle aus. Die Länder gewährleisten eine gleichwertige parlamentarische Kontrolle.

(VII.) Eingriffe und Beschränkungen dürfen im übrigen nur zur Abwehr einer gemeinen Gefahr oder einer Lebensgefahr für einzelne Personen, auf Grund eines Gesetzes oder auch zur Verhütung dringender Gefahren für die öffentliche Sicherheit und Ordnung, insbesondere zur Behebung der Raumnot, zur Bekämpfung von Seuchengefahr oder zum Schutze gefährdeter Jugendlicher vorgenommen werden.
(Neufassung Artikel 13 GG)

Doch damit war das Ende der Diskussion noch nicht erreicht. Der Abstimmung im Bundestag mußte noch die Zustimmung im Bundesrat folgen, in dem zu diesem Zeitpunkt SPD-regierte Länder über die Mehrheit verfügten. Der Bundesrat ließ den Gesetzentwurf nicht unkommentiert passieren, sondern beharrte auf einigen Einschränkungen. Das betraf die *Aufnahme von bestimmten Gruppen*, die *auf keinen Fall abgehört* werden dürfen. Nunmehr wurden in den Kreis der tabuisierten Personen neben den Abgeordneten und Priestern auch Ärzte, Anwälte und Journalisten aufgenommen. Außerdem sollte die Genehmigungsfrist auf höchstens vier Wochen beschränkt werden.

In dieser Form kam der Gesetzentwurf erneut zur Abstimmung in den Bundestag und erhielt die Zustimmung der notwendigen Mehrheit der Abgeordneten.

Der Kriminologe Christian Pfeiffer (Hannover) kommentierte die vom Bundesrat erzwungenen Änderungen u. a. folgendermaßen:

Das riecht nach Selbstbedienung! Bestimmte Berufsgruppen dürfen abgehört werden, andere nicht. Das ist teilweise absurd. Ich begreife überhaupt nicht, warum zum Beispiel Abgeordnete nicht belauscht werden dürfen. Das riecht nach Selbstbedienung.
(Der Stern, Nr. 4/1998)

Damit befand sich Pfeiffer in guter Gesellschaft mit anderen Kommentatoren. So schrieb die WAZ in einem Leitartikel:

Für den Papierkorb!

Was aber am meisten verärgert, ist die Pauschalierung der Ausnahmen. Sicherlich werden bei Ärzten sehr vertrauliche Gespräche geführt. Was aber bei einer Zahnbehandlung oder der Operation eines eingewachsenen Fußnagels so intim sein soll, ist nicht unbedingt nachzuvollziehen.

Andererseits: Nicht nur erst seit Al Capone weiß man, daß in gewissen Kreisen auch die Namen von Ärzten gehandelt werden, die sich diskret um Wunden kümmern, die von Bandenkriegen herrühren.

Ähnlich ist die Lage bei den Medien. Es sollte selbstverständlich sein, daß Journalisten und Redaktionen in Deutschland, in denen wirklich Geheimnisse recherchiert werden und wo Informanten anrufen, deren Namen auf keinen Fall bekannt werden dürfen, nicht abgehört werden. Damit ist aber jeder »Journalist« geschützt. Wobei man wissen muß, daß diese Berufsbezeichnung jedermann ungehindert benutzen kann.

Warum vertraut man die Entscheidung nicht dem Richter an, der bei bestimmten Berufen durchaus besonders pingelig prüfen soll.

Vollends zur Farce wird die Ausnahme bei Anwälten. Alle Befürchtungen, abgehört zu werden, lassen sich leicht ausräumen. Man muß sich nur von Mafiabossen fernhalten und keine schwere Straftaten ausführen.

Die Stellungnahmen aus der Praxis waren zum Teil noch entschieden kritischer. Hinzuzufügen ist, daß die erforderlichen Ausführungsbestimmungen, etwa in der Strafprozeßordnung, auf sich warten ließen und den Regierungswechsel von der CDU zur SPD im Herbst 1998 überdauerten.

Enttäuschte Polizisten mußten ihre Bemühungen fortsetzen, um ein ordentliches Gesetz zu bekommen. Sie konnten dabei immer und immer wieder darauf hinweisen, daß Länder wie Belgien, Italien, Dänemark, Spanien, Großbritannien und die USA mit dem Einsatz technischer Mittel bereits seit Jahren gute Erfahrungen gemacht hatten, ohne den Rechtsstaat zu beschädigen. Sie konnten außerdem vermerken, daß die Beweisführung gegen Mafia-Banden, etwa gegen die Formation des New-Yorker US-Paten Gotti, überhaupt nur möglich waren, weil die umstrittenen technischen Möglichkeiten eingesetzt werden durften. Sie konnten weiterhin unterstreichen, daß sich die angestrebten Maßnahmen nicht allein auf den Einbau von Wanzen *in* der Wohnung erstreckten, sondern auch den Einsatz von Richtmikrofonen und von Laser-Taststrahlen an Fensterscheiben umfaßten.

Das Argument, Deutschland drohe zu einem »Weltmeister im Abhören« zu werden, konnten die Kriminalisten mit dem Hinweis auf die Zahl der bisherigen Telefonabhörmaßnahmen widerlegen. So hatten im Jahre 1996 Polizei und Staatsanwaltschaft die Erlaubnis zur Überwachung von 4 674 festen Anschlüssen im ganzen Bundesgebiet erbeten. Diese Zahl ging 1997 auf 4 535 Anschlüsse zurück, die in etwas mehr als 2 000 OK-Strafverfahren überwacht wurden.

Man muß diese Zahlen zu etwa 30 Millionen Anschlüssen insgesamt ins Verhältnis setzen, um die äußerst geringe Anzahl von Telefonüberwachungen zu erkennen.

Auch das in den meisten Bundesländern nach Polizeigesetzen erlaubte Belauschen in öffentlichen Bereichen erfolgte in den Jahren 1992 bis 1996 lediglich 63mal, nicht mehr als zwölfmal in einem Jahr, bei einem durchschnittlichen Aufkommen von sechs Millionen Straftaten jährlich.

Streit um die Gesetze gegen Geldwäsche

Ein ganz ähnliches Schicksal war den Gesetzen zum Aufspüren und zur Beschlagnahme von illegal erlangten Gewinnen beschieden. Insbesondere die Entwicklung des Verbotes der Geldwäsche macht dies deutlich.

Als *Geldwäsche* bezeichnet man die Umwandlung illegal oder kriminell erlangter Gelder in Sachwerte oder in verwendbares Bargeld. Sie umfaßt so alle Manipulationen, bei denen illegale und kriminell erlangte Erlöse transportiert, transformiert, überwiesen, konvertiert oder mit legalen Geschäften vermischt werden, um die wahre Herkunft, die Beschaffenheit und die Verfügung über das Eigentum an solchen Werten zu verheimlichen oder zu verschleiern.

Schon seit der Blütezeit des Gangsterwesens in Chicago weiß man, daß Organisierte Verbrechen nur entscheidend eingedämmt werden können, wenn man sie von ihren illegalen Einkünften trennt.

Der Nachweis von illegal erlangten Vermögenswerten bietet eine einzigartige Möglichkeit, Beweismittel für Straftaten beizubringen. Im Zeitalter der Globalisierung aller Wirtschaftsabläufe können die Ermittlungsbehörden bei Beweisermittlungen dieser Art auf das Zusammenwirken mit Banken und anderen Geldinstituten nicht verzichten. Das zwingt aus vielerlei Gründen zur Lockerung des sogenannten Bankgeheimnisses, zumal es dieses in strikter Form überhaupt nicht gibt.

Es erstaunt nicht, daß diese Forderung Widerstand hervorruft, denn wer fürchten muß, daß es ihm an den Geldbeutel geht, der wehrt sich. Oft handelt es sich dabei um Personen, die großen Einfluß auf meinungsführende und meinungsbildende gesellschaftliche Kräfte ausüben.

Widerstand gegen den Blick der Behörden in Konten und Bücher bedarf zu seiner Rechtfertigung allerlei hehrer Begründungen aus dem Verfassungs- und Bürgerrecht sowie aus dem Vertrauens- und Datenschutz.

Dadurch gewinnen die Abwehrmaßnahmen der »Bedrohten« politisches und moralisches Gewicht und sind durch die Ermittlungsbehörden nicht leicht zu entkräften.

Staaten, in denen die Organisierte Kriminalität bereits länger deutlich zutage tritt, haben auch die Auseinandersetzung um neue Gesetze schon einige Jahre hinter sich und bereits ausgewogene Ermittlungsmöglichkeiten geschaffen. Diese Ergebnisse konnten insbesondere durch die Verdeutlichung der unübersehbaren Aktivitäten der Drogenmafia erzielt werden.

»Geld ist das Lebensblut der Drogenhändler«, lautete z. B. eines der wirkungsvollen Argumente des ehemaligen US-Justizministers Dick Thornburgh. »Wenn wir es beschlagnahmen, dann können wir ihre Operationen abwürgen.« »Aber wie geraten letztlich die Drogen in die Venen unserer Kinder?« fragte der amerikanische Senator John Kerry in einem Hearing des US-Kongresses und fügte die Antwort gleich hinzu: »Banken erleichtern die Arbeit der Dealer!«

Die US-Gesetzgeber verstanden die Hinweise und Befürchtungen, nahmen die Bedrohung ernst und ermöglichten selbst abenteuerlich anmutende Aktionen, um auch die Täter im »weißen Kragen« in die Hand zu bekommen und um das aus dem Drogengeschäft stammende Kapitel zu beschlagnahmen.

Luxushotel wurde Geldwäschern zur Falle

Schon lange argwöhnten die US-DEA-Fahnder, große Gewinne aus dem Narkotik-Handel würden in Mexiko eingezahlt und nach gründlicher Wäsche durch große und kleine Bänker den kriminellen Einzahlern blütenweiß wieder zur Verfügung gestellt. Ein direkter Zugriff verbot sich aus politischen Rücksichten. Auf die Hilfe der mexikanischen Polizei mochte man nicht recht vertrauen.

Wichtige Hinweise erlangten die Fahndungsbeamten im November 1995. Sie erfuhren vom Umsatz einiger Tonnen Kokain und dem Einparken der dabei erzielten Dollar-Millionen in kleine und große Bankhäuser Mexikos.

Sie nahmen die Spur auf, und man schaltete über die Jahre nach und nach 200 zum Teil verdeckte Ermittler ein. Die Regierung des mexikanischen Nachbarn wurde von den Ermittlungen und einer abschließenden Großaktion nicht unterrichtet.

Zu tief saß das Mißtrauen in den Washingtoner Dienststellen. Es war noch nicht lange her, da hatte sich die »Zusammenarbeit« von hohen Beamten und einheimischen Drogenfahndern mit den Drogenbossen erwiesen. Um das Leben der Verdeckten Ermittler nicht zu gefährden – so die Begründung –, wurden die

Behörden des Nachbarstaates nicht eingeweiht. Das aber schloß Operationen in Mexiko aus, und als das Beweismaterial ausreichend erschien, griffen die US-Verantwortlichen zu einem Trick.

Durch eingeschleuste Vertrauensleute übermittelten sie im Sommer 1998 an die beteiligten Bänker die Einladung eines neugegründeten Spielcasinos in Nevada; Anreise, ein kleines Spielkapital und der Wochenendaufenthalt, alles auf Kosten der neuen Spielstätte.

Zugleich ließ man unter der Hand durchsickern, es handele sich um ein Etablissement von Unterweltern, die gute Möglichkeiten für eine reibungslose Geldwäsche großer Summen gefahrlos anbieten könnten.

Der Verlockung erlagen viele der Angesprochenen. Unter ihnen befanden sich auch einige Hauptverdächtige, so die Verantwortlichen der Bancomer (Mexikos zweitgrößte Bank) und die von der Cinfica-Bank (unter den ersten zehn des Landes eingeschätzt). Neben diesen befanden sich unter den Gästen etliche andere Finanzspezialisten, die einige Milliarden Dollar gesäubert und dafür jeweils 5 % Provision kassiert hatten.

Das versprochene Wochenende ließ sich auch gut an. Unterbringung und Verpflegung waren erstklassig. Erst nach dem Abendessen zogen die Zollfahnder ihr Netz zu. Die vermeintlichen Komplicen erwiesen sich für die angereisten Gäste als Agenten, die statt des Nachtisches für eine Anzahl von ihnen Handschellen anboten. Das Wochenende fand damit einen sensationellen Abschluß.

Unter den etwa 70 Festgenommenen waren 14 Vertreter namhafter mexikanischer Geldinstitute. Der US-Finanzminister Robert Rubin und die Justizministerin Janet Reno erklärten das Unternehmen Casablanca zum Riesenerfolg. »Wir haben die Drogenkartelle dort getroffen, wo es ihnen am meisten weh tut: am Geldbeutel.«

Den Agenten gelang es im Laufe der Untersuchung, 35 Millionen Dollar an Drogengeld, zwei Tonnen Kokain und vier Tonnen Marihuana sicherzustellen.

Weitere Festnahmen folgten, und im Gefolge dieser Maßnahme konnte die US-Justiz weitere 122 Millionen Dollar auf Konten in den USA und in Europa beschlagnahmen und einziehen.

(Kölner Stadtanzeiger v. 20.3.1998)

Ähnliche Maßnahmen ermöglichten die gesetzlichen Bestimmungen in Europa nicht, obwohl sich in allen westlichen Industriestaaten die

Hinweise häuften, daß auch hier große Gewinne aus dem Drogengeschäft aufgehäuft wurden. Darüber hinaus war Europa, insbesondere die Bundesrepublik Deutschland, ein bevorzugtes Ziel für »Geldwäscher« aus aller Welt geworden. Ganz zweifelsfrei wurde bereits seit Mitte der 80er Jahre Geld, das aus Verbrechen stammte, darunter aus den Geschäften der Drogenmafia, durch Firmen und Banken hin und her geschoben, bis es »gewaschen« und verwendbar geworden war.

In den 70er und 80er Jahren erforderte die Gesetzeslage den Nachweis, daß bestimmte Gelder an einer bestimmten Stelle für ein konkret belegbares Verbrechensgeschäft als Gewinn entstanden waren. Ein solcher Beweis war kaum einmal zu führen. Polizei und Staatsanwaltschaft mußten selbst bei ganz dringenden Verdachtsfällen hilflos kapitulieren.

Der in München lebende Türke Reep Demin, 42 Jahre, offiziell Angestellter einer kleinen Firma in unbedeutender Position, betätigte sich ganz offenkundig als Geldkurier für Gangsterbosse. Bei einer Kontrolle auf dem Flughafen Riem wurden am 15. Mai 1989 in seinem Gepäck 350 000 Mark in Bündeln gefunden, über deren Herkunft er schwieg. Die Behörde hatte keine Chance zuzugreifen.

Zwei Monate später entdeckte der Zoll in den Taschen dieses Verdächtigen Bargeld verschiedener Währungen: 107 000 DM, 39 000 Schweizer Franken, 20 000 holländische Gulden und 12 000 englische Pfund. Wiederum mußten die deutschen Behörden ihn mit seinem Geld ziehen lassen.

Im August 1989 baten die italienischen Behörden um Festnahme von Demin wegen Beteiligung am Rauschgifthandel. Bei seiner Vernehmung räumte der Festgenommene freimütig ein, er habe in den letzten fünf Jahren ungefähr 500 Millionen Mark zum Zwecke der Geldwäsche transportiert.

Dieses Beispiel – nur eines von vielen – verdeutlicht, daß Geldwäsche aus Verbrechensgewinnen in der Bundesrepublik zu einem Alltagsgeschäft geworden war. Anlaufstellen für die Personen, die das illegale in legales Kapitel verwandeln wollten, waren die Banken, deren Mitarbeiter sich oft arglos verhielten. Man muß aber auch fragen, ob sich in den Geldinstituten besonders viele blinde und taube Angestellte angesammelt hatten.

Immerhin lag zu diesem Zeitpunkt die *Konvention der Vereinten Nationen gegen den illegalen Handel mit Rauschgiften und psychotropen Substanzen* bereits längere Zeit, nämlich seit dem 19. Dezember 1988, vor. Darin wurden die Staaten aufgefordert, gesetzliche Grundlagen für Bankenkontrollen zur Abwehr der Geldwäsche zu schaffen. Zudem hämmerten die amerikanischen Drogenfahnder seit 1975 den deutschen Kollegen ihre Warnungen ein: Jedes Kilo Kokain, das Dealer absetzen, bedeutet drei Kilo Geld, und vieles davon kommt in Deutschland zum Umtausch. Tut was!

Die deutschen Kriminalisten versuchten daraufhin immer wieder ebenso hartnäckig wie erfolglos die Politiker zu überzeugen, daß die Geldwäsche unter Strafe gestellt werden muß. Sie konnten dabei auf bemerkenswerte Tatsachen verweisen. So beteiligten sich selbst kleinste Provinzfilialen an dem Umtauschgeschäft. In einer Außenstelle der Commerzbank in der Nähe von Hannover und auch im ostfriesischen Leer unterhielten Angehörige des kolumbianischen Kokain-Kartells ohne jede Tarnung Millionenkonten mit der Kundenanschrift »Medellin«. Über eine Vollmacht verfügte u. a. der von den US-Fahndern gesuchte Herardo Moncada. Bei nur einer Überweisung kamen 6,6 Millionen Dollar in Hannover an, die nach drei Monaten Kontenpassage durch die Welt »gesäubert« weiterwanderten. Als der Hintergrund publik wurde, erklärte der Bankangestellte lediglich: »Wir haben uns nur nach den Wünschen des Kunden gerichtet!«

So zirkulierten Milliarden durch das deutsche Bankensystem.

Die Amerikaner rechneten der staunenden Bankenwelt vor, daß die jährlichen Drogeneinnahmen in den üblicherweise kassierten Zehn-Dollar-Noten einem Gewicht von 50 000 Tonnen entsprechen. Für den Transport eines solchen Geldgebirges wären 1 667 Güterwagen erforderlich, das sind 34 Züge mit einer Gesamtlänge von 24 Kilometer. Mit dieser illegalen Geldflut könnten die Gangster nur fertig werden, wenn ihnen die Geldinstitute beim Umtausch und bei der Säuberung helfen würden. Bliebe diese Hilfe aus, müßte das Drogengeschäft zwangsläufig zurückgehen.

Noch verheerender als die bloße Geldsäuberung sei die weitere Verwendung des Geldes. Wie man aus italienischen und anderen Quellen genau wisse, wanderten Millionen und Milliarden durch die

Welt und dienten zur Eroberung von wirtschaftlichen Positionen, durch die irgendwann auch politischer Einfluß gewonnen würde. Gut getarnt drohe die perfekte Verzahnung von verbrecherischer und kaufmännischer Tätigkeit. Banken, Briefkastengesellschaften, Treuhandfirmen, Beratungsfirmen und ähnliche Einrichtungen seien geeignet, illegale Gewinne aufzusaugen und in legale Gelder umzuwandeln.

Oft würden versteckte Investitionen in der Wirtschaft helfen, die Straftaten fortzusetzen. Der Kauf von Immobilien diene dem Aufbau einer eigenen Infrastruktur, Touristikunternehmen oder Diskotheken dienten zum Transport und Vertrieb von Drogen, der Einstieg in Chemiefirmen ermögliche den einfachen Erwerb von Substanzen zur Herstellung von Rauschgiften. Der Erwerb von Transportunternehmen helfe beim Schmuggeln.

Geldwäscher investieren auch gern in kleine Unternehmen wie Autowaschanlagen, Pizzerien und Restaurants, weil dort kleinere Gewinnsummen anfallen, die aber gut unterzubringen sind. Unauffällig lassen sich kleinere Beträge auch in Spielkasinos über den Rückumtausch der Chips waschen.

In Ländern mit Devisenkontrollen – wie in den USA – reisen Geldkuriere mit einem Bargeldkoffer ein, der zum Beispiel eine Million Dollar enthält. Sie deklarieren aber beim Zoll die Bareinfuhr von zwei Millionen. Zählt der Zöllner wider Erwarten nach, hat der Bote zusätzlich einen Scheck in Höhe von einer Million Dollar in der Tasche und weist diesen vor. Meist jedoch akzeptieren die Zöllner die Angaben der Einreisenden. Dann kann der Kurier mit zwei Millionen Dollar legal wieder ausreisen und hat eine Million gewaschen.

Um schnell entstandene große Vermögen zu verheimlichen, bauen die Geldwäscher eine Scheinlegitimität auf. Unauffällige Finanzgesellschaften kaufen sich in alle Bereiche der Wirtschaft ein. Oft gründen sie Firmen, als deren Besitzer Personen mit Wohnsitz im Ausland angegeben werden. Ihnen muß dann regelmäßig ein fürstliches Direktorengehalt oder ein hohe Dividende überwiesen werden.

Beliebt ist auch der Kredittrick. Ein Geschäftsmann aus Bristol z. B. hat eine Million schmutziges Geld zur Verfügung. Er überweist es auf eine Bank auf den Britischen Jungferninseln. Dann beantragt er bei einer Londoner Bank einen Kredit über eine Million Pfund und gibt als Sicherheit das Guthaben auf der Karibik-Bank an. Mit dem Geld kann er hantieren und bei Nachfragen auf den Kredit verweisen. Irgendwann löscht er den Kredit mit angeblichen Gewinnen, tatsächlich aber mit dem ausgelagerten Geld.

Meist ist es schon nach wenigen Stationen schwierig, schmutziges Geld aus dem Geldkreislauf herauszufiltern. Zudem hat der elektronische Zahlungsverkehr zwischen den internationalen Banken ein so großes Ausmaß angenommen, daß die Gangster darauf hoffen können, daß ihre Luftbuchungen unbemerkt bleiben.

Die Drahtzieher der Organisierten Kriminalität brauchten also die Hilfe von Geschäftsleuten in Ländern mit einem rigorosen Bankgeheimnis und lückenhaften Gesetzen. Beides bot der Exportweltmeister Deutschland. Trotz intensiver Bemühungen der deutschen Kriminalisten war – anders als in den USA, den anderen EG-Ländern und selbst in der Schweiz – das Waschen von kriminell erworbenem Geld nicht strafbar.

Die Arbeitsgruppe Kripo, Zollfahnder und selbst der Bundesnachrichtendienst warnten vor der finanziellen Unterwanderung durch Gangster aus der Organisierten Kriminalität und beschworen das Entstehen einer demokratisch nicht mehr kontrollierbaren wirtschaftlichen und politischen Macht.

Aber die Parlamentarier ließen sich auch in dieser Frage Zeit. Nicht einmal die Entschließung der Teilnehmer an einer Konferenz der G 7-Staaten im Dezember 1989 konnte den deutschen Gesetzgeber zur Eile animieren. In dem erwähnten Kommuniqué hieß es: »Die Geldwäsche hat ein verheerendes Ausmaß angenommen. Gesetzliche Abwehrmaßnahmen sind dringend geboten!«

Die Finanz- und Wirtschaftsminister ließen sich jedoch von den Argumenten der Banken beeindrucken, die auf das »Bankgeheimnis« pochten. Geschockt von der Kapitalflucht nach der Diskussion um die Quellensteuer wollten die verantwortlichen Politiker keine neuen »Fluchtgründe« liefern. So machte der Zentrale Kreditausschuß der Banken im Dezember 1991 im Vorfeld einer langsam anlaufenden Gesetzgebung geltend:

Es kann nicht angehen, daß die Unterlagen der Banken nicht nur, wie ursprünglich zugesagt, zur Strafverfolgung von Geldwäsche-Delikten aus Drogenhandel dienen, sondern im Extremfall auch zur Ermittlung gegen sogenannte Einbrecher- oder Autoknackerbanden. Sie dürfen nur bei Delikten gegen das Leben oder ähnlich schwerwiegende Rechtsgutverletzungen als Unterlagen für Ermittlungen verwendet werden.

Aber solche und ähnliche Einwände konnten die Entwicklung letztlich dennoch nicht aufhalten. Im April 1990 legte eine von den EG-Behörden eingesetzte Arbeitsgruppe *40 Empfehlungen* vor. Die EG-Kommission wandelte diese am 10.6.1991 in die Richtlinie *Verhinderung der Nutzung des Finanzsystems zum Zwecke der Geldwäsche* (91/308) für alle EU-Staaten um.

Darin wurden die Staaten verpflichtet, die Empfehlungen bis zum 1. Januar 1993 in nationales Recht umzuwandeln. Dem folgte der Bundesgesetzgeber im sogenannten Org.KG vom 15. Juli 1992, in dem die Verschleierung unrechtmäßiger Vermögenswerte unter Strafe gestellt wurde (§ 261 StGB). Aber noch im März 1993 mußte der nordrhein-westfälische Innenminister Schnoor die zögerliche Behandlung einer zwingend erforderlichen Bankenbeteiligung beklagen:

Wir müssen an den Lebenssaft der OK – das Geld der Organisationen. Deshalb ist ein Mittel wie ein Gewinnaufspürungsgesetz so ungeheuer wichtig. Hier ist immer noch manches im Streit, auch Probleme des Bankgeheimnisses. Ich kann aber nicht verstehen, weshalb die bei den Banken gespeicherten Daten prinzipiell schützenswerter sind als andere Daten im Wirtschaftsleben, etwa auf dem Markt gehandelte große Geldtransaktionen bei den Banken. Ich muß mir auch gefallen lassen, daß die bei der Schufa nachfragen, ob ich kreditwürdig bin, wenn es um Interessen der Bank geht.

Schwierige Fragen: auch bei der Gewinnabschöpfung die Frage der Beweislastumkehr. Aber was sein muß, das muß sein!

(Anhörung im Landtag NRW v. 7.3.1993)

Schnoor stand in seiner Partei lange Zeit ziemlich allein und konnte sich nur auf den Rat seiner kriminalistischen Fachleute stützen. Als am 29. November 1993 das *Gesetz über das Aufspüren von Gewinnen aus*

Straftaten (Geldwäschegesetz) folgte, das die Banken zur Mitarbeit verpflichtete, konnte seine Ausgestaltung nicht überzeugen. Die Banken müssen danach der Polizei umgehend verdächtige Finanzbewegungen melden, wodurch die Kripo auf die Spur von Straftaten kommen soll.

Um auch bereits umgewandelte illegale Profite (Investitionen in Sachwerten/Immobilien u. ä.) einziehen zu können, wurden zur Abschöpfung krimineller Gewinne in § 43 a StGB die Möglichkeit einer Vermögensstrafe und für den Fall eines fehlenden Nachweises einer direkten Herkunft aus Straftaten der § 73 d StGB als »Erweiterter Verfall« eingeführt, »wenn Umstände die Annahme rechtfertigen, daß Gegenstände für rechtswidrige Taten verwendet oder aus ihnen erlangt worden sind«.

Die von der Praxis dringlich geforderte Umkehr der Beweislast beim Auftreten von hohen, nicht nachweisbaren oder unerklärlichen Vermögenswerten bei Tatverdächtigen erlangte nicht die Zustimmung des Gesetzgebers. Sie besitzt nur in den USA und in Großbritannien Gesetzeskraft. Sie wird aber auch dort von den Richtern nur ungern angewendet, weil sie den üblichen verfassungsmäßigen Grundsätzen widerspricht (Unschuldsvermutung bis zum gegenteiligen Beweis, Beweispflicht der Schuld durch Staat oder Kläger).

Leider muß man feststellen, daß die neuen gesetzlichen Bestimmungen, darunter die aus dem Geldwäschegesetz, sich in weiten Teilen als untauglich erwiesen. Mit ihnen war den Strukturen der Organisierten Kriminalität nicht beizukommen.

Wie der Präsident des BKA 1995 mitteilte, erstatteten die Banken im Jahr 1994 etwa 80 Verdachtsmeldungen über Bewegungen von zehn Millionen DM. Polizei und Zoll beschlagnahmten diese Summe. Die vom Gesetz geforderten Beweisanforderungen erlaubten aber nur die dauerhafte Einbehaltung von zwei Millionen DM, von denen schließlich nur eine Million eingezogen werden konnte.

Im Jahr 1995 gingen von den Banken Verdachtsmeldungen über Bewegungen in Höhe von 1,4 Milliarden DM ein. Davon konnten die Sicherheitsbehörden etwa 20 Millionen sicherstellen, wovon die Gerichte aber 15 Millionen wieder freigaben.

Der nordrhein-westfälische Innenminister Kniola schätzte 1997, daß immer noch jährlich viele Milliarden DM Gewinn aus Straftaten in der Bundesrepublik gewaschen werden. Das einem Außenstehenden kompliziert erscheinende Verfahren vollziehe sich nach seinen Informationen unten und oben mit gleicher Leichtigkeit:

Unten: *Z. B. kauft ein Restaurant täglich für 500 Mahlzeiten ein und verbucht täglich 500 verkaufte Essen mit sattem Gewinn. Der Jongleur kann das Geld sogar versteuern, und die Buchhaltung stimmt auch.*

Solche Tricks lassen sich nur mit einer längeren aufwendigen Observation aufdecken. Welche Polizei nimmt das auf sich, wenn keine sonstigen Anhaltspunkte vorliegen?

Oben: *Das LKA NRW deckte 1997 einen Geldwäschefall auf. Nachweislich hatten 120 Millionen DM eine Säuberung in kleinen Finanzinstitutionen erfahren. Täter und Tat wurden ermittelt, aber das Geld war weg. Keine Mark konnten die Fahnder erwischen.*

(NRW-Innenminister Kniola 1998 bei der Vorlage des LKA-Jahresberichtes Organisierte Kriminalität für 1997)

»Das große Problem bei solchen Ermittlungen ist«, meinte die Leitende Oberstaatsanwältin Becker-Toussaint aus Frankfurt, »daß die internationale Zusammenarbeit nicht klappt. Deutsche Anfragen in Frankreich werden erst nach Monaten beantwortet. Aus den GUS-Staaten hört man meistens gar nichts mehr. In Hessen hat es 1 500 Verdachtsmeldungen von Banken gegeben, aber in keinem Fall kam es allein aus solchen Hinweisen zu einer Anklage.«

Das Gegenteil von gut ist »gut gemeint!« Alle vielleicht mehr oder weniger gut gemeinten Gesetze und Bestimmungen haben es nicht vermocht, den Vormarsch der Organisierten Kriminalität aufzuhalten oder Vorbehalte bei Politik und Medien gegen die von den Kriminalisten geforderten wirksamen Abwehrmaßnahmen abzubauen.

Jedes Gesetz und jede Bestimmung büßte im Kern den entscheidenden drive durch zum Teil untaugliche Kompromisse wieder ein.

Stand der Verbrechensbekämpfung 1998/1999

Drogenkriminalität

In wichtigen Bereichen der Organisierten Kriminalität machen sich bisher keine rückläufigen Tendenzen bemerkbar. Vielmehr verfestigt sich die kriminelle Szene in mancherlei Hinsicht sogar. Das gilt insbesondere für den illegalen Rauschgifthandel, der als Treibsatz für eine breite Palette von Begleit- und Folgekriminalität wirkt.

Der damalige französische Präsident François Mitterrand sprach bereits 1989 von der »größten Schlacht der Menschheit«, wenn er auf das Drogenproblem zu sprechen kam. Sein US-Kollege Ronald Reagan erklärte den Drogen ebenfalls regelrecht den Krieg, den sein Nachfolger Bill Clinton unter der Losung »Gegen die Mörder der Jugend Amerikas« immer noch zu gewinnen sucht. Dennoch erreichte der weltweite Drogenumsatz nach dem *Welt-Drogenreport der UNO 1997* 700 Milliarden DM.

Wie die Fakten belegen, sind die Bezeichnungen »Schlacht«, »Krieg« und »Mörder« keineswegs übertrieben: Jedes Jahr kommen weltweit 30 000 Menschen direkt durch Drogen zu Tode, und weitere 100 000 werden ins Unglück gestürzt. Die mittelbaren Folgen auf die Volksgesundheit und auch auf die kriminelle Szene lassen sich überhaupt nicht einschätzen.

Alle nationalen und internationalen Bemühungen um eine Eindämmung der Drogeneinfuhr haben keine durchschlagenden Erfolge gebracht. Vielfach haben sie sogar bewirkt, daß die Anlieferung aus Übersee, aus den asiatischen und afrikanischen Anbaugebieten reibungsloser über inzwischen bewährte Transportwege erfolgen kann, an deren Ende ein sich ständig erneuerndes Heer von Ameisenhändlern für die weitere Verbreitung sorgt.

Obwohl gerichtsfeste Beweise fehlen, kursieren Berichte, daß Gangster aus Rußland und den GUS-Staaten bereits Flugzeuge und selbst U-Boote für den Antransport der Drogen zur Verfügung stellen oder für die Anlandungen im Absatzgebiet einsetzen. Alte und neue Lieferanten aus Kolumbien und Rußland kooperieren miteinander.

Da wächst etwas zusammen, was Ermittler und Politiker das Fürchten lehren kann.

Die Bundesrepublik steht den Erscheinungsformen und Folgen der Drogenkriminalität in anderen Staaten in nichts nach. Auch bei uns sind mindestens 1 500 Drogen-Tote jährlich zu beklagen. Auch zu uns gelangen die Drogen per Schiff, per Flugzeug, per LKW oder PKW, manchmal in Gramm-Portionen, manchmal aber auch eine Tonne Haschisch auf dem Dach eines Omnibusses.

Daneben etablierte sich in der Jugendszene der Bundesrepublik wie in den anderen Industriestaaten der Konsum von Ecstasy-Tabletten (synthetisch hergestellte Aufputschmittel für die Disko-Jugend). Fachleute schätzen die Zahl der Konsumenten auf eine Million jährlich.

Trotz dieser Flutwelle von eingeführten oder im Land hergestellten Drogen gilt es immer noch als ein beachtenswerter Erfolg, wenn wieder einmal ein Zugriff auf eine lokale Gruppe mit internationalen Verbindungen gelingt. Solche Erfolge stehen jedoch in keinem Verhältnis zum tatsächlichen Ausmaß der Bedrohung, zumal sie meist nur noch in lokalen Medien Erwähnung finden. Als Beispiel für viele andere mag der Köln-Bonner-Fall vom März 1998 dienen:

Heroin-Mafia ausgehoben
Internationaler Handel mit Millionengewinnen
Mehrere Festnahmen auch im Raum Köln/Bonn

Einen international organisierten Heroinhandel hat die Kriminalpolizei aufgedeckt: In Bonn, Köln, London sowie in den Niederlanden und Belgien sind sieben Mitglieder einer Bande festgenommen worden, die mit Drogenhandel viele Millionen Mark umgesetzt und verdient haben.

Im Zuge der Ermittlungen sind in den Niederlanden 105 Kilogramm Heroin und in der Türkei 43 Kilogramm Heroin beschlagnahmt worden.

Die Federführung der Untersuchungen lag in den Händen der Bonner Kriminalpolizei.

In Bonn wurde auch der mutmaßliche Anführer der Bande, ein 35jähriger Türke, festgenommen. Die Ermittler halten ihn für den führenden Kopf der deutschen Niederlassung der über die Grenzen hinweg operierenden Rauschgiftorganisation.

Die tatsächlichen Hintermänner und die Herstellungs-Küchen konnten allerdings nicht enttarnt werden. Sie befinden sich im Ausland.

Die in diesem Verfahren festgenommenen Personen müssen sich nicht nur wegen Heroinhandels verantworten, sondern ihnen wird auch Geldwäsche vorgeworfen.

Bei den Ermittlungen wurden die Bonner Kriminalisten durch Mitarbeiter des Landeskriminalamtes, des Bundeskriminalamtes sowie durch Polizei- und Justizbehörden in der Türkei, Rumänien, in Belgien, den Niederlanden sowie in Großbritannien unterstützt.

Erste Hinweise auf die OK-Gruppe ergaben sich durch Verdachtsanzeigen nach dem Geldwäschegesetz.

Das Verfahren, das unter strengster Geheimhaltung seit April 1996 über die Grenzen hinweg geführt wurde, mündete nun in der Festnahmeaktion. Der in Bonn festgenommene 35jährige Türke führte nach den bisherigen Feststellungen als selbständiger Kaufmann eine Import- und Exportfirma in Köln und handelte mit Waren jeder Art. Allerdings stand er zuvor schon längere Zeit in Verdacht, seine Firma als Instrument der Geldwäsche für die aus den Rauschgiftgeschäften erzielten Gewinne zu nutzen, um diese mit dem Anschein der Legalität in Immobilien im Köln/Bonner Raum zu investieren.

Ebenfalls in Bonn verhaftet wurden ein Iraker (65) sowie ein Türke (47) mit Wohnsitz in Köln. Hinter Gittern sitzen ebenfalls der 33jährige Bruder des Anführers der Organisation sowie sein Cousin, dem in den Niederlanden Beamte der Spezialeinheit zur Bekämpfung der Internationalen Rauschgiftkriminalität, des Inter-Regio-Teams, die Handschellen anlegten.

Zwei weitere Vettern konnten in der Nähe von London in Haft genommen werden; sie hatten einen großen Teil des durch den Heroinhandel erlangten Geldes in englischen Hotelimmobilien angelegt. Weiter wurden in diesem Zusammenhang Konten und Vermögenswerte wie Grundstücke, Häuser und Geschäfte in Istanbul und Bukarest beschlagnahmt.

(Kölner Stadtanzeiger vom 29. März 1998)

Dieser relativ kleine Fall zeigt wie in einem Brennglas sowohl alle Besonderheiten der Organisierten Kriminalität als auch die Schwierigkeiten bei ihrer Bekämpfung. Der Ermittlungsansatz entstand aus einem ungesicherten Verdacht, der nach Auffassung von liberalen Politikern keinerlei polizeiliche Nachforschungen erlauben würde.

Die personellen Zusammenhänge waren der lokalen Polizeibehörde nicht ersichtlich und konnten von ihr auch nicht mit eigenen Kräften aufgeklärt werden. Eine möglicherweise erfolgversprechende Telefonüberwachung war bei den geringen Anhaltspunkten zunächst nicht zu erlangen. Alle nachfolgenden Behörden (LKA, BKA, Interpol) konnten zu Beginn ebenfalls nicht in Anspruch genommen werden, weil eine beweisbare Straftat noch nicht vorlag.

Die vermutete Geldwäsche war nur durch eine anhaltende Observation und Ausforschung der Geschäftsabläufe zu erkunden und zu belegen. Wünschenswert wäre der Einsatz von V-Leuten gewesen, besser noch eine elektronische Raumüberwachung. Rechtlich war dies nicht möglich.

Ersatzweise mußte eine aufwendige personelle Observation erfolgen, die ein Dutzend Beamte über viele hundert Stunden von anderen Ermittlungen abhielt.

Die erforderlichen Nachforschungen im Ausland konnten nur teilweise über Europol erfolgen. Für die Türkei, Rumänien und den Irak verfügte Interpol – im Unterschied zu Europol auch für Maßnahmen außerhalb der EU zuständig – nur über unzureichende Weisungsrechte.

Den Tätern standen dagegen alle technischen und wirtschaftlichen Hilfsmittel, die sie auch ausschöpften, zur Verfügung. Sie benutzten in Gesprächen die ihnen vertrauten heimatlichen Dialekte, die selbst geübte Dolmetscher nur schwer übersetzen können. Sie investierten die Teilgewinne in Immobilien und Geschäften und verschafften sich so eine legale Deckung.

Naturgemäß dauerten die Nachforschungen einige Jahre an. Dadurch können die ermittelnden Beamten in zwiespältige Situationen geraten, da sie rechtsstaatlich verpflichtet sind, Abgehörte binnen einer vorgegebenen Frist, die in der Regel kürzer ist als solche Ermittlungen, über das Abhören zu informieren.

Der Fall zeigt ferner, daß es selbst nach langen und intensiven Nachforschungen nicht gelingt, in der Hierarchie der Gangster weiter als bis zum Mittelbau vorzudringen. Die Hintermänner und deren technische Einrichtungen bleiben überwiegend im dunkeln. Abhilfe könnte in derartigen Fällen in erster Linie ein international tätiger verdeckter Ermittler schaffen, der aber bisher nicht eingesetzt werden darf.

So wäre es trotz gelegentlicher Erfolge bei der Bekämpfung der Drogenkriminalität ein großer Fehler, die gravierenden Mängel bei der europäischen und weltweiten Zusammenarbeit der Ermittlungsbehörden zu verdecken. Interpol richtete z. B. an alle Mitgliedsstaaten die Frage, ob sie mit den Strafverfolgungsbehörden anderer Länder Informationen über finanzielle Angelegenheiten ihrer Bürger austauschen würden. Die Antworten waren wenig ermutigend. Belgien, Brunei, Dänemark, Deutschland, Dominikanische Republik, Finnland, Gabun, Gibraltar, Griechenland, Indonesien, Irak, Irland, Island, Israel, Jamaika, Jordanien, Kenia, Kuwait, Luxemburg, Vereinigte Arabische Emirate und Zypern signalisierten, daß Informationen über Geldtransfers ausländischen Behörden von Polizei, Zoll und Justiz generell *nicht zugänglich* gemacht werden können. Im Falle von Katar, Malta und Portugal war das nur über Interpol möglich, bei den Niederlanden, den Niederländischen Antillen, bei Österreich, Pakistan, Peru und den Philippinen nur mit Einwilligung des Einzahlers, bei Schweden und Senegal nur zu statistischen Zwecken, im Falle von Sri Lanka, Südkorea, Tansania, Uganda und Uruguay nur bei einem entsprechenden zweiseitigen Abkommen.

Brasilien, Mexiko, Kolumbien, Ekuador und die meisten übrigen lateinamerikanischen Staaten hatten nicht geantwortet.

Unterstützung und Hilfe boten Anguilla, Aruba, Britische Jungferninseln, Gibraltar, Liechtenstein, Montserrat und die Schweiz an. Aufschlußreich ist auch folgende Tabelle:

Bahamas	175 900 Einwohner	382 Banken
Caymanninseln	25 000 Einwohner	530 Banken
Kanalinseln	24 900 Einwohner	530 Banken
Luxemburg	378 400 Einwohner	143 Banken
Turks und Caicosinseln	30 000 verarmte Einwohner	6 276 eingetragene Firmen

Wie die Tabelle belegt, steht in einigen Staaten die Zahl der Banken in keinem Verhältnis zur Einwohnerzahl. Dies in Rechnung gestellt, kann keinem Bürger verübelt werden, wenn er einen üblen Filz von Wirtschaft, Politik und Verbrechen vermutet. Man muß befürchten, daß unter diesen Umständen selbst der endlich erreichte Aufbau von Europol nur wenig weiterhilft, weil auch diese internationale Dienststelle als polizeiliche Einrichtung gilt, der die Banken weder Auskünfte schulden noch erteilen.

Nicht viel besser steht es um die Ausgestaltung der *justiziellen Rechtshilfe*. Die grenzüberschreitende Rechtshilfe in Strafsachen innerhalb der EU beruht nach wie vor auf der über 40 Jahre alten Konvention des Europarates (1959). Daneben gibt es eine Vielzahl von bilateralen Abmachungen. So bemühte sich die Bundesregierung um Übereinkünfte mit den Verantwortlichen in den heutigen GUS-Staaten, nachdem sich herausstellte, daß die BRD zu einer Art Drehscheibe für kriminelle Aktivitäten der russischen Mafia zu werden drohte.

Zur Verbesserung der grenzüberschreitenden Zusammenarbeit bei der OK-Bekämpfung schloß die Bundesrepublik Mitte der 90er Jahre Abkommen mit Kasachstan, Lettland, Polen, der Ukraine und Weißrußland. Die Behörden zeigten guten Willen, die untergeordneten Stellen reagierten aber selten auf Anfragen oder Ersuchen oder kooperierten teilweise sogar mit den Verdächtigen.

1997 gab es auf deutsche Initiativen hin den Versuch, zumindest in der Europäischen Union zu einer verbesserten (beschleunigten) Zusammenarbeit zu gelangen. Das blieb ohne Ergebnis. Auch bei neuerlichen Versuchen 1998 konnten zunächst keine Fortschritte erzielt werden.

Diese Schwierigkeiten bestehen, weil kein Staat auf diesem Gebiet auch nur kleine Teile seiner Souveränität abgeben möchte und deshalb eine Anpassung der divergierenden Rechtsbestimmungen verweigert. Das gilt z. B. für so wichtige Maßnahmen wie Festnahme und Auslieferung, aber auch für Ermittlungsschritte wie die Telefonüberwachung.

Im Vergleich zum Ausmaß der weltweit organisierten Drogenkriminalität und den zurückhaltenden Reaktionen vieler Staaten beim Aufspüren der Narkotika-Dollar erscheinen die nicht abreißenden Diskussionen um die Freigabe von weichen Drogen, die Abgabe von

Heroin an schwer Suchtabhängige, die Einrichtung von Kiffer-Cafés, die Methadon-Programme für einige hundert Abhängige in der Bundesrepublik und die noch geringere Zahl von Entgiftungs- und Therapieplätzen als verhältnismäßig begrenzte sozialpolitische Reaktionen. Als noch unbefriedigender muß die Situation der zuständigen Ermittlungsorgane charakterisiert werden, die mit unzureichender Ausrüstung und in geringer Personalstärke zahlreiche gut organisierte Gruppen und unzählige Kleindealer aufspüren sollen.

Millionen Kiffer und Raver, 100 000 Kokser und 150 000 Heroinabhängige warten auf den Stoff, wobei sie durch den Konsum und die extreme körperliche Abhängigkeit zu einer schweigenden Abwehrgemeinschaft miteinander verbunden sind.

Demgegenüber sollen alles in allem 1 500 Spezialermittler in Deutschland dafür sorgen, daß der Stoff die Süchtigen nicht erreicht, daß die Schweigegemeinschaft aufgebrochen wird und daß Hintermänner und Großverdiener endlich gefaßt und verurteilt werden können. Bisher scheint es aber bei einem unzureichenden Versuch mit untauglichen Mitteln zu bleiben.

Prostitution, Frauenhandel, Schleuserkriminalität

Ein ebenso attraktiver »Erwerbszweig« ist das Geschäft mit der Prostitution. Der damit verbundene Frauenhandel und die integrierte Schleuserkriminalität haben sich zu einem Bereich der international organisierten Kriminalität entwickelt. Dieser moderne Sklavenhandel floriert – vielleicht sogar in besonderer Weise – auch in der Bundesrepublik. Die Täter machen inzwischen Milliardengewinne und haben eine weltweit funktionierende Organisation installiert.

Die Opfer der Schlepperbanden erliegen der Verlockung durch materielle Not und durch Perspektivlosigkeit in ihrer Heimat und glauben, was sie glauben möchten. Sie fallen Werbern, die Arbeit im Westen versprechen, oder auch »Heiratsvermittlern« in die Hände, die Hoffnungen auf ein sorgenfreies Leben im goldenen Westen erwecken. Vielfach kassieren die scheinbar seriösen Arbeits- oder Heiratsvermittler an der Grenze den Paß mit der Begründung, Formalitäten erledigen zu müssen. Auf diese Weise begeben sich die Opfer in eine gefährliche Abhängigkeit. Das gilt in besonderem Maße für Frauen, die mit allen Mitteln zur Prostitution gezwungen werden. Vergewaltigungen und Prügel sind an der Tagesordnung. Da sich die Betroffenen in ihrer »neuen Heimat« nicht auskennen und meist keine Aufenthaltsgenehmigung besitzen, fürchten sie in der Regel generell die Polizei. Außerdem haben sie kaum Möglichkeiten, ihren Sklavenstatus verständlich darzustellen, weil ihnen oft ausreichende Sprachkenntnisse fehlen. Sie geraten faktisch in eine absolut hilflose Lage.

Schwerpunktorte der Zwangsprostitution sind Berlin und Hamburg. Der Leiter des LKA Berlin zeigte Ende 1997 einige kriminelle Strukturen auf, die im Bereich der Organisierten Kriminalität im Zusammenhang mit der Prostitution entstehen und die zwangsläufig in das legale Wirtschaftsleben hineinwuchern:

Heute leben rund 20 000 Russen legal in der deutschen Hauptstadt. Einige Hundert gehören kriminellen Banden an, die teilweise aus Moskau oder St. Petersburg gesteuert werden. Dazu kommen zahlreiche illegal eingereiste Landsleute, die eine gutorganisierte Infrastruktur nutzen können.

Die Banden kontrollieren etwa 350 Unternehmen in Berlin – darunter viele Spielotheken zum Tausch von Schwarzgeld. Die Spielhallen-Branche ist bereits zu 85 Prozent in russischer Hand. Aber auch Reisebüros, Import- und Exportläden und vor allem Management-Schulen gehören zum Geflecht der russischen Gangster. Diese Institute fungieren als Anlaufstellen für den personellen Nachschub aus der Heimat. Wer eingeladen wird, etwa für eine »Fortbildung im Erlernen der Marktwirtschaft«, bekommt mit leichter Hand ein Touristenvisum.

Die Umsätze dieser kriminellen Gruppen sind enorm. Mit diesen Gewinnen machen sich immer mehr russische Kriminelle selbständig, investieren in auskömmliche Bordellbetriebe oder Handelsfirmen in ganz Deutschland. In Berlin, Rostock, Magdeburg, Leipzig und Dresden dominieren russische Banden die örtliche Unterwelt, auch in Hannover und Nürnberg mischen sie bereits im Rotlichtmilieu kräftig mit.

(Der Stern, Nr. 43/1997, S. 38)

Zur Situation der Prostituierten nahm der damalige Hamburger Innensenator Hartmut Wrocklage im Mai 1997 mit gebotener Offenheit Stellung:

Die derzeitige Lage in Hamburg erweist sich als Seismograph für andere Metropolen Europas (etwa Frankfurt a. M. oder Amsterdam). Nach polizeilichen Schätzungen sind von den insgesamt rund 6 000 hier als Prostituierte tätigen Frauen ein Drittel Ausländerinnen. Vermutlich stammen 60 Prozent aus Osteuropa (mit steigender Tendenz), jeweils 20 Prozent aus Süd- und Mittelamerika sowie aus Asien und anderen Ländern.

Es gibt etwa 750 polizeilich bekannte Model-Wohnungen, in denen etwa 2 000 Prostituierte »anschaffen«. Monatlich erwirtschaften diese Frauen etwa 25 Millionen Mark. Davon dürfen einige etwa 25 Prozent für sich behalten. Die meisten müssen allerdings ihre gesamten Einnahmen abliefern. Wie auch immer, allein aus dieser Quelle fließen den Zuhältern und Hintermännern allein in unserer Stadt monatlich etwa 20 Millionen Mark Gewinn zu.

Darauf wollen die Zuhälter und Hintermänner nicht verzichten. Sie unternehmen alles, um die Frauen »in Arbeit« zu halten. Wenn Überredung nicht hinreicht, muß Gewalt die Arbeitsbereitschaft fördern.

Da dies die Frauen wissen, wagen sie kaum einmal Widerstand oder Flucht. Nur wenige Frauen sind bereit, Anzeigen zu erstatten oder gar als Zeugen gegen ihre Erpresser auszusagen. Sie werden durchweg von ihren Zuhältern (Vermittlern, Vermietern usw.) in Angst und Schrecken versetzt und zusätzlich mit Repressionen gegen ihre Familie zu Hause bedroht.

Für »Frischfleisch-Nachschub« aus dem ehemaligen Ostblock sorgen die ebenfalls von Gangstern dominierten Modelagenturen in Moskau, St. Petersburg und Jekaterinenburg. Sie beliefern große und kleine Bordelle oder sogenannte Clubs mit Bar und Sauna.

(Der Spiegel, Nr. 47/1997, S. 142 ff.)

Solche »Gesellschaftseinrichtungen« müssen in keiner Stadt mangelnde Nachfrage befürchten. Die legal arbeitenden und steuerzahlenden Klubs und Begleitagenturen erfreuen sich im Gegenteil steigender Beliebtheit. Es gehört beinahe zur üblichen Kundenbetreuung von Unternehmen zu Messezeiten, diese für tüchtige Mitarbeiter oder Geschäftsfreunde für mehrere Tage exklusiv zu buchen. Die Unkosten lassen sich womöglich als Ausgaben für »Speisen und Getränke« geltend machen.

Die organisiert handelnden Täter »betreuen« inzwischen auch weitgehend die als Solistinnen oder in kleinen Verbänden arbeitenden Prostituierten, die oftmals über angemietete Wohnungen verfügen. In Deutschland gibt es Firmen, die zwei bis drei, manche aber auch zweihundert bis dreihundert teure Wohnungen anmieten. Diese besetzen sie mit zwei bis sieben Frauen, deren Liebesdienste sie das ganze Jahr über in Inseraten von Tageszeitungen anbieten.

Die Einnahmen gehen wiederum zu 70 oder 80 Prozent an die Hintermänner, während die Vermieter durch die hohen Mieteinnahmen an dem illegalen Geschäft teilhaben. Derartige »Betreuungsfirmen« betreiben einen Rundumservice. Sie gründen Reisebüros, Agenturen, Partnervermittlungen und ähnliche Auffangstationen oder beteiligen sich an ihnen. Ferner sorgen sie für Werbung, für die Beschaffung von Pässen und von (echten oder gefälschten) Visa und fordern von ihren Mitarbeitern Gebühren für solche Leistungen. In manchen Fällen bemühen sie sich um die Schließung von Scheinehen, um den Aufenthalt ihrer »Mitarbeiterinnen« zu legalisieren.

Die große Anzahl entsprechender Anzeigen in den Tageszeitungen belegt, daß es sich insgesamt um ein einträgliches und verhältnismäßig risikoloses Geschäft handelt. Die Sicherheitsbehörden können den mit den Anzeigen verbundenen Hinweisen nicht nachgehen oder höchstens die unmittelbar betroffenen Frauen, die selbst Opfer sind, aus dem Verkehr ziehen. Für die polizeilichen Ermittlungsbeamten ist das eine äußerst frustrierende Situation.

Vom 4. bis 8. August 1997 trafen sich in Wiesbaden Polizeibeamtinnen und Polizeibeamte, um über Maßnahmen gegen den internationalen Menschenhandel, über rechtliche Rahmenbedingungen und die Möglichkeiten der Polizei sowie die Situation der Opfer zu beraten. Einhellig beklagten sie die unzureichenden Gegebenheiten, um die erzwungene Prostitution (z. B. im Rahmen des § 180 b StGB) zu verfolgen. Die darin enthaltene Rechtsbestimmung erfordert zur Realisierung der Strafbarkeit eine Reihe von objektiven und subjektiven Voraussetzungen, die schwerlich, meist gar nicht nachgewiesen werden können. So wird »Einwirken« als nachhaltige, hartnäckige, wiederholte Beeinflussung bestimmt und von der »unausweichlichen Zwangslage des Opfers« gesprochen.

Hinsichtlich der subjektiven Merkmale beim Täter verlangt die gesetzliche Beweispflicht den bedingten Vorsatz, das nachweisbare Motiv der Bereicherung und die Absicht, das Opfer zur Prostitution zu zwingen.

Auch das erweist sich in der Praxis als kaum nachweisbar, da es regelmäßig an Sachbeweisen fehlt. Nur die Aussagen von Tätern und Opfern könnten weiterhelfen. Beim Opfer steht dem aber die drohende Ausweisung entgegen, falls es die illegale Erwerbstätigkeit in Form der Prostitution zugibt oder als Zwang geltend macht. Ob die »befreiten Frauen« aus Angst vor der Abschiebung nicht aussagen oder schleunigst freiwillig ausreisen, sie fallen so oder so als Belastungszeuginnen vor Gericht aus.

Die Polizei drängt zwar darauf, den beschuldigten Frauen eine Aufenthaltsduldung zuzugestehen, wenn sie gegen ihre Peiniger aussagen, konnte aber in dieser Hinsicht bisher keine besonderen Fortschritte erzielen.

Ein teilweise gleichgelagertes Problem stellt die massenhaft betriebene Einschleusung und Vermittlung männlicher Ausländer in die Bundesrepublik für den Arbeitsmarkt der Schattenwirtschaft dar.

In Deutschland können bekanntlich alle Bewohner der EU-Staaten legal arbeiten (freie Wahl des Arbeitsplatzes), wovon auch viele Interessenten aus den ärmeren Mitgliedsstaaten berechtigt Gebrauch machen.

Gleichzeitig strömen aber auch zahlreiche Menschen aus dem gesamten früheren Ostblock und aus Nordafrika nach Deutschland und Europa. Jürgen Storbeck, Chef der Europol-Dienststelle in Den Haag, schätzte die Zahl der illegal in die EU-Staaten einwandernden Personen jährlich auf etwa 300 000. Es ist unstrittig, daß der Drang, in die reichen Industriestaaten zu gelangen, nicht nachlassen wird. Eine Nachfrage der EU-Kommission in 18 Staaten Mittel- und Osteuropas ergab 1996, daß 20 Millionen Menschen nach Westeuropa überwechseln möchten. Die hohe Zahl dieser Arbeitsuchenden führt zwangsläufig zu einem Überangebot von Bewerbern für einfache Arbeiten.

Das nutzen »clevere« Arbeitgeber aus, indem sie solche Personen zu Dumpinglöhnen beschäftigen und die Sozialbeiträge einsparen.

Aus diesen und vielen anderen Gründen müssen die Behörden in Deutschland den Versuch unternehmen, den unkontrollierten Zuzug solcher Personen zu unterbinden. Dazu werden bereits die östlichen Grenzen und die Flughäfen als Zielpunkte für eine unerlaubte Einreise stärker kontrolliert. Je effektiver die Abwehrmaßnahmen sind, desto zahlreicher suchen illegale Zuwanderer Hilfe bei professionellen Schleusern. Darauf reagierte die Organisierte Kriminalität sofort und baute spezielle Netzwerke für die illegale Einschleusung und Beschäftigung auf. Die Schleuser kassieren für Antransport und eventuelle Ausstattung mit Falschpapieren erhebliche Prämien. Allein die Transporte bis an die deutschen Grenzen oder wenige Meter ins Landesinnere erbrachten den »Reiseveranstaltern« 1996 nach Informationen von Jürgen Storbeck zwischen 7 bis 9 Milliarden DM Profit. Die Zahlung der enormen Schleusungskosten bringt die illegalen Einwanderer oft in eine knebelnde finanzielle Abhängigkeit, die sie zur Annahme von illegalen Arbeitsaufträgen zwingt.

Insbesondere der Baubereich ist ein bevorzugtes Tätigkeitsfeld der Organisierten Kriminalität. An der Einschleusung, Vermittlung, am Verleih und an der Ausbeutung illegaler Arbeitnehmer ist ein tiefgestaffeltes System von »Unternehmern« und »Subunternehmern« beteiligt. Die Firmenaufsplitterung erfolgt, um die wirklichen Eigentums- und Einnahmegegebenheiten zu verschleiern und um die wenigen Hintermänner zu tarnen.

Im März 1997 wurden von der Bundesanstalt für Arbeit in Verbindung mit Hauptzollämtern bei einer bundesweiten Aktion 18 000 Arbeitnehmer auf Großbaustellen überprüft. Zu den ausgewählten Objekten gehörten auch die Parlamentsbauten in Berlin und Neubauten von Polizeibehörden und Arbeitsämtern.

Dabei ergab sich, daß die Arbeitnehmer bei 4 650 Arbeitgebern beschäftigt waren, d. h. nur vier Personen pro Firma. Über 20 Prozent besaßen keine Arbeitserlaubnis, und 33 Prozent konnten keinen Sozialversicherungsschein vorweisen.

In der Bundesrepublik gibt es 1,3 Millionen deutsche Bauarbeiter, davon sind durchschnittlich 250 000 arbeitslos. Gleichzeitig arbeiten legal 150 000 Bauarbeiter aus EU-Staaten und zusätzlich rund 400 000 illegal beschäftigte Ausländer. Sie stammen aus Polen und der Ukraine, aus Litauen, Lettland, aus den GUS-Staaten, aber auch aus Marokko und Uganda usw. Sie stehen stets unter den verschiedensten Strafandrohungen: fehlende Arbeits- oder Aufenthaltserlaubnis, Urkundenfälschung, mittelbare Urkundenfälschung, Beitragsbetrug, Steuerhinterziehung, Verletzung von Arbeits- und Gesundheitsschutzbestimmungen und anderes mehr. Kommen rechtliche Konsequenzen zur Anwendung, betreffen diese nur sie oder die sogenannten Kapos, während die Profiteure im Hintergrund bleiben und weiter abkassieren.

Insofern muß man leider feststellen, daß die staatlichen Abwehrmaßnahmen, die überwiegend von nichtpolizeilichen Behörden getragen werden, nicht greifen.

1996 nahm die Bundesanstalt für Arbeit 147 000 Außenprüfungen vor und überprüfte ferner fast 500 000 Personen sowie 1,1 Millionen Lohn- und Meldeunterlagen. Das führte zur Einleitung von fast 100 000 Ermittlungsverfahren, die mit einigen Freiheitsstrafen endeten, ohne jedoch besonderes Aufsehen zu erregen. Die meisten Verfahren aber wurden eingestellt oder führten zu moderaten Geldstrafen, die immer nur einen Bruchteil der erzielten Gewinne ausmachten.

Fast könnte man sich in diesem Kampf wie Don Quichotte fühlen: ein Kampf gegen Windmühlenflügel, der viel Zeit und wertvolle Arbeitskräfte kostet. Das Ergebnis bleibt unverändert: Den kriminellen Auftraggebern und auch zahlreichen Bauunternehmern ist nahezu jedes Unrechtsbewußtsein abhanden gekommen. Die Rechtspflegeeinrichtungen tragen an dieser Entwicklung eine nicht geringe Mitschuld.

Auf seiten der OK-Täter ist ein Management in Gang gekommen, das weltweit funktioniert, über eigene Transporteinrichtungen und Vermittlungsagenturen verfügt und sich von legalen wirtschaftlichen Unternehmen nur noch durch die überhöhten illegalen und steuerverkürzten Einnahmen unterscheidet. Die Zeche zahlen die arbeitslosen deutschen Bauarbeiter und die Steuerzahler durch ihre Beiträge in die Sozialkassen. Da es an Mitteln und Möglichkeiten fehlt, sind nur ganz wenige Versuche bekannt, in die oberen Etagen des illegalen Geflechts einzudringen, um so das strafbare Treiben im Kern zu treffen.

Um in der Verfolgung dieser Formen der Organisierten Kriminalität voranzukommen, muß man die Informationen aller staatlichen Behörden zusammenführen, was u. a. aus Gründen des Datenschutzes äußerst schwierig ist. Es fehlt außerdem an Kontrollpersonal und Personal für Anklagen. Schließlich wären entschiedenere Reaktionen der Rechtsprechung bei erkanntem Fehlverhalten wünschenswert.

Da all dies ungenügend geschieht, nimmt man den Konkurs von 5 000 bis 10 000 seriös arbeitenden Kleinunternehmen jährlich in Kauf.

Das Beispiel »Bau« steht im übrigen nur für gleichartige Verhaltensweisen in Großgärtnereien, Großbäckereien, Großmärkten, Schlachthöfen, Restaurant- und Hotelketten. Selbst private Bauherren können inzwischen ihr Haus von per Inserat angeworbenen polnischen Billigarbeitern hochziehen lassen. Der volkswirtschaftliche Schaden dürfte mit 50 Milliarden DM pro Jahr nicht zu hoch eingeschätzt zu sein.

Im Oktober 1997 folgten die Innenminister der USA, Kanadas, Australiens und der EU-Staaten den Forderungen der Kriminalisten und wissenschaftlichen Sicherheitsberater ihrer Länder und trafen sich zu einer *Internationalen Konferenz zur Eindämmung und Bekämpfung des Menschenhandels.* In den abschließend beschlossenen *55 Empfehlungen von Prag* beklagten sie die ungeregelte Migration und die damit verbundene Organisierte Kriminalität als eine die öffentliche Sicherheit bedrohende Erscheinung. Sie forderten alle Staaten auf, das Schleusen illegaler Einwanderer über Landesgrenzen als schwere Straftat einzustufen und es künftig mit Freiheitsentzug und Vermögensstrafen zu ahnden.

Organisierter Kfz-Diebstahl

Es kann keinem Zweifel unterliegen, daß sich im gesamten Bereich der Bundesrepublik organisierte Diebstahlsbanden mit großem Einsatz betätigen. Die Ermittlungsergebnisse nur einer – kaum beachteten – Aktion im Jahre 1997 helfen, eine Vorstellung von den Praktiken solcher Gruppen zu gewinnen.

Nach zwei Jahre andauernden Nachforschungen konnte eine rheinische Sonderkommission, die von bayerischen und sächsischen Kriminalisten unterstützt wurde, 30 Mitglieder einer deutsch-polnischen Bande festnehmen.

Mitglieder dieser Bande hatten seit 1996 vor allem im Rheinland, im Großraum Hannover sowie in der Region Mannheim/Heidelberg Luxuskarossen im Wert von vielen Millionen DM gestohlen und nach Polen verschoben.

Die Bande ging arbeitsteilig vor und war in verschiedene, voneinander abgeschirmte Arbeitsbereiche gegliedert. Auftrag- und Geldgeber saßen in Danzig und steuerten von dort ihre »Residenten« in Deutschland. Letztere bereiteten die Taten vor, beaufsichtigten die Autodiebe, beauftragten die Fälscher, neue Identitätspapiere für die gestohlenen Wagen herzustellen, und sorgten für den Abtransport der Fahrzeuge durch eigens bestellte Kuriere.

Auf die Spur der Bande waren die Kriminalisten gekommen, nachdem es im Herbst 1996 in und um Köln zu einer Serie von Kfz-Diebstählen gekommen war. Bevorzugte Beute waren Wagen der Marken Toyota, Landcruiser, Chrysler Grand Cherokee, der Mercedes E-Klasse und ähnliche Wertstücke.

Die Ermittlungen führten zum Erfolg, nachdem ein Förster an einem Autobahnparkplatz in der Nähe von Aschaffenburg zwei Mülltüten mit zahlreichen Kennzeichen im Rheinland gestohlener Autos entdeckte. Fingerabdrücke führten die Beamten auf die Spur eines 23jährigen Kölners und seines 18jährigen Freundes aus Bergheim.

Daß die Identität des Jüngeren ermittelt werden konnte, beruhte auf einem Zufall. Seine Fingerabdrücke, die gespeichert worden waren, hätten bei Erreichen der Volljährigkeit nach den geltenden Datenschutzbestimmungen vernichtet werden müssen. Das war zum Glück jedoch nicht rechtzeitig geschehen.

Der ältere Täter wurde bereits verdächtigt, an strafbaren Handlungen beteiligt zu sein. Doch die beantragte Telefonüberwachung scheiterte zunächst am ungenügend konkretisierten Tatverdacht. Um ihre Komplicen zu entlarven, wurde gegen beide verdeckt ermittelt.

Wenig später stieß die Polizei dabei auf einen 23jährigen Basketball-Profi, der über ein ungewöhnlich hohes Einkommen verfügte und der im ganzen Bundesgebiet Garagen als Depots für die gestohlenen Wagen anmietete. In diesen Garagen wurden die gestohlenen Fahrzeuge zwischengelagert und zunächst umfrisiert, dann abgeholt und über die Grenze geschafft. Die beschriebenen Handlungen wurden jeweils von verschiedenen Personengruppen, die sich gegenseitig nie zu Gesicht bekamen, ausgeführt.

In den angemieteten Garagen stellten die Ermittler nach lang anhaltenden Observationen Beweismaterial für mindestens 65 Autodiebstähle fest – sicher nur die Spitze des Eisberges. Allein 20 Wagen wurden in einer stillgelegten Konservenfabrik in der Nähe von Hildesheim entdeckt – offenkundig die Beute aus den letzten Tagen und Wochen. In dem Gebäude stieß die Kripo außerdem auf 15 Motorblöcke und rund 50 Autotüren, Restbestände aus den Frisieraktionen der bandeneigenen Monteure.

Echte Papiere und Fahrzeugnummern hatten wiederum andere Bandenmitglieder durch den Aufkauf von Fahrzeugen mit Totalschäden beschafft, ergänzt durch Anlieferung von Blanko-Formularen und Briefen aus Beständen korrupter Mitarbeiter von Zulassungsstellen.

Erneute Warnungen

Auch angesichts der wenigen Fakten, die im Rahmen dieses Buches über den Stand und die Entwicklung der Organisierten Kriminalität ausgebreitet werden konnten, wird verständlich, warum die Warnungen vor den Gefahren der Organisierten Kriminalität nicht abreißen.

So erklärte Klaus Rohr, FBI-Verbindungsbeamter an der US-Botschaft in Bonn, bei einer Anhörung vor Mitgliedern des Landtages Nordrhein-Westfalen 1993:

Die Organisierte Kriminalität ist eine ansteckende Krankheit, die sich inzwischen über die ganze Welt verbreitet hat. Die Ermittlungsmaßnahmen wie Observation, Einsatz von Verdeckten Ermittlern und Kronzeugen, das sind alles wichtige und auch unverzichtbare Ermittlungsmaßnahmen. Aber die wichtig-

ste und erfolgreichste Ermittlungsmaßnahme zur Bekämpfung der Organisierten Kriminalität ist und bleibt die Elektronische Raumüberwachung.

Fast alle der großen und umfangreichen Strafprozesse gegen die höheren Schichten der La Cosa Nostra, Mafia und anderer OK-Organisationen in Amerika basieren auf abgehörten Gesprächen. Andere Beweismittel, gesammelt durch den Einsatz von Verdeckten Ermittlern, und andere Maßnahmen der beschriebenen Art werden auch verwendet, aber die Basis dieser Strafverfahren ist das durch elektronische Mittel abgehörte Gespräch.

Mit dieser Hilfe wurde der Pate, der God-Father der Gambino-Familie, der größten Cosa-Nostra-Familie in Amerika, zu lebenslanger Haft verurteilt. Der Prozeß gegen Gotti basierte auf elektronisch abgehörten Gesprächen. Die abgehörten Gespräche ermöglichten eine Anklage gegen Gotti und seinen Unterboss Sammy Gravano. Nachdem der Unterboss die Gespräche selber gehört hatte, sagte er als Kronzeuge gegen seinen ehemaligen Boss aus.

Derartigen Überlegungen folgen inzwischen auch führende Politiker. So kündigte US-Präsident Clinton bei seiner Abreise zur Teilnahme am Weltwirtschaftsgipfel im Mai 1998 in Birmingham an:

Das internationale Verbrechen verlangt eine internationale Antwort. Ich will meinen Vorschlag auf dem G 8-Gipfel der sieben führenden Industriestaaten und Rußlands vorstellen.

Erforderlich sind konkrete Schritte gegen Terrorismus, Drogenhandel, illegale Einwanderung und Geldwäsche. Die grenzüberschreitende Zusammenarbeit des Organisierten Verbrechens ist alarmierend und erfordert angepaßte Abwehrmaßnahmen.

In diesem Sinne stellten dann auch die Teilnehmer am G 8-Gipfel am 15. Mai 1998 fest:

Die Mitgliedsstaaten wollen ihre Arbeitsmärkte aktivieren, gegen soziale Ausgrenzung vorgehen und alle Bemühungen unternehmen, das internationale Verbrechen und den Drogenhandel einzudämmen.

Konkretere Überlegungen, was notwendig ist, um die allgemeine Aufgabenstellung der G 8-Staaten zu realisieren, unterbreitet Leoluca Orlando, der hochgeachtete ehemalige Bürgermeister von Palermo, Gründer der Partei »La Rete« (Das Netz) und erbitterter Gegner der Mafia:

Der größte Verbündete zur Verbreitung der Organisierten Kriminalität ist die Verschleierung und das öffentliche Schweigen. Wenn eine Gesellschaft nicht über die Gefahren spricht, dann ist dies eine formale Einladung an die OK, selbst wenn sie irgendwo noch nicht Fuß gefaßt hat.

Es sind dann zwei trojanische Pferde, die die Mafia benutzt, um den Fuß in die Tür zu bekommen: Das ist die Korruption, oft verbunden mit Bestechungsgeld. Durch Korruption kommt die Mafia in öffentliche Verwaltungen, die beim ersten Ansehen weit, oft sehr weit vom Verdacht der Bestechlichkeit entfernt scheinen.

Ein zweites trojanisches Pferd ist die Erpressung. Am Anfang steht die Gewalt, die, in Angst umgemünzt, zur Unterwerfung ganzer Berufsgruppen oder Territorien führen kann. Das spätere Ausbleiben der Gewalt beweist nur den Erfolg der Erstmaßnahmen.

Schließlich kommt als begünstigender Aspekt die Internationalisierung vieler Lebensbereiche hinzu. Wir haben eine international verflochtene Wirtschaft mit international aufeinander einwirkenden Märkten. Wir haben ein international verflochtenes Finanzsystem, über Leitungen und drahtlos in Minuten und Sekundenschnelle miteinander korrespondierend.

Wir haben eine international verflochtene Kriminalität, die alle global angelegten Techniken und Verflechtungen nahezu ungehindert nutzen kann und nutzt.

Was fehlt, ist eine gleichermaßen international verflochtene Kriminalitäts-Abwehr; es gibt nicht einmal ein europäisches Gleichheitsniveau, wenn man den Blick auf die ehemaligen Oststaaten richtet. Alle Umstände sprechen für eine weltweite Kooperation aller legalen Institutionen, eine von den Menschenrechten her ethisch begründete und dennoch utopische Forderung. Aber wenn normale Forderungen utopisch erscheinen, dann signalisiert dies, wie tief die Krise der Sicherheit wirklich ist.

Wenn aber erst die internationale Wirtschaft von einer internationalen Kriminalität kontrolliert wird, ist der Umschlag in politische Macht nicht mehr weit, und das wäre dann nicht mehr utopisch, aber auch nicht mehr korrigierbar.

Falls der Leser Gefahr läuft, Orlandos Darstellung zu unterschätzen, weil sie von einem Sizilianer stammt, soll diese durch einen Auszug aus dem Jahresbericht der Schweizer Bundespolizei von 1997 ergänzt werden:

Anhand der vorliegenden Informationen muß angenommen werden, daß praktisch alle transnational tätigen kriminellen Organisationen in der Schweiz vertreten sind. Die »Niederlassungen« sind als Finanzinstitute, Dienstleistungsunternehmen u. ä. getarnt. Deren Sitz dient oft nur zur Tarnung und Legalisierung. Weil diese OK-Filialen sich durch anwaltliche Beratung bemühen, gesetzeskonform zu wirken, kommt es selten zu erkennbaren Regelverstößen und konkreten Ermittlungsansätzen.

Der Schweizer Justizminister Arnold Koller nahm diesen sowie andere Berichte zum Anlaß, konkretere Warnungen auszusprechen:

Als einen wichtigen Gefahrenbereich müssen wir für unser Land mit seiner geographisch besonderen Stellung in der Mitte Europas und mit dem traditionell attraktiven Finanzplatz die absehbaren Entwicklungen der Organisierten Kriminalität einschätzen, namentlich die Gefährdungen des Wirtschafts- und Finanzplatzes.

Eine solche Bedrohung setzt die Bürger der Schweiz einer Gefahr aus, die wir nicht hinnehmen dürfen. Das macht verstärkte präventive Maßnahmen unverzichtbar.

(Sicherheits-Magazin, Nr. 1/1998 »Lagebild Schweiz«, S. 15 ff.)

Diese Darstellung und Einschätzungen werden von deutschen Kriminalisten geteilt. Eine wirkliche Chance zur Bekämpfung bieten nur der Zugriff auf die illegal erlangten Gewinne, die Erkundung der Finanzströme über V-Leute, der Einsatz von Lauschmitteln und die Gewinnung von aussagewilligen Zeugen.

Zur Verbesserung der Ermittlungschancen ist u. a. folgendes erforderlich: Verbesserung der Informationbeschaffung, -bewertung und -verwertung; Gestaltung der Organisation für grenzüberschreitende Maßnahmen; angepaßte rechtliche Fahndungsmöglichkeiten für die Justiz und situationsangepaßte Verfolgungsmöglichkeiten für die Polizei. Nur so können die Fahnder ihrem Diensteid, Schaden von den Bürgern abzuwenden, besser gerecht werden.

Für die Realisierung dieser Forderungen sind über die Jahre immer wieder einzelne Kriminalisten im Verein mit Staatsanwälten, Wissenschaftlern und Journalisten eingetreten. Aber anstelle eines herausragenden Vertreters hat sich im Deutschland der Nachkriegszeit die Gemeinschaft der AG Kripo als wirksamster Interessenvertreter für alle Bürger erwiesen.

Ein Aktionsprogramm zur Bekämpfung der Organisierten Kriminalität

Um die gegen die Organisierte Kriminalität gerichteten Strafgesetze auch anwenden zu können, bedarf es weitergehender Ermittlungsmöglichkeiten im Prozeß- und Polizeirecht, wie dies Kriminalisten und Staatsanwälte bereits lange Zeit nachdrücklich gefordert hatten.

Noch im März 1995 lehnte der Bundesrat die Neufassung des BKA-Gesetzes, mit dem die OK-Bekämpfung bei diesem Amt konzentriert werden sollte, ab. Erst nach mehreren Anläufen und zwei weiteren Jahren langwieriger Beratungen verabschiedeten die Parlamentarier das neue BKA-Gesetz und setzten es am 1. August 1997 in Kraft. Endlich hatte das Amt einen verbindlichen Rechtsrahmen für die zentrale Sammlung und Speicherung von Informationen. Ferner wurden den BKA-Mitarbeitern originäre Zuständigkeiten zugebilligt für:

- die Bekämpfung von international organisierten terroristischen Vereinigungen;
- die Bearbeitung von im Ausland begangenen Tötungsdelikten und Straftaten gegen die persönliche Freiheit;
- Maßnahmen des Zeugenschutzes in den von ihnen bearbeiteten Verfahren.

Ferner wurde den Mitarbeitern zur Eigensicherung das Recht eingeräumt, als Verdeckte Ermittler technische Mittel mitzuführen.

Nicht ganz zufällig verabschiedete etwa zur gleichen Zeit die Innenministerkonferenz am 6. Juni 1997 das *Aktionsprogramm zur Bekämpfung der Organisierten Kriminalität.* Der darin enthaltene Maßnahmenkatalog für Bund und Länder wurde bei einer weiteren Sitzung der Innenministerkonferenz am 8./9. Mai 1998 auf Vollzug überprüft. Dabei erwies sich, daß sich die bestehenden Aktivitäten einzelner Länder und des Bundes verstärkt und im Standard vereinheitlicht hatten. Die angestrebten Handlungsschwerpunkte waren (und sind weiterhin):

- Qualifizierte Informations- und Kommunikationssteuerung durch InPol - neu 1999 (InPol - neu 1999 bedeutet Informationssystem der Polizei in der Neufassung von 1999);
- Verbesserung der Möglichkeiten, Verbrechensgewinne abzuschöpfen;
- Aus- und Fortbildung zur Früherkennung bei allen staatlichen Verwaltungen;
- Nutzung privatrechtlicher Erkenntnisse aus dem Finanzbereich;
- Austausch der ressortübergreifenden Zusammenarbeit zur Bekämpfung von Rauschgift-Delikten, Menschenhandel, Schleusungen, Wirtschaftskriminalität, organisierter Umwelt-Kriminalität;
- Ausbau der internationalen Kooperation;
- Rechtshilfe für internationale Ermittlungsgruppen;
- Einsatz von international tätigen Verdeckten Ermittlern und Anwerbung von Vertrauenspersonen;
- Ausbau von Europol;
- EU-Harmonisierung von Straf- und Verfahrensrecht;
- Verbesserung in Personal- und Sachausstattung;
- Jährliche Erfolgskontrolle der geplanten und vollzogenen Maßnahmen.

Der Katalog ist beeindruckend und umfassend. Aber er muß im realen Leben Anwendung finden, wozu es weiterhin beharrlicher Anstrengungen bedarf.

Da die Organisierte Kriminalität sich ständig an neue Bedingungen anpaßt, ist auch der Staat mit seinen Organen gefordert, darauf im Interesse der Bürger stets konsequent und flexibel zu reagieren.

Teil II

Der Genetische Fingerabdruck – Die Jahrhundert-Entdeckung

Der Fall Colin Pitchfork (England)

Das Dorf Narborough liegt neun Kilometer südwestlich von Leicester und grenzt an die etwas größere Ortschaft Enderby. Das Dorf Littlethorpe liegt am anderen Ufer eines Flusses, zehn Fuß-Minuten von der Station Road entfernt, gleich hinter dem winzigen Bahnhof von Narborough, alles typische Ortschaften in den englischen Midlands.

Alle drei Dörfer, die man seit je her als Einheit betrachtete, haben zusammen etwa 12 000 Einwohner, die Patienten im Carlton Hayes Hospital nicht mit gerechnet. Ein Streifen Weideland dieser Psychiatrischen Anstalt trennt Narborough und Enderby und ist von zwei Fußwegen begrenzt: im Osten vom Ten Pound Lane und im Westen vom Black Pad. In der nahe gelegenen Stadt Leicester, dem Industriezentrum des Gebietes, wohnen 300 000 Einwohner mit einem großen Anteil von Asiaten und Malaien.

Für den ganzen Bereich ist die Leicestershire Constabulary zuständig, eine Polizeitruppe mit über 1 700 Beamten.

In Narborough lebte Kathleen Mann mit ihren beiden Töchtern, zunächst allein, dann lernte die geschiedene Frau Eddie Eastwood kennen, der im Juli 1980 bei ihr einzog. Tochter Susan war zu diesem Zeitpunkt 14 und ihre Schwester Lynda 12 Jahre alt.

Das Paar heiratete und bezog mit den Kindern ein Reihenhaus neben dem Carlton Hayes Hospital, am Fußweg Black Pad. Die Kinder behielten den Vatersnamen Mann. Die Eltern hatten keine besonderen Schwierigkeiten mit der Erziehung ihrer Töchter. Susan war eher schüchtern und blieb gerne zu Hause. Lynda dagegen war unternehmungslustig, hübsch, sprachlich sehr begabt, und schon mit 15 nahm sie sich vor, später einmal große Reisen zu machen. So gingen drei Jahre ohne besondere Ereignisse ins Land.

Am Montag, dem 21. November 1983, kündigte der Wetterbericht einen besonders kalten Tag an. Deshalb trug Lynda viele Wollsachen, eine Strumpfhose und Blue Jeans, als sie gegen 19 Uhr noch einmal das elterliche Haus verließ. Sie sah ein wenig unförmig aus. Nichts ließ ihre gut gewachsene Figur und ihr hübsches Gesicht für einen flüchtigen Beobachter erkennen.

Das Mädchen wollte bei ihrer Freundin Karen einen kleinen Betrag für eine Jacke bezahlen, die deren Mutter mit einem Rabatt bei einem Versandhaus bestellen konnte.

Ihre Mutter verabschiedete Lynda mit den Worten: »Komm dann gleich nach Hause.« Sie machte sich wenig Sorge. Das Mädchen hatte zwar in der Schul-Disko von Lutterworth einen Jungen kennengelernt, und sie konnte noch nicht beurteilen, welcher Art diese neue Verbindung war. Doch im großen und ganzen vertraute die Mutter ihr, Lynda rauchte und trank nicht und hatte auch keine sexuellen Kontakte.

Lynda hielt sich nur kurze Zeit bei Karen auf. Schon gegen 19.30 Uhr machte sie sich wieder auf den Weg. »Ich will nur noch zu Caroline und eine Schallplatte abholen, die ich ihr geliehen habe.«

Caroline wohnte in Enderby, etwa 15 Minuten entfernt, auf der Forest Road, in der Nähe des Fußweges Black Pad. Auf dem Weg dorthin erreichte sie wenig später den Trampelpfad am Weideland hinter der Psychiatrischen Klinik. Dieser Pfad mündet in den wenig begangenen Black Pad.

Als Lynda das Eisentor zum Hospital-Park erreicht hatte, bemerkte sie dort eine Gestalt. Ein Mann stand regungslos im Licht einer Laterne und schaute das näher kommende Mädchen an. An diesem Einfahrtstor warnte ein Schild die Autofahrer: *Schritt fahren – Dead Danger.*

Lynda kam nicht bei Caroline an, und auch ihre Eltern warteten vergebens auf ihre Rückkehr. Es wurde Nacht, und das Mädchen blieb immer noch aus.

Stiefvater Eddie machte sich um zwei Uhr nachts auf, um Lynda zu suchen. Er fuhr alle Wege ab, aber er fand das Mädchen nicht.

Bei der Suche kam er auch an dem eineinhalb Meter hohen schmiedeeisernen Zaun vorüber, der den Black Pad vom Grundstück des Krankenhauses trennt. Er kam keine Sekunde auf den Gedanken, auch auf der anderen Seite des Zaunes nachzusehen.

Später meldete er das Verschwinden seiner Stieftochter telefonisch im Polizeirevier. Der wachhabende Polizist vertröstete ihn auf den kommenden Morgen. Doch Lynda blieb aus.

Am Morgen des 22. November 1983 befuhr ein Krankenpfleger den Black Pad.

Um 7.20 Uhr warf er einen Blick durch den Eisenzaun auf das dahinter liegende Parkgelände. Bei einer Baumgruppe glaubte er eine Schaufensterpuppe liegen zu sehen. Ganz sicher war er sich aber nicht. Doch seine Neugier war geweckt. Mit einem zweiten Pfleger lief er zum Eisentor, das zu ihrem Erstaunen weit offenstand.

Inmitten der Sträucher und Bäume fanden sie ein totes Mädchen, von der Taille abwärts nackt. Jeans, Strumpfhose, Slip und Schuhe lagen zusammengerollt etwa vier Meter entfernt. Die Jacke steckte als Stütze unter dem Kopf.

Die Beine der Toten waren gerade ausgestreckt, der Kopf nach rechts abgewandt. Ein Schal war um den Hals geschlungen und hinten verknotet, und ein etwa ein Meter langes Holzstück lag unter ihrem rechten Bein. Sie hatte Blutergüsse am Kinn, unter der Nase haftete ein Klumpen getrocknetes Blut.

Durch den starken Nachtfrost war ihr Körper starr und steif, weiß wie Porzellan und sah aus wie eine Schaufensterpuppe.

Eddie Eastwood erfuhr auf seiner Arbeitsstelle von dem Leichenfund. Er fuhr sofort zum Black Pad, von bösen Ahnungen geplagt, währenddessen uniformierte Polizisten bereits von Tür zu Tür gingen und nach einem vermißten Mädchen fragten.

Bobbies und Zivilpolizisten wehrten alle Zuschauer ab. Auch Eddie durfte nicht zum Fundort. Ein Polizist sagte zu ihm: »Gehen Sie nach Hause. Wir melden uns bei Ihnen.«

So erfuhr Kathleen Mann, Lyndas Mutter, vom wahrscheinlichen Tod ihrer Tochter.

Wenig später stand fest, die Tote war Lynda Mann.

Das blieb nicht die einzige Ermittlungshemmung auf dem langwierigen Weg zur Aufklärung dieses Sexualmordes.

Die Polizei von Leicestershire erfuhr durchschnittlich einmal im Jahr von einem Mord oder Totschlag in ihrem Bereich. Meist erwies sich die Tat als ein Familiendrama und bot bei der Bearbeitung keine besonderen Schwierigkeiten.

Aber 1983 sah die Sache anders aus. In diesem Jahr mußte die Mordkommission schon viermal ausrücken, ehe sie der Fall von Lynda Mann in Alarmstimmung versetzte.

Zuvor hatte der Fall der fünfjährigen Caroline Hogg besonderes Aufsehen erregt. Im Juli 1983 war das Kind auf einem Volksfest in Edinburgh verschwunden und Tage später neben der Straße A 444 im Süden der Stadt Leicester tot aufgefunden worden. Die Polizisten vermuteten, ein Lustmörder habe das tote Kind auf einer Fahrt von Schottland nach Süden bei ihnen einfach abgeladen.

Detective Superintendent Ian Coutta hatte sich nach Schottland begeben, um an der Aufklärung des Kindesmordes mitzuarbeiten. In Leicester selbst bemühte sich Detective Inspector Derek Pearce um die Aufklärung, sah sich aber durch die Tatumstände an einem Weiterkommen gehindert. So stand die Klärung des Falles noch aus, ein Umstand, der die Bevölkerung beunruhigte und an der Leistungsfähigkeit der Polizei zweifeln ließ. Das nagte am Selbstbewußtsein der Ermittlungsbeauftragten und ließ sie nervös auf alle neuen Fälle reagieren.

Danach hatte es den Fall Osborne gegeben: ein brutal erstochener Tierpfleger, den man nach der Tat im Freien abgeladen hatte. Die Leiche wurde bei strömendem Regen entdeckt, der eine erfolgreiche Spurensuche nicht nur erschwerte, sondern tatsächlich verhinderte. Auch dieser Fall harrte noch der Aufklärung.

Dennoch war Detective Chief David Baker, der Leiter der Kripo in Leicestershire, voller Zuversicht, den neuen Mordfall bald aufklären zu können, denn bisher waren die Dörfer Narborough, Enderby und Littlethorpe von Mord und Totschlag verschont geblieben.

Erfahrungsgemäß fanden sich in so kleinen Gemeinden eher Zeugen, Anhaltspunkte und Hinweise auf Verdächtige und Täter als in einer Großstadt mit zudem vielen fremdländischen Einwohnern.

Baker erreichte gegen 8.30 Uhr den Fundort und fand eine perfekte Absperrung durch uniformierte Beamte vor. Der Chief Inspector ließ sofort einen Gerichtsmediziner kommen. Der machte erste Angaben zum Zustand der Toten und wies auf verfilzte Samenflecken im Schamhaar des Mädchens hin.

Detective Inspector Derek Pearce hatte bis zum Tag zuvor an dem soeben eingestellten Fall Caroline Hogg gearbeitet, erfolglos. Pearce war 33 Jahre alt, 1,80 m groß und schlank. Er mußte eine Brille tragen, und dadurch erschienen seine Augen besonders groß und eindringlich. Sein Vater – ein Verkehrspolizist – hatte sich immer gewünscht, der Sohn solle Medizin studieren und dann Arzt werden. Diesem Wunsch folgte er nicht. Als Derek 19 war, ging er ohne ersichtlichen Anlaß zur Leicestershire Constabulary. Danach sprach sein Vater ein Jahr lang nicht mehr mit ihm.

Im ersten Jahr bei der Polizei bekam er den Harris-Cup als bester Polizeirekrut des Jahres. Sein Bild erschien in der Zeitung. Das versöhnte den Vater wieder.

Im zweiten Dienstjahr bemühten sich hochgestellte Beamte um den hoffnungsvollen Nachwuchs-Mann und eröffneten ihm eine Laufbahn bei der Kriminalpolizei.

Drei Jahre nach seinem Dienstantritt bei der Kripo beförderte man ihn zum Sergeant. Die dazu erforderliche Prüfung legte er mit Ergebnissen ab, die zu den besten in ganz England gehörten.

Sechs Jahre danach brachte er es zum Detective Inspector.

Seine vierjährige, kinderlose Ehe mit einer Polizistin war gerade durch die berufliche Belastung beider Partner in die Brüche gegangen. Nun lebte er allein, nur in Gesellschaft eines furchterregenden Schäferhundes.

Trost für sein gescheitertes Privatleben suchte er in seiner Polizeiarbeit. Sein Gedächtnis war hervorragend, sein Organisationstalent ausgezeichnet. Er galt als detektivisch besonders begabt. Jeder, der ihn kannte, traute ihm die Fähigkeit zu, in die Spitze der Polizei-Hierarchie aufzusteigen. Jeder, der ihn kannte, wußte aber auch, daß ihm der Aufstieg versagt bleiben mußte, weil er sich durch sein Temperament selbst zu sehr im Wege stand.

Seine Begabung versteckte er oft unter unreifen Kindereien, die Frauen an ihm mochten, seine Vorgesetzten jedoch nicht. Seinen bubenhaften Charme kompensierte er mit grantiger Aggressivität nach »oben«, seine Großzügigkeit oft mit bedenkenloser Skrupellosigkeit bei Ermittlungen.

Er haßte es geradezu, einen Fall erfolglos abhaken zu müssen.

Wenn er eine Chance für Aufklärung sah, scheute er auch vor hart am Rande des Rechts schlingernden Schritten nicht zurück. Er stand immer ganz und uneingeschränkt auf der Seite der Opfer und empfand gelegentlich das Recht als Hemmnis, den Täter der Gerechtigkeit zu überantworten.

Er fürchtete nichts und niemand. Das machte ihn bei seinen Mitarbeitern beliebt, seinen höheren Vorgesetzten zumindest suspekt.

Pearce – durch und durch frustriert vom Fehlschlag im Fall Hogg und in seiner Ehe – bekam den neuen Fall, weil er allein *»die Hände frei hatte«*. Er machte sich sofort daran, eine Kommission zu bilden, (die im Verlaufe der Ermittlungen auf 150 Mitarbeiter anwuchs).

Nach der Besichtigung des Fundortes fuhr er mit Detective Sergeant Mick Mason zur Familie der Ermordeten, ein Glücksfall für die Angehörigen von Lynda und für Pearce.

Die Eltern mochten Mason sofort, und der Sergeant bemühte sich bis zum Ende der Untersuchungen darum, die Familie über den Fortgang zu unterrichten und ihr bei allem zu helfen, was in der Sache zu tun war. Pearce gelang es, in einer neutralen Distanz zu allen Beteiligten zu verharren.

Am 23. November 1983 um 14 Uhr begann im Leicester Royal Informary die Obduktion. Dabei notierten die Ärzte u. a.:

Die (entkleidete) Leiche der Lynda Mann mißt 154,5 cm und wiegt 51 Kilogramm. Hautabschürfungen befinden sich an der rechten Wange und Augenhöhle, außerdem an der Kinnspitze und an der vorderen Halsseite. (Möglicherweise handelt es sich um Spuren von Faustschlägen.)

Das linke und rechte Schlüsselbein weisen blaue Flecken auf. Der Anschein spricht dafür, daß dem Opfer schwere Schläge über dem Brustbein versetzt wurden. Möglich ist aber auch, daß der Täter sein Knie aufsetzte, um dem Mädchen den Schal um den Hals zu knoten.

Die Zunge ist offenkundig beim Todeskampf zwischen den Zähnen zerquetscht worden.

Die Tote hat lange, lackierte Fingernägel, alle unbeschädigt und nicht mit Resten unterlegt.

Ein durch die Hände unterstützter Abwehrkampf erscheint daher unwahrscheinlich.

Der Anus ist unverletzt. Die Vagina weist weder Risse noch Blutergüsse auf.

Geschlechtsverkehr wurde versucht; es kam aber zu einer vorzeitigen Ejakulation.

Es ist anzunehmen, daß das Opfer die Gewaltanwendung bei Bewußtsein erlebt hat.

Todesursache: Asphyxie durch Erwürgen.

Der leitende Gerichtsmediziner ergänzte die Untersuchungsergebnisse mit mündlichen Hinweisen:

Nach meiner Meinung hat kein langer Kampf stattgefunden.

Schmutzspuren auf der Rückseite der unbekleideten Fersen legen die Vermutung nahe, daß der Täter das Mädchen am Oberkörper untergefaßt und dann zum Fundort über den Boden geschleift hat. Die Lage der Tennisschuhe spricht für ein geordnetes (freiwilliges?) Ablegen. Dagegen deutet der Zustand der Jeans darauf hin, daß der Täter sie dem Mädchen gewaltsam heruntergerissen hat.

Die Ärzte stellten vertrocknete Flüssigkeit im Schamhaar sicher und fügten einen Abstrich aus der Vagina für die weiterreichenden Laboruntersuchungen bei.

Die sofort nachfolgende Laboranalyse korrigierte den ersten Befund. Der Bericht zeigte, daß der Täter nach der vorzeitigen Ejakulation noch in das Opfer eingedrungen und es dort zu einem weiteren Samenerguß gekommen war.

Bei einem Abstrich von den Schamlippen und einem Abstrich tief aus der Vagina fand man weitere Spermien.

Die Blutgruppenbestimmung ergab große Mengen des Antigens A, eines Ausscheiders der Blutgruppe A. Nach vorliegenden Statistiken sollte nur jeder zehnte Einwohner von Großbritannien Träger einer gleichartigen Gruppe sein (A, PGM 1 +). Ohne genau zu wissen, um was es sich bei dieser Formel handelt, arbeitete die Polizei damit über vier Jahre. Und dies war der einzige wissenschaftliche Beweis, der auf die Identität des Mörders hätte hinweisen können.

Ganz zu Anfang der Ermittlungen gab es keinen Verdacht, nicht einen Fingerzeig auf einen möglichen Täter. Ganz allgemein gingen die Ermittler von der Hypothese aus, der Mörder müsse aus der näheren Umgebung stammen. Derek Pearce hielt sich zunächst an die gesicherte Polizeierfahrung, beim Fehlen von Hinweisen erst einmal das familiäre Umfeld zu überprüfen. Lyndas Stiefvater Eddie Eastwood gehörte erst kurze Zeit zur Familie, und theoretisch hätte er das Mädchen töten und in der Nacht am Black Pad abladen können. »Ganz oder gar nicht« – danach handelte Pearce und holte Eddie abends um 21 Uhr aus der Wohnung. Ein Arzt nahm Haar- und Blutproben. Aber Eddies Alibi erwies sich als wasserdicht, und seine Blutgruppe stimmte nicht mit der des Mörders überein. Deshalb schied Eddie als Verdächtiger aus.

Chief Inspector Baker ließ am nächsten Tag eine Ermittlungszentrale im Dorf einrichten. Der Chef des Hospitals stellte ein leerstehendes Gebäude des Krankenhauses zur Verfügung.

Die Mordkommission brachte ihre Computer ins Erdgeschoß, und die Kommissionsleitung bezog im ersten Stock einige Räume. Dort fanden auch die täglichen Einsatzbesprechungen statt.

Zwei Sergeants durchforsteten elektronisch alle Polizeiunterlagen nach Tätern und Verdächtigen, die man im Zusammenhang mit einem Sittlichkeitsdelikt registriert hatte.

Die herausgefilterten Namen aller in Frage kommenden Personen aus dem gesamten Gebiet der Midlands listeten sie nach einem von Pearce vorgegebenen System auf. Ganz oben standen die »Vergewaltiger«, dann folgten Personen mit weniger schwerwiegenden Angriffen bis hin zu den Exhibitionisten.

Gleichzeitig zogen Ermittlungsteams in den drei Dörfern von Tür zu Tür und erkundigten sich nach Beobachtungen zur Tatzeit oder sonstigen verdächtigen Feststellungen. Dabei erfaßten sie die Namen aller männlichen Bewohner zwischen 13 und 34 Jahren. Die Altersgrenze entsprang dem Laborhinweis, der Spermiengehalt in den Tatspuren sei besonders hoch gewesen und stamme am ehesten von Männern dieser Altersgruppe.

Die Namen liefen durch die Computer zum Vergleich mit den Personalangaben aus den Polizeiunterlagen.

Parallel dazu durchstöberten andere Beamte die Krankenhausakten, um jeden ambulanten oder stationären Patienten zu registrieren, der irgendwie ins Raster passen konnte und in der Tatzeit im Hospital behandelt worden war. Das »Krankenhaus-Team« näherte sich bald dem Stadium der Verzweiflung, weil die Anzahl der möglichen Sexualstraftäter ins Unermeßliche wuchs.

Auf Anweisung von Pearce durften die Drogensüchtigen, Alkoholiker, Psychotiker trotz ärztlicher Einwände nicht ausgespart werden: »Paßt gut auf und sucht so viele Irre heraus, wie ihr finden könnt!« Im Verlaufe der Ermittlungen überprüfte das Team mehr als 1 000 Patienten, von denen viele inzwischen entlassen worden waren und in allen Teilen der Britischen Insel Wohnung genommen hatten.

Wieder ein anderes Team mußte sich um eine größere Zahl von Wanderarbeitern kümmern, die zur Tatzeit bei Straßenbauarbeiten in der Nähe der Dörfer beschäftigt gewesen waren, in Containern wohnten und nun an allen möglichen anderen Orten tätig waren.

Während dieser Routinearbeiten gingen bei der Kommission zahlreiche Hinweise auf namentlich unbekannte Personen ein, die man am Tatabend in »verdächtiger Situation« gesehen haben wollte. Ehe die zweite Woche vorüber war, hatte die Mordkommission 300 solcher Hinweise überprüft.

Die Flut der Hinweise stieg noch einmal an, als der *Leicester Mercury* seine Leser aufrief, alle Beobachtungen an die Kommission weiterzugeben.

Die Schwerpunkte wechselten. Mal suchte man nach einem Teenagerpärchen, dann nach einem Punker mit »Stachelhaaren«, dann nach einem anderen jungen Mann, alles Personen, die in der Kommission mit kennzeichnenden Namen belegt wurden: der *Punker*, die *Teddies*, die *Läufer*, die *Weinenden*, der *Leser*, je nachdem, in welchem Zusammenhang der Verdacht gegen sie entstanden war.

Doch alle Hinweise erwiesen sich als Fehlinformationen oder verliefen im Sande.

Um die Weihnachtszeit brachte Baker bei seiner öffentlich vorgetragenen Bitte um Mithilfe die Version ins Spiel, der Täter könne ein Bekannter von Lynda gewesen sein, der beim einvernehmlichen Austausch von Zärtlichkeiten einen Unfall verursacht habe. Er bot dem Täter oder potentiellen Zeugen einen argumentativen Ausweg an, der eine Offenbarung erleichtern sollte.

Pearce und seine Kommission kamen keinen Schritt weiter. Im Februar 1984 hatten die Fahnder dreitausend Aussagen aufgenommen und viertausend Spuren verfolgt. Unverdrossen glaubte Pearce daran, der

Täter müsse ein Einheimischer sein; er wollte nicht schon wieder erfolglos bleiben. Bei jeder Dienstbesprechung ermunterte er seine Mitarbeiter: »Wo ist er? Er sitzt direkt vor unserer Nase! Kümmert euch nicht um das Geschwätz der alten Deppen über uns. Unser Mann ist in der Nähe. Wir können, wir müssen ihn finden!«

Mitte Februar 1984 ging er mit 1 000 Plakaten und einem 20 Minuten langen Videofilm in die Öffentlichkeit. Den Film ließ er in allen Schulen und Einkaufszentren vorführen. Er unterbrach sogar die Musik in einer gut besuchten Disko und erschreckte die Anwesenden mit seinem Film.

Von vielen Verdächtigen »erbat« die Polizei Blutproben. Die »besten« Antworten, die von den Labors kamen, lauteten: »Er hätte es gewesen sein können.« Oder: »Es ist nicht auszuschließen, daß die Probe vom Täter stammt!« Die Aussagen erwiesen sich immer als vage, mehrdeutig oder sogar geheimnisvoll. Bald glaubten die Ermittler, mehr als ein »*vermutlich*«, »*möglicherweise*«, »*vielleicht*« sei von den Labors nicht zu erlangen.

Es ging weiter bergab. Die Kommission verlor an personeller Substanz. Sie schrumpfte von 150 Mitarbeitern Ende Februar auf 100, dann auf 50, 30, im April waren es noch 16, dann nur noch acht. Ostern war eigentlich alles ausermittelt. Es gab keine neuen Anhaltspunkte mehr. Baker sagte zu Pearce: »Wir müssen Schluß machen. Die da oben erlauben uns nicht, noch weiterzumachen.« Die Kommission baute die Geräte ab und räumte das Hospitalgebäude.

Detective Sergeant Mick Mason kehrte in sein Polizeirevier zurück. Ihm oblag es mit einem weiteren Beamten, die gelegentlich noch eingehenden Anrufe in dieser Sache entgegenzunehmen.

Im August war endgültig Schluß. Auf der Kommissionsliste standen noch dreißig hartnäckig überprüfte »Verdächtige«. Von 154 Männern hatte man die Blutgruppe bestimmen lassen.

Der Schlußsatz im Bericht lautete: »Vermutliche Tatverdächtige befinden sich nicht unter den Überprüften!«

Am Ende herrschte Resignation auf der ganzen Linie. *Fast* auf der ganzen Linie, denn Pearce wollte immer noch nicht aufgeben. Auf seine Veranlassung veröffentlichte der *Mercury* am 9. November 1984 eine Kolumne mit der Überschrift *»Wissen Sie noch?«* Der Zeitungsartikel brachte eine Zusammenfassung der Nachrichten vom 21. November 1983, dem Tag, an dem Lynda Mann gestorben war. Über mehrere Tage folgten Artikel, in denen die ungeheure Ermittlungsarbeit zusammengefaßt wurde und an deren Ende noch einmal ein Hilfsappell stand.

Pearce ließ auch ein neues Plakat drucken. Es zeigte eine Fotomontage von Lyndas Gesicht auf dem Körper eines Fotomodells in der Kleidung, die die Ermordete getragen hatte.

»Alle Informationen werden mit strengster Vertraulichkeit behandelt.«

Derek Pearce sah sich um die Weihnachtszeit zu der Feststellung genötigt: »Die neue Kampagne hat zu etwa dreißig Anrufen geführt. Aber die Hinweise haben uns nicht weitergebracht!«

Sergeant Mick Mason blieb weiter mit Lyndas Familie in Verbindung und beruhigte sie mit der Versicherung, die Polizei werde die Suche nach dem Täter niemals aufgeben. Aber in Wahrheit suchte niemand mehr ernsthaft danach, nur Pearce wollte die erneute Niederlage nicht hinnehmen.

In diesem Herbst 1984 suchte an der Leicester University der verhältnismäßig junge Wissenschaftler Alec Jeffreys nach einer *Reihung von Wiederholungen, die er beim menschlichen Myoglobin-Gen festgestellt hatte.* Der 34jährige beschäftigte sich im Labor der Universität hauptsächlich mit einer Studie über die Entwicklung von Genen. Dabei war ihm als hilfreiches »Randproblem« zur Lösung der Hauptfrage die Sichtbarmachung der Reihung untergekommen.

Das so lapidar beschriebene Problem entzieht sich dem Verständnis der meisten Außenstehenden. Es ist schwer, selbst einem ernsthaft Interessierten die Konstruktion der menschlichen Erbsubstanzen und der körperlich-materiellen Bausteine zu verdeutlichen.

Ganz abgesehen von den chemischen Prozessen und physikalischen Abläufen, behindern die minimale Ausgestaltung der Materie und die milliardenfache Wiederholung der Zusammenfügung eine leichte Einsicht.

Als Jeffreys seine Untersuchungen begann, beschäftigte sich die Wissenschaft erst wenige Jahre mit der Existenz und Bedeutung der Gene, der Träger der bestimmenden Erbsubstanzen. Bei diesen Forschungen entschlüsselte sich die Funktion der Desoxyribonukleinsäure (DNS/DNA) als ein gentragendes Molekül.

Die DNS/DNA ist ein langes fadenförmiges Molekül, das – ähnlich wie eine Perlenkette – aus vier verschiedenen »unendlich« vielen aneinanderhängenden Bausteinen aufgebaut ist. Die Buchstaben A, T, G, C kennzeichnen dabei die Anfangsbuchstaben der chemischen Substanzen, aus denen diese Bausteine bestehen. Auf diesen Fäden sind Inseln gleich mit etwa 10 Prozent Anteil Gene eingebettet.

Ganz vereinfachend ausgedrückt, ist ein Gen ein DNA-Abschnitt, der für irgendeine Funktion im Organismus verantwortlich ist. Deshalb kann die kleinste Veränderung der »Perlen«-Abfolge katastrophale Folgen für den Träger des Gens nach sich ziehen. Die übrigen 90 % sind in ihrer Zusammensetzung von ungeheurer Vielfalt und Ausgestaltung.

Die DNA-Moleküle entzogen sich wegen ihrer Vielfalt und Kleinheit einer Bestimmung, weil es an der Möglichkeit fehlte, die Zusammensetzung sichtbar oder erkennbar zu machen und sie so näher zu bestimmen. Das Problem, das Jeffreys lösen wollte, bestand darin, eine Möglichkeit zu finden, das Molekül in geeigneter Weise einer näheren Bestimmung zuzuführen.

Die Universität schätzte die Chancen des Wissenschaftlers gering ein. Dementsprechend setzte sich auch sein Mitarbeiterstab zusammen. Er bestand aus einer Forschungsassistentin, zwei Technikern (meist Medizinstudenten auf Zeit) und einem Doktoranden. Jeffreys selbst machte nicht gerade einen durchgeistigten Eindruck. Meist hing ihm eine selbstgedrehte Zigarette im Mundwinkel, er trug fast immer einen überweiten Rollkragenpullover und legte auch sonst wenig Wert auf sein Äußeres.

An einem Montag im September 1984 schaffte Jeffreys den Durchbruch. An dieser Stelle kann nur eine grobgerasterte Darstellung den Verlauf des Versuchs wiedergeben:

Das Team entnahm einer Blutzellenprobe DNS-Moleküle und zerlegte sie durch Beifügung von Enzymen. Die Bruchstücke sortierte man mit Hilfe eines Elektrofeldes in die größeren und kleineren Bruchstücke. Die (selbstverständlich relativ) größeren Teile übertrugen die Mitarbeiter durch ein »Löschblattverfahren« auf eine Nylonmembran. Die verbliebenen Teile aktivierten sie mit einer radioaktiven Bestrahlung. Anschließend nutzte man das Bestreben der getrennten Teile, wieder Anschluß an die Ursprungsteile zu gewinnen. So führte man die Bruchstücke wieder zusammen, die sich an ihre Ursprungsteile andockten.

Das Gemisch plazierten die Untersuchenden auf einen Röntgenfilm, auf dem sich durch die radioaktiven Strahlen ein Strichbild der zusammengesetzten Teile abbildete. Nach dem Entwickeln zeigte sich eine ganze Reihe von grauen und schwarzen Streifen, ähnlich einem Strichcode, der benutzt wird, um Supermarktartikel zu kennzeichnen. Je öfter sie den Versuch wiederholten, um so deutlicher wurde das wissenschaftliche Ergebnis.

Bei einem der ersten Überprüfungsexperimente erkannte Jeffreys deutlich, daß bei Kindern die Hälfte der Streifen auf dem Röntgenfilm von der Mutter stammte, der Rest vom leiblichen Vater. Diese Muster werden auf einleuchtende Weise vererbt. In der Kombination der beiden Muster, die sich in einer Doppelschleife über das Molekül miteinander verbinden, entsteht ein höchst individuelles Kennzeichen-Bild, das sich bei jedem Menschen in einer einzigartigen Form herausbildet. Trotzdem läßt sich die Kennzeichenweitergabe von einem Elternteil über viele Generationen hinweg verfolgen und macht so die unmittelbare Abstammung erkennbar.

Jeffreys: »Es war überwältigend!«

Als nächstes ging das Team daran, die Konstanz der Kennzeichnung innerhalb verschiedener Gewebe ein und derselben Person festzustellen. Man entnahm Blut und Sperma und stellte fest, daß die »genetische Karte« konstant war, unabhängig von der Art der Zellen, denen das Material entstammte. Um zu untersuchen, wie anfällig das System war, wurden kleine Mengen von Blut und Sperma getestet.

Das System erwies sich als verläßlich: Ein Tropfen Blut oder eine winzige Menge Sperma reichten für die Bestimmung aus. Aber es blieb die Frage, ob das Material so haltbar war, daß es in konserviertem Zustand aussagekräftig blieb.

Der Wissenschaftler erbat sich von Gerichtsinstituten Proben von drei Jahre alten Blut- und Spermaflecken. Seine Mitarbeiter testeten diese Proben, und wieder funktionierte es. Jeffreys ging immer weiter mit dem Probenalter zurück. Er untersuchte 16 Jahre alte Leichenteile, und wieder erhielt er ein aussagekräftiges Ergebnis. (Inzwischen hat sich die Untersuchungsmethode bei der Bestimmung von Leichenteilen der 1918 ermordeten Zarenfamilie und des 1833 verstorbenen Kaspar Hauser bewährt. Dabei ließen sich fast sagenhaft gewordene Vermutungen widerlegen: Zarentochter Anastasia hatte nicht überlebt, und Kaspar Hauser war kein »badischer Prinz«. Die Methode funktionierte ebenso postum bei einer Vaterschaftsklage gegen einen bedeutenden französischen Schauspieler im Jahre 1997.)

Dann gingen die Wissenschaftler daran, das System an einem breiten Spektrum von Säugetieren und Fischen zu testen. Und immer wieder funktionierte es. Jeffreys konnte sein Bestimmungssystem verbessern und verfeinern; das Bild auf den Röntgenplatten wurde immer deutlicher und aussagekräftiger. Bald wußte Dr. Jeffreys, daß er in dem jeweiligen Abbild eine riesige Zahl genetisch-molekularer Markierungen vor sich hatte, die sowohl eine erstaunliche Bandbreite der Verschiedenheit als auch ein verblüffendes Maß an individueller Besonderheit zeigten.

Seine Frau Susan, eine Spitzenkraft bei der Datenverarbeitung der Universität, erarbeitete eine lange Liste der Anwendungsmöglichkeiten der neuen Technologie. Obenan stellte sie die Überlegung, daß sich Streitigkeiten in Einbürgerungsfällen leichter beilegen ließen, und davon gab es in Großbritannien viele. Nun war es einfach zu entscheiden, ob jemand das Recht auf Einbürgerung hatte, weil er blutsverwandt mit einem britischen Staatsbürger war.

Es dauerte auch nicht lange, bis Jeffreys und sein Team Theorien darüber entwickelten, wie sich das System auf Tiere anwenden ließ, um etwa bei der Feststellung der Abstammung oder bei der künstlichen Befruchtung sicherzustellen, daß es bei gefährdeten Arten nicht zufällig zur Inzucht kam.

Weiterhin ließ sich das System bei Knochenmarktransplantationen für Leukämiepatienten einsetzen, um festzustellen, ob die Markzugaben etwas bewirkt hatten.

Jetzt hatten die Wissenschaftler das Stadium erreicht, in dem über die direkte Nutzung am und beim Menschen nachgedacht werden konnte.

Aber es dauerte noch seine Zeit, bis man die Bedeutung der neuen Methode für Kriminalistik und Gerichtsmedizin erkannte.

Jeffreys stellte seine »Entdeckung« im November 1984 bei zwei Konferenzen in London zur Diskussion: im Lister-Institute für genetische Medizin und im Mamalian Biochemical Genetic Workshop.

Im März 1985 veröffentlichte er seine Forschungsergebnisse in den medizinischen Fachzeitschriften und führte u. a. aus: »Die Chance, daß zwei Menschen, zum Beispiel zwei Brüder, identische Muster aufweisen, muß man mit Null bewerten. Man müßte unter Abermillionen Menschen suchen, wenn man Vertreter der etwa gleichen Konstruktion finden wollte. Bei einer derzeitigen Weltbevölkerung von nur fünf Milliarden läßt sich kategorisch feststellen, daß die genetische Prägung im DNS-Feld einzigartig ist und daß jedes Muster, eineiige Zwillinge ausgenommen, keinem anderen Menschen auf diesem Planeten gehört, der je gelebt hat oder je leben wird.«

Das war eine dramatische Behauptung, die der Bestätigung durch weitere Untersuchungen bedurfte. Jeffreys selbst lieferte den Beweis in komplizierten Einwanderungsfällen, wo ein Elternteil nicht einmal zur Gegenprobe zur Verfügung stand. Seine Behauptungen erwiesen sich als zutreffend. Sie fanden eine weitere Bestätigung durch die Ergebnisse von Untersuchungen in Kalifornien. Dort hatten die Forscher ein anderes Auffindungs- und Kennzeichnungssystem entwikkelt, aber in den Grundaussagen stimmte man überein. Das kalifornische System reagierte zwar noch empfindlicher als das von Jeffreys, lieferte aber nicht so differenzierte Aussagen. Den Amerikanern gelang der Merkmalsnachweis aus einer Haarwurzel und aus einzelnen Spermaköpfen.

Die in den Suchgrundlagen unterschiedlichen Systeme ergänzen sich gegenseitig und ermöglichen perfekte Ergebnisse.

Frau Susan war es dann wieder, die das Ergebnis mit dem einprägsamen Namen »Genetischer Fingerabdruck« belegte und damit auch den Grundstein für manche Mißverständnisse und unverständliche Vorbehalte legte.

Jeffreys hoffte nun auf einen publikumswirksamen Fall, mit dem er seine Entdeckung bekanntmachen konnte. 1985 beschränkte sich die Wahrnehmung der Entdeckung vorerst auf die wissenschaftliche Welt. Als Ergebnis seines Erfolges bekam er eine Professorenstelle an der Leicester-University, erhielt eine Reihe von Preisen und Medaillen und wurde zum Mitglied der Royal Society ernannt.

Ein offensichtlich kluger und kenntnisreicher Ministerialbeamter erklärte danach, die Methode sei so überzeugend, daß sie in Einbürgerungsfällen als Beweismittel Anerkennung finden könne. »Es stimmt mich sehr hoffnungsvoll, daß die Methode auch in Gerichten (bei der Einbürgerung) anerkannt werden wird«, sagte Jeffreys in einem Interview mit dem *Leicester Mercury*. Und er fügte – zwei Jahre nach dem Mord an Lynda Mann – hinzu: »Die neue Technik könnte zu einem Durchbruch auf vielen Gebieten führen, darunter zur Identifizierung von Verbrechern aufgrund einer kleinen Blutspur am Tatort.«

Vor dem Ende des Schuljahres 1986 veranlaßte Inspector Pearce noch einmal einen Appell im *Mercury*, Hinweise an die Polizei zu geben, die bei »der schonungslosen Jagd auf den Mörder von Lynda Mann helfen könnten«. Der Aufruf blieb wieder einmal ohne besondere Resonanz. In diesem Juli 1986 hatten die Ergebnisse von Jeffreys Forschungen noch keinen Eingang in die Alltagsarbeit der Polizei gefunden.

In den letzten Julitagen 1986 – fast drei Jahre nach dem Tod von Lynda – bot ein Bauer Eddie Eastwood an, für ihn eine Wiese zu mähen. Die Wiese lag zwischen der Autobahn M 1 und einem Fußweg, der als Abkürzung zwischen den Zentren von Narborough und Enderby diente. Der Weg hieß Ten Pound Lane und wurde manchmal auch Green Lane genannt, weil er im Sommer dicht von üppigem Unkraut eingerahmt war.

Drei Tage nachdem die Wiese gemäht war, geriet der Ten Pound Lane in einen noch schrecklicheren Ruf als der Black Pad.

Die Familie Robin und Barbara Ashworth bewohnte mit Tochter Dawn und Sohn Andrew ein hübsches Reihenhaus in Enderby.

Vater Robin, 40 Jahre alt, gutsituierter Ingenieur bei British Gas, hatte das Haus in der Mill Lane schuldenfrei gemacht. Er und seine

Frau glaubten mit ihren Kindern vernünftig und logisch umgehen und ihnen so die beste Erziehung vermitteln zu können. Weder die gerade 15 Jahre alt gewordene Dawn noch ihr 13jähriger Bruder machten ihnen dabei besondere Schwierigkeiten.

Dawn glänzte nicht gerade mit ihren Schulnoten, lag aber mit ihren Leistungen in einem guten Mittelfeld. Ihr Taschengeld versuchte sie durch kleine Arbeiten aufzubessern. So hatte sie in diesem Sommer 1986 einen Teilzeitjob beim Zeitungshändler von Enderby angenommen. Das verdiente Geld gab sie für Modemagazine und für Kleidungsstücke aus.

Im Hochsommer besuchte das Mädchen regelmäßig ihre Freundinnen in Narborough.

Den Eltern gefielen die abendlichen Ausflüge nicht so sehr, aber Dawn hatte versprochen, jeden Abend vor Einbruch der Dunkelheit zu Hause zu sein. Jetzt – Mitte Juli – trat die Dunkelheit etwa um 21.30 Uhr ein.

Am Donnerstag, dem 31. Juli 1986, sagte Dawn ihrer Mutter, sie gehe zum Tee zu ihren Freundinnen Sue und Sharon in Narborough. Als sie gegen vier Uhr nachmittags losging, hatte sie zehn Pfund bei sich. Sie hatte einen weißen Rollkragenpullover an, darunter eine bunte, weite Bluse, einen weiten, weißen Midirock, weiße Segeltuchpumps, und ihre blaue Jeansjacke trug sie über dem Arm. Nichts Aufreizendes also.

Der direkteste Weg zu den Freundinnen führte auf zweierlei Weise zum Ziel. Als sie zur Gabelung kam und die Wahl hatte, mied sie den etwas längeren Marsch über die Autobahnbrücke und dann daran entlang zur King Edward Avenue. Sie wählte den Weg über den Ten Pound Lane.

Sie erreichte ohne Schwierigkeiten die Wohnungen der Freundinnen. Doch sie traf keine von beiden an. Man empfahl ihr, sie im Dorf zu suchen. Darauf verzichtete das Mädchen aber. Eine Nachbarin sah, wie Dawn umkehrte und auf die Autobahn zuging. Ein vorbeifahrender Autofahrer sagte später, er habe Dawn Ashworth um 16.40 Uhr gesehen, wie sie die King Edward Avenue überquerte und auf das Tor zu einem angrenzenden Bauernhof zuging, hinter dem der Ten Pound Lane begann.

Der Pfad schlängelte sich erst auf das psychiatrische Krankenhaus zu und verlief danach wieder in größerer Entfernung vom Hospital. Ein Gewirr aus Nesseln und Dornen, dazu Birken, Ulmen und Hagedornsträucher bildeten auf beiden Seiten des Weges einen von außen fast uneinsehbaren grünen Tunnel.

So konnte das Mädchen den Mann nicht bemerken, der sein Motorrad ein Stück von der Hauptstraße weg geparkt hatte und die Spaziergängerin beobachtete, als sie den Ten Pound Lane betrat.

Als Dawn nicht – wie abgemacht – bis gegen 19 Uhr nach Hause kam, begannen ihre Eltern mit Freunden die Suche nach dem Mädchen. Sie fanden keine Spur von ihr. Da sie um 21.30 Uhr immer noch vergeblich warteten, riefen sie die Polizei an und erstatteten Vermißtenmeldung.

Am nächsten Tag, Freitag, dem 1. August 1986, nahm eine große Zahl von einheimischen Polizisten mit Spürhunden die Suche auf. Sie durchstreiften alle einsamen Gegenden um Narborough, aber auch sie fanden keine Spur von der Vermißten.

Wieder – wie im Fall Lynda – gab es Vermutungen, das Mädchen habe sich freiwillig entfernt, wie dies bei Teenagern dieses Alters schon mal vorkam.

Wieder kam es auch zu hartnäckigen Befragungen des Vaters von Dawn, Robin Ashworth. Ihm wurde gleiches zugetraut, was Eddie Eastwood vor fast drei Jahren unterstellt worden war.

Wo steckte Derek Pearce, der unermüdliche Fahnder in der Sache Lynda Mann, um diese Zeit? In diesen ersten Stunden in einem vorerst immer noch als Vermißtensache geltenden Fall wollte er nicht zur Beunruhigung beitragen. Er blieb den Suchaktionen bewußt fern. Auf diese Weise versuchte er Vermutungen über einen Zusammenhang mit dem Fall Lynda Mann zu vermeiden.

So nahm er an diesem Freitagabend an einer Party in der Wohnung einer Polizistin teil.

Aber er dachte natürlich an die vermißte Fünfzehnjährige. Alles war wieder so wie damals bei Lynda Mann, einem Fehlschlag, den er nie vergessen konnte.

Als die Party in Schwung kam, suchte er durch Anlehnen Halt an einer vermeintlichen Wand, die aber in Wirklichkeit nur eine angelehnte Tür zu einem tiefer liegenden Badezimmer war.

In einer rasanten Drehbewegung kam er kopfüber zu Fall und knallte mit dem Kopf gegen die Kloschlüssel. Diese zersprang unter dem Aufprall, und der Inspector trug eine klaffende, heftig blutende Kopfverletzung davon. Der Verletzte verweigerte die Einlieferung in das Krankenhaus, doch der herbeigerufene Notarzt bestand darauf. Die Ambulanz im Leicester Royal Infirmary nähte die Wunde und behandelte den Verletzten nahezu drei Stunden. Dann erst konnte man die Blutung zum Stillstand bringen. Pearce hatte darüber längst das Bewußtsein verloren.

Als er am Samstagmorgen aufwachte, wollte er unbedingt duschen und das Krankenhaus verlassen. Die Ärzte erlaubten dies nicht. Dennoch konnte er unbemerkt bis zur Dusche vordringen. Da es ihm jedoch nicht gelang, den Duschvorhang zu schließen, lief blutig gefärbtes Wasser über den Boden bis in den Flur. Das bemerkte eine Schwester zufällig. Sie veranlaßte, die Kleidung von Pearce wegzuschließen, um die von ihm angedrohte Flucht aus dem Krankenhaus zu verhindern. So blieb Pearce weiterhin zur Untätigkeit verurteilt.

Am Samstag, dem 2. August 1986, machte der *Mercury* schon mit der Schlagzeile auf: *Dawn: Angst um vermißtes Mädchen wächst.*

An diesem Morgen fand ein Sergeant der Polizei beim Absuchen der frisch gemähten Wiesen zwischen der Autobahn M 1 und dem Ten Pound Lane eine blaue Jeansjacke. In der Tasche steckte ein Lippenstift. Die Mutter erkannte die Gegenstände als aus dem Besitz von Dawn stammend.

Danach sperrte die Polizei den gesamten Bereich großräumig ab und begann mit einer sorgfältigen Durchsuchung. Am Abend mußte man die Suche wieder abbrechen, um in der Dunkelheit keine Spuren zu zertrampeln.

Am folgenden Vormittag – Sonntag, dem 2. August – unterstützten mehrere Polizeihubschrauber die Suche. Um die Mittagszeit entdeckte man die Leiche des Mädchens. Sie lag unter einem Gewirr aus Dornenbüschen auf einer Wiese neben dem Ten Pound Lane. Frisch gemähtes Heu und aufgehäufte abgerissene Nesseln, Äste und Laub hatten eine fast völlige Undurchsichtigkeit der Dornenbüsche bewirkt. Erst beim Wegräumen bekamen die Polizisten die Fingerspitzen einer Hand zu Gesicht.

Wie die Leiche von Lynda Mann war auch diese von der Taille an abwärts nackt, bis auf den Slip, der noch am rechten Knöchel hing, und die weißen Schuhe, die sie noch anhatte.

Sie lag auf der linken Seite, die Knie an die Brust gezogen. Ihr Büstenhalter war nach oben gerissen worden, und auf ihrem linken Schenkel klebte getrocknetes Blut aus der Vagina.

Eine Stunde nach dem Auffinden der Toten besuchten Chief Inspector David Baker und Superintendent Tony Painter den kranken Pearce im Krankenhaus.

Der wußte sofort, was der Besuch zu bedeuten hatte. »Sie haben sie gefunden?« fragte er nur.

»Auf einer Wiese an der Autobahn«, antwortete Painter, »vergewaltigt und erwürgt!«

»Ich will sofort meine Kleider haben«, forderte der Verletzte. »Nein«, beschied Baker seinen Untergebenen, »Sie können den Fall so nicht übernehmen. Ruhen Sie sich erst einmal aus!«

Am Nachmittag überredete Pearce einen Kollegen, ihm aus seiner Wohnung Kleidung zu bringen. Das geschah, und er schlich sich aus dem Krankenhaus. Gegen 18 Uhr rief er David Baker an und meldete sich gesund.

Aber Baker reagierte sauer. Er teilte ihm kurz und bündig mit, daß Tony Painter die Ermittlungen leiten werde. Dabei mögen Gesundheitsgründe oder aber die Befürchtung eine Rolle gespielt haben, Pearce werde den neuen Fall zu sehr als Wiederholung des Mordes an Lynda Mann bearbeiten und so möglicherweise in Betriebsblindheit verfallen. Jedenfalls erklärte Baker ihm: »Sie haben schon so viele Mordfälle bearbeitet, und nun müssen auch andere Inspektoren einmal ihre Erfahrungen sammeln.«

Pearce jedoch wollte nicht nachgeben. »Ich komme so oder so morgen wieder zur Arbeit. Ich will mithelfen!«

Baker widersprach nicht, und so erschien Pearce am Montag zur Arbeit und täuschte Gesundheit vor. Man ließ ihn zwar nicht in die sofort gebildete Mordkommission, aber er wußte, die Kommission machte auch Jagd auf den Mörder von Lynda Mann. Spätestens in der entscheidenden Minute wollte er dann zur Stelle sein.

Nachdem der Vater der Toten die Leiche offiziell als seine Tochter identifiziert hatte, begann um 18.30 Uhr die Obduktion. Schon bei oberflächlicher Betrachtung war zu erkennen, daß dem Mädchen erhebliche Gewalt zugefügt worden war. Die Leiche wies zahlreiche Verletzungen auf, die ein noch schlimmeres Aussehen durch Insektenfraß angenommen hatten.

Deutlich erkennbar zeigten sich zwei Abschürfungen an der linken Stirnseite, eine weitere Abschürfung an der Nase, eine Schwellung über der rechten Wange, ein Bluterguß vom linken Auge bis zum Kinn, weitere blaue Flecken von der Nase bis zum Kinn, die mit einer starken Bindehautunterblutung am linken Unterlid im Zusammenhang standen.

Die Lippen waren verschwollen. Im Mund lag ein linearer Schnitt, der von der Feder einer Zahnspange im Oberkiefer stammte. Weitere Abschürfungen und Blutergüsse gab es hinten am Hals und auch unter dem Schlüsselbein. Alle diese Verletzungen und Hautbeschädigungen mußten dem Opfer zu Lebzeiten beigebracht worden sein.

Die Zunge steckte zwischen den Zähnen, war aber nicht beschädigt oder zerbissen. Besonders schwere Verletzungen fanden die Ärzte am Damm, offenkundig aus dem Versuch stammend, mit großer Brutalität in die Vagina und den Anus einzudringen. Eine Verletzung am Damm ließ die Vermutung zu, daß sie nach dem Todeseintritt entstanden war.

Der Arzt stellte weiter fest, daß das Hymen erst kürzlich zerrissen war. Das Schamhaar war feucht und von eingebrachter Feuchtigkeit verfilzt.

Nach Ansicht der Pathologen war Dawn erwürgt worden, möglicherweise von einem Angreifer, der ihr von hinten den Oberarm um den Kehlkopf gepreßt hatte. Es war jedoch nicht auszuschließen, daß zum Erdrosseln ein Hilfsmittel benutzt worden war. Die Schläge – vorwiegend gegen die linke Gesichtshälfte – wiesen auf einen rechtshändigen Angreifer hin, und die Verletzungen am Mund ließen die Vermutung zu, der Täter habe mit einem festen Griff versucht, das Opfer am Schreien zu hindern.

Nur wenige der Spuren deuteten auf Abwehrverletzungen hin. Alle Fingernägel waren intakt und nicht beschädigt.

Zusammenfassend konstatierten die Pathologen:

Das Opfer war virgo intacta und war gewaltsamer sexueller Penetration ausgesetzt und gewaltsamer Erweiterung des Anus, wie sie bei gewaltsamem Analverkehr eintritt.

Todesursache: Asphyxie durch Erwürgen.

Sie entnahmen aus verschiedenen Körperteilen Gewebeproben und machten außerdem orale, vaginale und anale Abstriche. Proben der Fingernägel und der Haare wurden archiviert und eine in dem Gestrüpp, das die Leiche bedeckt hatte, aufgefundene rote Stoffaser asserviert.

David Baker erklärte gegenüber den zahlreich erschienenen Pressevertretern:

»Der Sexualmörder, der am Donnerstag die fünfzehnjährige Dawn Ashworth brutal umgebracht hat, ist so gut wie sicher auch der Mörder von Lynda Mann, einem Schulmädchen, dessen Leiche vor weniger als drei Jahren ein paar hundert Meter vom Carlton Hayes Hospital entfernt gefunden wurde.

Es besteht durchaus die Möglichkeit, daß Dawn sich gewehrt hat, und möglicherweise hat sie den Angreifer verletzt, indem sie ihn gekratzt oder gebissen hat; es ist aber auch möglich, daß er sich beim Kampf selbst verletzt hat.

Wir bitten um Mithilfe und Unterstützung bei der Suche nach dem Mörder – einem schwerkranken Menschen. Ein winziger Kratzer auf einem Männergesicht kann ein entscheidend wichtiger Hinweis auf den Täter sein.«

Nach dieser Überzeugung handelte Baker auch und teilte der Kommission von Tony Painter von Anfang an 200 Mitarbeiter zu. Es drohte Wiederholungsgefahr.

Am unteren Ende des Ten Pound Lane baute die Polizei neben dem Tor zum Bauernhof an der King Edward Avenue eine mobile Einsatzzentrale auf, die rund um die Uhr besetzt blieb.

Auf einem großen blauen Schild stand die eindringliche Bitte um Mithilfe: *Hier ist ein Mord geschehen! Haben Sie etwas gesehen?*

In den ersten Tagen gingen zahlreiche Hinweise ein. Mehr als 200 Bürger suchten die Einsatzzentrale auf, um über »zweckdienliche Beobachtungen« zu berichten. Kein Hinweis blieb länger als eine Stunde unbearbeitet. Doch wie im Fall Lynda Mann verliefen die meisten Ermittlungen im Sande. Bis auf einen!

Aus der Fülle der Hinweise und Verdächtigen zeichnete sich eine Spur deutlicher ab. Es ging um den Komplex »Küchenjunge«. Aus verschiedenen Quellen gab es Angaben, die auf einen 17jährigen jungen Mann zielten, der in der Küche des Carlton Hayes Hospitals als Hilfskraft tätig war. Verschiedene Zeugen hatten ihn zur Tatzeit mit seinem Motorrad in der Nähe des Leichenfundortes gesehen. Bei ersten Überprüfungsnachfragen kam heraus, daß er in seiner unmittelbaren Umgebung höchst verdächtige Bemerkungen gemacht hatte. Sie ließen darauf schließen, daß er mehr über die Tat wußte, ohne sich bisher als Zeuge gemeldet zu haben. Angeblich hatte er schon vor dem Auffinden des toten Mädchens erzählt, die Leiche sei in einer Hecke bei einem Tor an der Autobahnbrücke gefunden worden. Erst einen Tag später fanden Suchtrupps die Ermordete tatsächlich in der Nähe des bezeichneten Ortes und unter Umständen, die mit den Erzählungen des Jungen übereinstimmten. Nach Auslobung von 15 000 Pfund von einem Privatmann für Hinweise auf den Mörder gingen weitere Verweise auf diesen jugendlichen Motorradfahrer ein.

Das Netz schien schließlich so dicht, daß die Polizei einen Durchsuchungsbeschluß beantragte und vom Richter auch erhielt, ein Beweis für die Überzeugungskraft der gesammelten Indizien. Am Freitag, dem 8. August 1986, umstellte ein Durchsuchungskommando die elterliche Wohnung des Jungen. Punkt 5 Uhr in der Frühe betraten die Polizisten das Haus und fragten die erschrockene Mutter nach ihrem Sohn. Wie überzeugt die Beamten schon zu diesem Zeitpunkt von der Täterschaft des Jungen waren, beweist der Eingangsdialog.

Mutter: »Ist es wichtig?«

Beamter: »Leider ja! Wir sind gekommen, um ihren Sohn wegen Mordes an Dawn Ashworth festzunehmen.«

Eine ganz und gar ungewöhnliche Antwort aus dem Munde eines britischen Kriminalbeamten.

Nach der ergebnislosen Durchsuchung brachte man den Küchenjungen zum Polizeirevier. Dort begannen um 8.09 Uhr Detective Sergeant Raw und Detective Constable Cooke mit der Vernehmung. Gegen 11.52 Uhr kamen Superintendent Tony Painter und Detective Clancy hinzu.

Die Form der Befragung war ruhig und gelassen, aber eindringlich. Die Vernehmenden sparten nicht mit Vorhaltungen, gaben aber keine Tateinzelheiten preis, um bei einem eventuellen Geständnis die Beweiskraft an den vom Beschuldigten gelieferten Angaben ablesen zu können.

Die Aussagen des Jungen ließen alle möglichen Vermutungen zu. Der Vernommene räumte ein Zusammentreffen mit dem ermordeten Mädchen in der Nähe des Ten Pound Lane am Tattage ein, bestritt aber zunächst eine sexuelle Annäherung oder die Anwendung von körperlicher Gewalt.

Wenig später erzählte er den Beamten von einem Geschlechtsverkehr mit einem anderen Mädchen, der allerdings schon lange zurückliegen sollte. Als man ihm vorhielt, dabei möglicherweise Analverkehr praktiziert zu haben, bestätigte er, es sei einmal dazu gekommen, allerdings in »verunglückter Form, es ist mir vorher gekommen!«

Diese Einlassung werteten die Beamten als bestätigendes Verhaltens-Bindeglied zwischen dem Mörder mit der vorzeitigen Ejakulation bei Lynda Mann und der analen Vergewaltigung bei Dawn Ashworth.

Nach einer Erholungspause ging es um 14.06 Uhr weiter. Der Junge wurde immer unsicherer.

Inzwischen hatte sich seine Festnahme im Dorf herumgesprochen. Unaufgefordert meldeten sich Frauen und Mädchen, die von dem Jungen in ziemlich drastischer Form sexuell belästigt worden waren.

Das hielt man ihm vor. Gegen 16 Uhr kam es zu einer dramatischen Zuspitzung in der Vernehmung. Tony Painter zeigte dem Jungen ein Foto von Dawn Ashworth und sagte: »Ich glaube, daß du für ihren Tod verantwortlich bist!«

Der Sergeant fügte hinzu: »Wir glauben nicht, daß du die Absicht hattest, sie umzubringen.«

Der Junge schaute von einem zum anderen und antwortete: »Ich kann mich nicht erinnern. Vielleicht habe ich wirklich den Verstand verloren und weiß es nicht mehr!«

Auf eine weitere Frage schilderte er ziemlich genau sein vermeintliches Zusammentreffen mit Dawn. Die Darstellung entsprach in weiten Teilen dem Tatablauf, wie er sich nach dem Spurenbild ereignet haben konnte.

Aber letztendlich schloß er seine Schilderung mit den Worten: »Erst hat sie mich gelassen, aber dann ist sie hingefallen. Sie hat sich gewehrt, und ich habe Mattscheibe gekriegt. Ich glaube nicht, daß ich sie umgebracht habe. Aber als ich fertig war, ist sie aufgestanden, und ich bin fortgerannt!«

Diese Einschränkung – nicht der Mörder zu sein – versuchte er mit einem Alibi für die Tatzeit zu untermauern. Die sofortige Überprüfung entlarvte dies als ein ungeschickt angelegtes Entlastungsmanöver. Doch er blieb bei seinem Widerruf. Als aber einer der Vernehmer die Sorgen seines Vaters um ihn erwähnte, brach er weinend zusammen.

Er bot nach allen kriminalistischen Erfahrungen das Bild eines Täters, der die Tat bekennen will, aber unter weniger grausamen Umständen, als tatsächlich geschehen. Er zeigte das typische Herantasten an eine auch für ihn schreckliche Wahrheit.

Nach einer längeren Vernehmungspause versuchten die Beamten, ihm Wege zur Offenbarung zu ebnen. Sie wollten vorerst die näheren Tatumstände gar nicht erfahren. In der sicheren Überzeugung, den Täter gefaßt zu haben, wollten sie ihn erst einmal zu einem generellen Geständnis veranlassen. Diesen Ausweg nutzte der Junge jedoch nicht.

Wieder kam er auf die Darstellung eines Zusammentreffens zurück. Jetzt gab er sogar zu, das Mädchen geschlagen zu haben. Auf Rückfrage, wie?: »Mit der Faust ins Gesicht und an das Kinn.« Später gestand er noch: »Ich habe sie in die Rippen getreten!«

Und dann endlich sagte er wörtlich in das Mikrofon des mitlaufenden Tonbandgerätes: »Und dann hat sie Panik gekriegt, und ich hab' gedacht, wenn ich sie laufen lasse, dann sagt sie es ihren Eltern, die der Polizei, und ich kriege Ärger. Also hab' ich was dagegen getan. Sie hat geschrien, und deshalb hab' ich ihr den Mund zugehalten und mit der anderen Hand zugefaßt. Ich hab' ihr den Slip ausgezogen und Sex mit ihr gemacht und sie dann versteckt. Das ist alles, woran ich mich erinnern kann!«

»Wie fühlst du dich jetzt?«

»Nicht besonders gut. Ich fühle mich schlecht, weil ich was getan habe, was ich nicht hätte machen dürfen.«

Die Kriminalisten beließen es erst einmal dabei. Sie glaubten den Fall Dawn Ashworth geklärt.

Auf den Fall Lynda Mann wollten sie an diesem Tage nicht mehr eingehen.

Am Sonntagmorgen (10. August) erhielt der Festgenommene seine maschinengeschriebene Aussage vorgelegt. Er las sie durch und bestätigte dann in Gegenwart einiger Zeugen: »Ja, was da drinsteht, habe ich gemacht. Ich war hinten bei ihr drin!«

Sergeant Mick Mason, als Lauerposten von Derek Pearce in die Kommission entsandt, hoffte auf ein Eingeständnis des »Mörders« auch für die Tötung von Lynda. Aber das blieb aus, und große Mühe gab sich sonst niemand darum. Man wollte durch erneute Vernehmungen und zusätzliche Beschuldigungen keine neuerliche Aussagesperre bei dem Jungen aufbauen und den zu Protokoll gebrachten Tatbestand erst einmal durch eine richterliche Einvernahme absichern lassen. Dann würde man in dem Fall Lynda Mann weitersehen.

So kam der Junge am Montag (11. August) für drei Minuten vor den Richter. Er bestätigte seine Aussagen, und der Richter ordnete Fortsetzung der Inhaftierung bei der Polizei an.

Selbstverständlich war das Blut des Verdächtigen untersucht worden. Er war kein Ausscheider der Gruppe A, PGM 1 +, aber die Gerichtsmediziner sagten ohnehin immer nur »wahrscheinlich« oder »möglicherweise«.

Sie konnten nur selten einen Verdächtigen »mit Sicherheit« ausschließen. So nahmen die Kriminalisten die negative Laborfeststellung ziemlich gelassen hin.

Der Fall Dawn Ashworth kam zum Abschluß. Die Kosten der Ermittlungen in dieser Sache schätzte die Verwaltung auf 113 000 Pfund. Die Einsatzzentrale wurde geschlossen, die Beamten aus der Kommission kehrten in ihre Dienststellen zurück.

Der Fall Lynda Mann fand keine weitere Erwähnung mehr. Man glaubte den Täter für beide Morde gefaßt. *Eine* Verurteilung reichte den Ermittlern. Weitere Investitionen würden sich nicht mehr rechtfertigen, meinte man in den Finanzstuben der inneren Verwaltung.

So gingen Wochen ins Land. Der Gerichtstermin wurde für den 21. November 1986 festgelegt. Für die Polizei galt die Sache als erledigt. Für Derek Pearce nicht!

Als der Küchenjunge festgenommen wurde, steckte Pearce mitten in Alltagsermittlungen verschiedenster Art. Aber er verschaffte sich Kenntnis von den Aussagen des Verdächtigen. Er hoffte auf Hinweise zu seinem Fall Lynda Mann, um wieder einsteigen zu können. Doch aus den eigenen Reihen kam vorerst nichts in dieser Richtung. Das hinderte den Inspektor nicht, unentwegt über weitere Aufklärungsmöglichkeiten in seinem Fall nachzudenken.

Sein Bruder studierte zu dieser Zeit an der Uni Leicester Medizin. Vielleicht hatte der von den Versuchen Jeffreys erfahren, vielleicht hatte aber auch Pearce selbst in *Readers Digest* oder in *Tomorros World* etwas über die Tests gelesen, ganz genau ist der Fortgang der Dinge nicht zu rekonstruieren.

Obwohl Dr. Jeffreys im Jahre 1986 allgemeine Anerkennung erfuhr, hatte er noch nicht an einem spektakulären gerichtsmedizinischen Fall mitarbeiten dürfen. In einer später von ihm gegebenen Schilderung ließ er seine Einschaltung in das Geschehen einigermaßen offen:

»Ich wurde von einem Detective Inspector von der Leicestershire Constabulary gebeten, Blut- und Samenproben zu analysieren, zur Unterstützung der Anklage gegen den geständigen Mörder von Dawn Ashworth. Der Inspector hoffte beweisen zu können, daß dieser auch der Mörder von Lynda Mann gewesen sei.«

Nach Lage der Dinge konnte diese Aufforderung nur von Pearce ausgegangen sein.

Jeffreys sah seine Chance und bemühte sich sofort um das benötigte Untersuchungsmaterial. Bezeichnenderweise begann er mit der Untersuchung der ziemlich gut erhaltenen Samenproben aus dem Fall Lynda Mann. Dem Mediziner gelang es, auf der Röntgenplatte zwei verschiedene Kennungen auszumachen, die des Mädchens und die des Mörders. Sofort machte er sich an den zweiten Fall. Er erbat zusätzliche Proben aus dem Fall Ashworth.

Die Ergebnisse ließen auf sich warten. Jeffreys experimentierte eine volle Woche, bis er *mit letzter Sicherheit* Auskünfte erteilen konnte. Dann aber zögerte er keine Minute mehr. Er rief Chief Inspector David Baker noch mitten in der Nacht an. »Ich habe eine schlechte und eine gute Nachricht für Sie. Der Küchenjunge ist nicht nur unschuldig im Fall Mann, er hat auch Dawn Ashworth nicht ermordet!«

Baker fiel aus allen Wolken. Es dauerte Minuten, ehe er den Mediziner fragte: »Und wie lautet Ihre Scheiß-gute-Nachricht?«

Jeffreys antwortete: »Sie müssen bloß *einen* Mörder suchen. Beide Mädchen sind von ein und demselben Täter sexuell mißbraucht und demzufolge auch ermordet worden!«

Baker konnte und wollte es nicht glauben. Zumindest wollte er sichergehen. Er alarmierte einen Gerichtsmediziner aus dem Innenministerium und stürmte mit ihm am folgenden Morgen in das Laboratorium der Universität.

Jeffreys blieb ganz ruhig und erläuterte seine Untersuchungen. Er zeigte dabei auf die Röntgenbilder mit den vielen schwarzen Strichen. »Das ist der genetische Fingerabdruck von Lynda Mann, den wir aus einer Mischung von Samen und Vaginaflüssigkeit gewonnen haben. Ein Vergleich mit der DNS-Kennung aus ihrer Blutprobe zeigt die übereinstimmende Kennung. Und das ist die davon abweichende Kennung des Angreifers, die sich deutlich von der vorherigen unterscheidet.

Die Besucher starrten auf die Streifen, deren Sinn sie zwar nicht recht begriffen, aber die Übereinstimmungen und Unterschiede vermochten auch sie zu erkennen. Danach fuhr Jeffreys fort: »Das sind die Kennungen aus dem Fall Dawn Ashworth. Sie stammen aus zwei Samenproben aus dem Vaginalbereich und aus der Kleidung des Mädchens. Eine davon zeigt keine Übereinstimmung mit der Kennung aus der Blutgruppe des Mädchens. Um so deutlicher erkennen Sie die Übereinstimmung in der zweiten Darstellung mit der Kennung aus den Untersuchungen im Falle Lynda Mann. Sie sind völlig deckungsgleich. Ganz im Gegensatz dazu weist keine Darstellung der

DNS-Analyse eine Übereinstimmung aus dem Blut des Küchenjungen auf.

Erste Schlußfolgerung: Beide Mädchen sind vom selben Mann vergewaltigt und ermordet worden. Zweite Schlußfolgerung: Ihr Mann ist *nicht* der Täter, weder bei Lynda, noch bei Dawn.«

»Hier«, und dabei wies er auf das Röntgenbild, »hier haben wir die Signatur des Mörders vor uns. Den müssen Sie suchen!«

Dagegen konnten weder Kriminalisten noch Wissenschaftler argumentieren. Ein Irrtum schied aus.

Die unmittelbar bevorstehende Gerichtsverhandlung gegen den Küchenjungen konnte man nicht mehr absagen. Sie fand am 21. November 1986 statt. Sie dauerte nur wenige Minuten. Der Richter ordnete die Freilassung des Verdächtigen an. Der Anwalt des Jungen fuhr ihn nach drei Monaten und zehn Tagen zum Haus seiner Eltern zurück.

Am Nachmittag verlas der Chef der Polizei in Leicester eine sorgfältig formulierte Erklärung, die die DNS-Tests bei dem Küchenjungen betrafen: »Diese Tests belasteten den Verdächtigen nicht im Mordfall Lynda Mann.« (Ein kaum wahrnehmbarer Seitenhieb auf Pearce, der die Untersuchung wohl »verschuldet« hatte, um im Fall Lynda Mann voranzukommen.)

»Die Ermittlungsbeamten im Fall Dawn Ashworth baten um weitere Tests. Sie wurden von Wissenschaftlern im Gerichtsmedizinischen Institut in Adlermaston überprüft und bestätigt. Die Testergebnisse deuten darauf hin, daß eine bis jetzt noch unbekannte Person für den Tod der beiden Mädchen verantwortlich ist.

Die Staatsanwaltschaft hat beschlossen, das Verfahren gegen den bisherigen Tatverdächtigen einzustellen. Die Polizei nimmt die Ermittlungen im Mordfall Ashworth wieder auf.«

Der Wortlaut der Erklärung gibt nicht die Zweifel und Vorbehalte der Polizei wieder, die bei zahlreichen Ermittlern gegen die Ergebnisse der wissenschaftlichen Untersuchungen bestanden.

Der »Sieg der Gerechtigkeit« (*Mercury*) rückte die Methode von Dr. Alec Jeffreys in das Licht der Weltöffentlichkeit. Er wurde zu Vorträgen in das Ausbildungszentrum des FBI nach Quantico/Virginia eingeladen und begeistert aufgenommen. Danach erschien eine Beschreibung der Entdeckung mit seinem Bild in den Medien aller fünf Kontinente. Er meldete seine Methode zum Patent an und wurde dadurch berühmt und reich.

Der siebzehnjährige Küchenjunge war somit der erste Mensch der Welt unter Mordanklage, der aufgrund des DNS-Tests – genannt Genetischer Fingerabdruck – außer Verfolgung gesetzt wurde.

Weniger gut bekam dieser »Sieg« Inspector Derek Pearce. Viele seiner Kollegen und Vorgesetzten sahen in ihm einen Quertreiber, der einen vermeintlich wasserdicht ermittelten Mordfall in letzter Sekunde zugunsten des Tatverdächtigen ausgehebelt hatte. Er hatte damit der Leicester Polizei erneut zwei ungeklärte Mordfälle und eine saftige Ermittlungspanne beschert (*Mercury:* »Polizeiliche Pfuscharbeit!«).

Nahrung fand die stille Feindschaft in dem immer noch weitverbreiteten Mißtrauen gegen solche »undurchsichtigen« wissenschaftlichen Aussagen. Das kam den polizeilichen Betrachtern vergleichsweise wie ein »psychologisches Gutachten« vor, die fast immer auf eine Entlastung des Täters hinausliefen.

Für sie blieb der Küchenjunge der Verdächtige, und die »neuen Ermittlungen« dienten in den Augen der meisten Kriminalisten – einschließlich Tony Painter – der Beibringung von weiteren Beweisen gegen den Küchenjungen. Man würde diesen Pseudobeweis schon irgendwie widerlegen können, so vorerst die allgemeine Marschrichtung.

Doch dabei hatte man noch einmal die Rechnung ohne Derek Pearce gemacht.

Nach der Freilassung des Küchenjungen erhöhten die anonymen Spender die Belohnung für die Ergreifung des Mörders auf 20 000 Pfund.

Notgedrungen mußte die Polizei wieder ganz von vorn beginnen.

Einer der Mitarbeiter in der neuen 50köpfigen Sonderkommission war Inspector Mick Thomas, der an beiden Fällen mitgearbeitet hatte.

Der zweite entscheidende Mann wurde Inspector Derek Pearce. Eine Auszeichnung war das nicht. Seine Vorgesetzten wollten ihn merken lassen, was er mit seiner Initiative eingerührt hatte. Sie ernannten ihn zum Leiter des Teams für die Überprüfung von Verdächtigen: eine Fronarbeit mit allen Risiken des Versagens.

Für die neue Ermittlung *Dawn Ashworth II* mußte er jede schriftliche Meldung lesen und alle telefonischen Hinweise bearbeiten, die seit Beginn der ersten Nachforschungen im Falle Lynda Mann eingegangen waren. Das waren einige tausend Vorgänge. Nach dem Studium des Inhalts mußte Pearce die jeweilige Information bewerten und dann je nach Priorität entscheiden, was wann und wie getan werden sollte. Das fesselte ihn an den Schreibtisch und hinderte ihn, selbst Ermittlungen anzustellen. Außerdem war er verantwortlich für die sachgemäße Erledigung der Überprüfungen.

Damit besaßen die oberen Polizeiränge an einer wichtigen Schaltstelle einen Fachmann, der einerseits hohe Professionalität in der Polizeiarbeit garantierte, zum anderen einen idealen Sündenbock bei Fehlentscheidungen oder einem gänzlichen Scheitern der Ermittlungen abgab.

In den ersten Tagen von *Dawn Asworth II* las Pearce 1 800 Hinweise, die seit der Festnahme des Küchenjungen ignoriert worden waren, die neu einlaufenden Meldungen nicht mitgerechnet, die schnell das Ausmaß einer Flut erreichten. Sechs Telefonisten waren nötig, um die Anrufe entgegenzunehmen, manchmal 100 an einem Tag.

In dem Stapel dieser Informationen bezog sich ein Hinweis auf einen Mann, dessen Name bei der Ermittlung im Mordfall Lynda Mann aufgetaucht war, weil er kein Alibi hatte und wegen Exhibitionismus vorbestraft war: »Sie sollten sich mal mit einem Mann in Littlethorpe namens Colin Pitchfork befassen.«

Dieser eine Name unter den Hunderten von namentlich erwähnten »verdächtigen« Personen hatte keine besondere Aufmerksamkeit gefunden, weil der Benannte erst einen Monat nach dem Mord an Lynda in das Dorf auf der anderen Seite des Flusses gezogen war.

Ende Dezember setzte sich allmählich die Erkenntnis durch, daß der Entzifferung des Genetischen Fingerabdrucks doch einiges Gewicht beizumessen sei. Jedenfalls konnte man die Aussagen der Wissenschaftler nicht weiter schlichtweg unbeachtet lassen.

Das nutzten die Inspektoren Pearce und Thomas, um ihren Vorgesetzten einen abenteuerlich erscheinenden Vorschlag zu unterbreiten: »Wenn wir davon ausgehen, der Täter stammt aus der Umgebung und der ›Fingerabdruck‹ zeigt uns mit Sicherheit den Mörder, sollten wir alle Männer des entsprechenden Alters um Testmaterial bitten, dann müßten wir ihn so oder so erwischen!«

Beide Inspektoren wußten, daß Tony Painter immer noch fest daran glaubte, in dem Küchenjungen den Täter ermittelt zu haben. Schon um diese Auffassung zu untermauern, stimmte Painter zu. Gemeinsam mit Baker konnten sie die Verwaltungsleute davon überzeugen, daß ein solcher Massentest für die Ermittlung tauglich und unentbehrlich sei. Trotz großer finanzieller Bedenken konnten sich die Inspektoren mit ihrem Vorschlag durchsetzen, alle Männer in dem entsprechenden Alter aus den drei Dörfern zu einem »freiwilligen« Test zu veranlassen.

Tony Painters Zustimmung interpretierten die Ermittlungsbeamten privat so: »Gut, wir untersuchen das Blut von denen allen, und dann beweisen wir, daß unser Junge Dawn Ashworth umgebracht hat.«

So wurde beschlossen, einen Tag nach Neujahr 1987 bekanntzugeben, daß die Mordkommission bei der Fahndung nach dem Mörder von Lynda Mann und Dawn Ashworth eine ungewöhnliche Maßnahme ergreifen werde. Alle männlichen Einwohner der drei Dörfer im Alter zwischen siebzehn und vierunddreißig wurden darum »gebeten«, freiwillig Blut- und Speichelproben zur Verfügung zu stellen, damit sie als Verdächtige bei den Fußwegmorden »ausgesondert« werden könnten.

Die Absicht stieß bei den Dörflern auf große Zustimmung, selbst die Pfarrer von Narborough, Enderby und Littlethorpe forderten die Männer auf, dem Ersuchen nachzukommen.

Eine umfangreiche und schwierig zu lösende logistische Aufgabe stand bevor. Man ging von den Listen aus, die man bei den Türbefragungen nach den Morden in allen Dörfern erstellt hatte. Dabei hatte man alle Männer des entsprechenden Alters notiert.

Zunächst wurden an drei Abenden in der Woche an zwei Orten Testtermine angesetzt, von 19 bis 21 Uhr, und einmal pro Woche ein Tagestermin von 9.30 bis 11.30 Uhr.

Die Männer wurden in formatierten Briefen um ihr Erscheinen zu einem bestimmten Zeitpunkt gebeten. Die Erschienenen wurden in einer Liste abgehakt, die alle Namen der »Eingeladenen« enthielt. Die

Ausgebliebenen erhielten einen zweiten Brief. Die Polizisten konnten keinen unmittelbaren Druck ausüben, sie mußten bei der Fiktion der Freiwilligkeit bleiben. Wer dann wiederum nicht kam, erregte natürlich das besondere Interesse der Ermittler. Doch vielfach sorgten auch die Angehörigen der Vorgeladenen dafür, daß diese sich durch den Test außer Verdacht (und aus dem möglicherweise aufkommenden Dorf-Gerede) brachten.

Ende Januar hatten sich bereits tausend Männer untersuchen lassen. Allerdings kam das gerichtsmedizinische Labor nicht so schnell nach. Im ersten Monat schaffte es gerade 250 Kennungen, und darunter war keine, auf die die Strichraster des Mörders paßten. Immerhin konnte die Polizei eine Sofortreaktion von über 90 % der Angeschriebenen verzeichnen. Die verbleibenden 10 % erhielten einen zweiten Brief, und danach blieben nur noch wenige aus. Diese besuchte Pearce oder ein anderer Inspector. So weit erkennbar, konnte keiner der Angeschriebenen der Probenentnahme entkommen.

Die Polizisten nannten das Verfahren bald das »Anzapfen«. Die Prozedur erfolgte nach einem sorgfältig erarbeiteten Plan. Wenn der Spender mit seinem Brief kam, stellten Polizisten die Identität des Erschienenen fest. Keine ganz leichte Aufgabe, da es in England keine zuverlässigen Personalausweise gab. Deshalb machte die Polizei eine Polaroidaufnahme (wenn der Getestete keine neuere Aufnahme mitbrachte), und anhand dieser Aufnahme erfolgte eine Überprüfung bei den Nachbarn oder der Familie.

Der beste und ausreichendste Beweis für die Identität war natürlich der Reisepaß. Er wies den Inhaber zuverlässig aus. In diesen Fällen entfiel die Nachfrage bei Nachbarn.

Eine Registriernummer und ein Blatt mit den Daten zur Identität wurden nach Eingabe in den Computer ausgedruckt, dann wurde der Spender zu einem Arzt begleitet, der ihm Blut und eine Speichelprobe abnahm. Die Spritze, ohne die abnehmbare Kanüle, wurde zum Reagenzglas und bekam einen beschrifteten Aufkleber.

Wenn das Laboratorium in Huntingdon feststellte, daß die Testperson kein Ausscheider der Blutgruppe A, PGM 1 + war, wurde die Analyse zurückgestellt. Falls ja, schickte man die Probe in das Laboratorium der Regierung in Aldermaston, wo der Jeffreys-Test gemacht wurde.

Derweil gingen die Ermittlungen zur Überprüfung eingehender Hinweise weiter, aber ein wesentlicher Teil der Ermittlungskräfte mußte oft weite Wege zurücklegen, um eine Testperson aufzuspüren und zur Abgabe der Proben zu veranlassen. Dabei »ackerte« Pearce unermüdlich. Immer dann, wenn ein Proband aus gesundheitlichen oder »rechtsstaatlichen« Gründen hartnäckig die Probenabgabe verweigerte, trat er in Aktion. In allen Fällen konnte er die Verweigerer »überzeugen«, allerdings auch auf Kosten einer Anzahl von Beschwerden, die seinen Vorgesetzten viel Mühe und Schweiß abforderten. Der Grad seiner Beliebtheit nahm weiter ab. Doch das kümmerte ihn nicht.

Er sah in dieser Testreihe die letzte – aber auch die sicherste – Möglichkeit, den von ihm so nachhaltig verfolgten Mörder zu enttarnen.

Für Colin Pitchfork aus Littlethorpe war der Januar 1987 ein beängstigender Zeitraum. Auch er bekam einen Brief von der Polizei mit der Aufforderung, zur freiwilligen Blutuntersuchung zu erscheinen. Er ließ den Termin verstreichen. Zur Begründung erklärte er seiner Frau: »Ich fürchte mich vor dem Test. Ich bin wegen Exhibitionismus vorbestraft. Die werden mich sofort verdächtigen, und dann geht es mir wie dem unschuldigen Küchenjungen!«

Als zwei Wochen später der zweite Brief kam und er den Termin wieder verstreichen ließ, reagierte seine Frau Carol unwirsch: »Deine Angst ist doch albern. Du läßt den Test machen. Jetzt verlange *ich* das von dir, nicht die Scheißbullen!«

»Und wenn sie mich wegen der alten Sache in den Knast stecken, während sie die Zeit damit vergeuden, den Test durchzuziehen, bist du dann zufrieden?«

»Laß den Test machen!«

Carols Angst war unbestimmt. Falls sie nur einen Gedanken auf die Möglichkeit verschwendet hat, ihr Mann könnte der Gesuchte sein, muß sie ihn als zu grauenhaft von sich gewiesen haben. Aber sie bestand weiterhin darauf, daß Colin zum Test ging.

Der mußte mit Reaktionen seiner Frau und, schlimmer noch, mit Reaktionen seines ehrbaren und staatstreuen Schwiegervaters rechnen. Er befürchtete, sie würden ihn wegen seines Kneifens anschwärzen.

Ende Januar sprach Colin Pitchfork einen 25jährigen Arbeitskollegen an und bat ihn, an seiner Stelle zum Test zu gehen. Er bot ihm für die Mühe 200 Pfund an. Zur Begründung erzählte er wieder etwas von seiner Angst, »wegen der alten Geschichte ins Loch zu kommen«.

Der Angesprochene glaubte ihm zwar die Geschichte, lehnte die »Gefälligkeit« aber rundweg ab.

Colin unternahm einen zweiten Versuch bei einem gleichaltrigen Arbeitskollegen – wieder vergebens. In derselben Woche sprach er noch einen 19jährigen Bekannten an, dem er dieselbe Geschichte mit dem lange zurückliegenden Exhibitionismus auftischte. Erneut erhielt er eine Absage. Keiner der Angesprochenen dachte sich aber etwas dabei. Alle nahmen dem redegewandten Colin Pitchfork seine Geschichte ab.

Colin gab nicht auf. Wenige Tage später sprach er Ian Kelly, einen 24 Jahre alten Iren, an. Colin war in der Firma sein Vorarbeiter und in gewisser Weise eine Respektsperson.

»Ich hab einen Brief bekommen, wegen des Bluttests. Ich habe Angst davor hinzugehen. Ich habe eine Todesangst vor den Bullen.«

Ein zufällig hinzugetretener weiterer Arbeitskollege meinte: »Laß dich testen. Ich gehe mit dir hin. Bloß ein paar Cops und eine kleine Nadel, das ist doch schon alles.«

Colin ließ das Thema fallen, aber ein paar Tage später nahm er Ian Kelly beiseite und sagte: »Ich kann den Test nicht machen lassen. Ich habe ihn doch schon für einen anderen machen lassen, der solche Angst vor den Bullen hatte, daß ich mich seiner erbarmt habe. Ich habe nicht geglaubt, daß sie mich auch einbestellen. Ich habe ja noch nicht einmal in dem Dorf gewohnt, als der erste Mord geschah. Aber jetzt haben sie mir auch einen Brief geschickt, und nun sitze ich in der Tinte.«

Doch Ian Kelly ließ sich nicht beschwatzen.

Dann, Ende Januar, nahm Colin ihn wieder beiseite. Jetzt wirkte er verzweifelt.

»Am 27. Januar muß ich zum Blutabnehmen! Ich habe es für den anderen Typen gemacht, und den habe ich nicht mal so gut gekannt wie du mich. Jetzt buchten sie mich bestimmt ein, wenn sie rauskriegen, daß ich zweimal beim Test war. Hör mal, ich habe Kinder. Du hast keine Kinder. Du kannst mir aus der Patsche helfen.«

Ian sagte zu Colin: »Schon gut, hör auf, mich zu piesacken. Ich mach's!«

Später sagte Kelly: »Wenn er mir zweihundert Piepen oder sonstwas angeboten hätte, dann hätte ich mir gedacht, daß da irgendwas faul ist, aber er hat nichts dergleichen gesagt. Er hat mich bloß gefragt, ob ich es mache und daß ich mir deswegen keine Sorgen zu machen brauche.«

Dann präparierten sie Führerschein und Paß von Colin, wechselten das Bild, und Ian mußte die Geburts- und Familiendaten von Colin auswendig lernen. All das nahm Kelly geduldig auf sich.

Am 27. Januar 1987 fuhren sie gemeinsam zur Danesmill School in Enderby. Der Paß war gültig, also war kein Polaroidfoto nötig. Ian unterschrieb das Formular, auf dem er seine Zustimmung gab, und wurde zum Arzt eskortiert, der ihm Blut und Speichel abnahm. Der Kriminalbeamte versah die Proben mit Aufklebern.

In den Akten der Polizei nahm sich dies so aus: Colin Pitchfork hatte freiwillig Blut- und Speichelproben zur Verfügung gestellt, seine Identität bewiesen mit einem britischen Paß, Nummer P 413 736 B, ergänzt durch einen gültigen Führerschein.

Danach fuhr Colin Ian Kelly zu dessen Wohnung in Leicester (er gehörte damit nicht zur Gruppe der zu Überprüfenden), setzte ihn dort ab und vergatterte seinen Komplizen:

»Bravo, Kumpel! Das wirst du nicht bereuen. Und die Parole heißt: Kein Sterbenswort, zu niemandem, sonst ziehen wir beide ein!«

Pitchfork versetzte sich dann mit einer Zirkelspitze einen kleinen Einstich in den Unterarm und präsentierte die verpflasterte Stelle mit einigem stimmlichen Aufwand seiner Frau. Sie glaubte ihm, daß er das »Anzapfen« wirklich hinter sich gebracht hatte.

Wochen später brachte ein Bote einen Brief in das kleine Haus am Haybarn Close, in dem stand, Colin Pitchforks Test sei negativ gewesen. So konnte er im wesentlichen von der Mordermittlung ausgeschlossen werden. Die Erleichterung von Carol war offenkundig größer als die ihres Mannes.

Unterdessen ging das »Anzapfen« weiter. Die Aktion erregte weltweites Aufsehen. Fernsehberichte darüber wurden in Australien, Brasilien, den USA, Schweden, Frankreich, in den Niederlanden und in der Bundesrepublik Deutschland gesendet. Jedoch der triumphale Erfolg stand immer noch aus.

Ein Unschuldiger entlastet, das war schon was. Aber den Schuldigen noch nicht gefunden: Das ermunterte Kritiker und Bedenkenträger zu allerlei Einwendungen, die oft genug dazu geeignet waren, die Verwaltung zur Einstellung der Untersuchungen zu veranlassen.

Ein Bürgerrechtsanwalt verkündete öffentlich: »Wenn wir so etwas machen, könnte das dazu führen, daß jedem Menschen bei der Geburt Fingerabdrücke abgenommen werden. Das riecht nach Überwachung. Wir brauchen ein Gesetz zum Schutze unserer Persönlichkeitsrechte.«

Das Ganze ging zudem ungeheuer ins Geld. Bis zum Mai 1987 hatte die Mordkommission 3 653 Männer und Jungen »angezapft«, aber nur 2 000 hatte man durch die Untersuchungen ausschließen können.

Der Tatverdächtige konnte unter den noch nicht abgearbeiteten Proben sein. Die Labors kamen aber so schnell nicht mit. Doch Pearce gab nicht auf. Bei der Auswertung entdeckte er weitere 1 000 Männer, die man aus dem Kreis der zu Untersuchenden nicht ausschließen konnte (zeitweilige Besucher in den Dörfern, Tagespatienten im Hospital, Handwerker von auswärts und so fort).

Und obwohl nun allmählich alle zu drängen begannen, das Aufstapeln von Blutproben einzustellen, gab Pearce nicht nach. Als die offizielle Bekanntgabe der Einstellung unmittelbar bevorstand, eilte er zu Baker und ließ durchklingen, er werde das Fernsehen von der Maßnahme unterrichten und hinzufügen, daß die Polizei es verabsäume, alle Möglichkeiten der Mördersuche zu nutzen.

Die Einstellung des »Abzapfens« unterblieb, aber der Kreis der Freunde von Pearce in den oberen Polizeietagen tendierte gegen Null. Und da Pearce ein ausgeprägtes Talent dafür besaß, sich selbst zu schaden, schaffte er das auch.

Während der Ermittlung im Fall Lynda Mann (1983) wurde Pearce ein 17jähriger weiblicher Polizeilehrling, Allison McDonnell, bei der Kriminalpolizei Süd zur Ausbildung zugeteilt. Sie unterstand damit dem geschiedenen Detective Inspector.

Der Altersunterschied von 15 Jahren und der Rangunterschied hätte den Inspector von romantischen Neigungen abhalten müssen.

An einem Abend im Mai 1987 (also vier Jahre später) nahm er an einer mit Alkohol angereicherten Besprechung in der Wohnung von Tony Painter teil. Nach Ende der Besprechung beschloß Pearce, der jungen Polizistin in ihrer Wohnung einen Besuch abzustatten.

Dabei kam es zu einem unangenehmen und lautstarken Auftritt. Jedenfalls meldete die Lokalzeitung drei Wochen später: »Die Polizei von Leicestershire hat nach einem Vorfall, bei dem eine Polizistin bei einem Streit mit einem Detective Inspector vor ihrer Wohnung verletzt wurde, ein Disziplinarverfahren eingeleitet.

Besorgte Nachbarn riefen die Polizei an den Schauplatz des Vorfalls. Als die Beamten eintrafen, stritten Detective Inspector Derek Pearce und Constable Allison McDonnell heftig miteinander.

Von Constable McDonnell, die Klage gegen den Inspector eingereicht hat, heißt es, sie habe leichte Gesichtsverletzungen erlitten, und die Haustür sei beschädigt worden.

Ein Sprecher der Polizei von Leicestershire hat den Vorfall heute bestätigt, der zu einem Disziplinarverfahren geführt hat. Beide Beamte wurden nicht vom Dienst suspendiert.«

Während die Untersuchung seines Falles in aller Stille geführt wurde, arbeitete Pearce ohne Verzögerung weiter an der Mordermittlung, wenn auch in gedämpfter Stimmung. Er hatte den lange gesuchten Anlaß, ihn kleinzukriegen, geliefert, aber er war ein zu wertvoller Aktivposten, um ihn aus der Untersuchung abzuziehen. Er übersah das ganze Feld und verfügte über das umfangreichste Detailwissen in beiden Mordkomplexen.

Das »Anzapfen« lief weiter, wenn auch Anfang Juni 1987 die Kommission auf insgesamt 16 Beamte reduziert wurde.

Von nun standen die Inspektoren Mick Thomas und Derek Pearce in einem dauernden Abwehrkampf gegen die »da oben« und die Verwaltung, die die Kommission gänzlich auflösen wollten. Sie hatten viertausend Männer getestet, und es ließ sich nicht bestreiten, der Etat war bei weitem überzogen. Aber es ging immer noch weiter, und jeden Tag hoffte Pearce mit seinen Männern auf den Durchbruch.

Am Samstag, dem 1. August 1987, besuchte der Ersatzspender Ian Kelly mit zwei Frauen und einem Arbeitskollegen in der Mittagspause ein Restaurant in Leicester. Sie gehörten alle zu dem Betrieb, in dem auch Colin Pitchfork beschäftigt war. Und um Colin drehte sich das Gespräch, weil er die anwesenden jungen Frauen ziemlich dreist »angemacht« hatte.

Da auch Ian Kelly einen Beitrag zur Unterhaltung leisten wollte, warf er mehr beiläufig ein:

»Ich habe für Colin den Bluttest gemacht!«

»Welchen Test?« fragte eine der Frauen.

»Den bei der Mordermittlung in den Dörfern!«

Als Ian kurz an die Theke ging, bemerkte der Kollege: »Colin hat auch mich gebeten, für ihn zum Test zu gehen. Er hat mir 200 Piepen dafür geboten. Angeblich hat er eine Scheiß-Angst vor den Bullen. Ich habe es aber nicht gemacht!«

Der Ersatztest lag zwar schon fünf Monate zurück, doch eine der Frauen war tief beunruhigt. Sie wagte nicht, weitere Fragen zu stellen, weil sie eine Verstrickung in die Mordsachen befürchtete.

Die junge Frau vertraute sich einem Bekannten an, dessen Sohn bei der Polizei in der Stadt angestellt war. Sie erbat seinen Rat. Der Befragte empfahl ihr, ihr Wissen an seinen Sohn weiterzugeben, der werde schon wissen, ob damit etwas anzufangen sei. Sie unternahm den Versuch, erfuhr aber, daß der Polizist einen längeren Urlaub im Ausland verbrachte. Es dauerte sechs Wochen, bis die Frau den jungen Polizeibeamten antraf und ihm die merkwürdige Geschichte erzählen konnte.

Dieser reagierte sofort und verständigte am Freitag, dem 18. September 1987, den ihm bekannten Phil Beelen bei der Mordkommission. Der wiederum setzte sofort Inspector Mick Thomas ins Bild. Derek Pearce hielt sich an diesem Tag in London auf, um bei einem »Versprengten« die Probenentnahme zu veranlassen.

Thomas suchte das alte Formular aus der Tür-zu-Tür-Ermittlung im Fall Lynda Mann heraus. Er verglich die damalige Unterschrift von Colin Pitchfork aus dem Reihenhaus in Littlethorpe mit der auf dem Formular vom Bluttest im Januar. Beide Unterschriften wichen deutlich voneinander ab. Die Version vom vorgeschickten Ersatzmann gewann damit an hoher Wahrscheinlichkeit, die sofortige prozessuale Schritte rechtlich gestattete.

Die Maschine sprang augenblicklich an. Thomas und Beelen fuhren zur Wohnung der »Anzeigeerstatterin« und protokollierten deren Aussage. Die machte sich immer noch Sorgen, ob sie richtig gehandelt hatte.

»Vermutlich vergeude ich Ihre Zeit, aber mein Gewissen ließ mir keine Ruhe. Vielleicht, wahrscheinlich hat es gar nichts zu bedeuten, aber mindestens das weiß ich dann bestimmt!«

Die Beamten beruhigten sie.

Am Abend erfuhr Pearce von der neuen Entwicklung. Obwohl alle mit den Hufen scharrten und sofort losschlagen wollten, bestanden die Inspektoren darauf, die Sache abzusichern.

Pearce knöpfte sich am kommenden Morgen (Samstag, 19. September) Ian Kelly vor, Mick Thomas suchte den Mann auf, dem Colin Pitchfork 200 Pfund für einen Ersatztest angeboten hatte.

Ian Kelly leugnete zunächst, fand sich aber kurz danach im Polizeirevier wieder, wo Pearce weiter auf ihn eindrang. Er stand unmittelbar vor Tätlichkeiten gegen den zögerlich aussagenden Zeugen. Er brüllte ihn an: »Klar, Ihr Name ist Hase! Und Sie haben ihm nur einen harmlosen Gefallen getan und haben sich für ihn Blut abnehmen lassen. Einen Gefallen? Sie haben uns acht Monate Zeit gekostet. Vielleicht gibt es ja noch einen Mord von unserem Mann, und Sie haben daran mitgewirkt. Jetzt geben Sie schon alles zu, damit wir den Mörder endlich aus dem Verkehr ziehen können. Wenn nicht, dann gnade Ihnen Gott!«

Danach gestand Kelly den Hilfsdienst in allen Einzelheiten. Erst jetzt verständigten die Inspektoren Superintendent Tony Painter.

Pearce brannte darauf, den Verdächtigen »einzubuchten«. Doch der leicht frustrierte Painter bestand auf korrekter Abwicklung: »Erst das Schriftliche!«

So schrieben die Beamten in fliegender Hast zwei Stunden lang alle erforderlichen Berichte und Vermerke, bis eine blütenweiße Akte bereitstand, die einen sofortigen Zugriff rechtfertigte.

Zwischenzeitlich aber hatte Pearce den Aufbau einer lückenlosen Observation am Haus des Verdächtigen veranlaßt. Am späten Samstagnachmittag traf Colin in seinem blauen Fiat ein. Die Beobachter ließen ihn das Haus betreten.

Um 17.45 Uhr standen schließlich auch Derek Pearce mit den Inspektoren Mick Thomas und Mick Mason vor dem Wohnhaus der Pitchforks. Dann ging alles ganz schnell und beinahe unkompliziert vor sich.

Carol Pitchfork öffnete und hielt die »Besucher« für Vertreter, ließ sie aber eintreten. In der Küche trafen die Polizisten auf Colin Pitchfork.

Während die Ehefrau noch in einem anderen Raum herumkramte, eröffnete Mick Thomas dem Verdächtigen ohne lange Vorrede: »Aufgrund von Ermittlungen, die wir durchgeführt haben, glauben wir, daß Sie verantwortlich sind für den Mord an Dawn Ashworth am 31. Juli 1986. Wir glauben, daß sich ein anderer an Ihrer Stelle Blut abnehmen ließ. Ich nehme Sie unter Mordverdacht fest.

Ich muß Sie darauf hinweisen, daß Sie nicht verpflichtet sind, etwas zu sagen, aber alles, was Sie sagen, wird festgehalten und kann gegen Sie verwendet werden. Haben Sie das verstanden?«

Colin Pitchfork entgegnete äußerst ruhig: »Lassen Sie mich erst mit meiner Frau sprechen.«

Mick Thomas fixierte Colin, desgleichen auch Mick Mason. Sie hatten den übereinstimmenden Eindruck, daß der Beschuldigte innerlich resignierte.

Deshalb stellte Mick Mason – ohne auf die Bitte von Colin einzugehen – überraschend die Frage: »Warum Dawn Ashworth?«

Ohne zu zögern antwortete Pitchfork: »Die Gelegenheit war es. Sie war da, und ich war da, und so ist es passiert!«

Mit diesem Satz hatte er im Grunde schon den Mord an Dawn Ashworth eingestanden, und er ergänzte sein »Geständnis« noch durch den Zusatz: »Ich möchte mit meiner Frau sprechen, denn es wird lange dauern, bis ich meine Familie wiedersehe. Ich möchte mich von ihr verabschieden.«

Mick Thomas rief nach Carol Pitchfork, und sie betrat die Küche. Colin sagte zu seiner Frau: »Sie sind gekommen, um mich festzunehmen!«

»Weshalb?« fragte sie.

»Wegen der Morde.«

»Aber du warst doch beim Bluttest, und du hast den Brief bekommen, in dem stand, daß er negativ war.«

»Ich bin nicht hingegangen. Ian war für mich da!«

»Warst du es?« fragte Carol ihn jetzt direkt.

Er antwortete nicht.

»Warst du es?« fragte sie noch einmal.

Er gab wieder keine Antwort.

»Du warst es«, sagte Carol nun beinahe bestätigend.

»Ja«, antwortete er.

Im gleichen Augenblick stürzte sich die Frau auf Colin. Der Angriff kam für die Polizisten völlig unverhofft. Carol begann auf ihren Mann einzuschlagen und ihn zu treten, ehe Mick Thomas sie zur Tür ziehen konnte. Aber noch im Abgang traf sie mit einem Schlag ungewollt in das Gesicht von Derek Pearce, und zum wenig guten Schluß erwischte ein Tritt noch dessen Lenden.

Dann vollzog sich der Rest – bis auf wenige Einzelheiten – in Routine.

Ein Beamter verständigte alle Mitglieder der Mordkommission von dem Erfolg. Sie sollten es nach vier Jahren Ermittlungsarbeit nicht aus zweiter Hand erfahren.

Superintendent Tony Painter war nach Hause gegangen und überließ den Festgenommenen den Inspektoren zur Vernehmung. Es war seine Art der Wiedergutmachung, daß er so lange darauf beharrt hatte, der Küchenjunge sei der Schuldige.

Auf dem Revier gestand der Festgenommene die beiden Morde in allen Einzelheiten und ergänzte seine Aussage durch die Schilderung weiterer sexueller Belästigungen, die nicht zum Tode der Opfer geführt hatten, aber auch nie zur Anzeige gelangt waren.

Nach Abschluß der Vernehmungen stand fest, keine einzige Spur, die von der Polizei im Verlaufe von vier Jahren verfolgt worden war oder von der sie erfahren hatte, hätte zur Identifizierung von Pitchfork als Tatverdächtigem führen können. So bestand auch keine – vielleicht erwünschte – Möglichkeit, die Sichtung und Bewertung der Spuren durch Pearce zu kritisieren oder als falsch einzustufen.

Diesmal wollte Pearce ganz sicher gehen und veranlaßte bei Colin eine sofortige Probenentnahme für die Untersuchungen in den Labors. Es dauerte Wochen, ehe das endgültige Ergebnis vorlag. Aber sofort meldeten die Wissenschaftler, der Verdächtige ist Ausscheider der Blutgruppe A, PGM 1 +.

Die letzte unwiderlegbare Gewißheit brachte dann das Ergebnis der »Gen-Analyse«. Die Wissenschaftler konnten *mit absoluter Sicherheit garantieren, daß der Genetische Fingerabdruck des Festgenommenen haargenau mit den Kennungen aus beiden Mordfällen übereinstimmte.*

An der Täterschaft von Colin Pitchfork konnte kein Zweifel mehr bestehen. Weiterer Beweise bedurfte es nicht.

Am 23. Oktober 1987, um 12.10 Uhr, lieferte Derek Pearce die von ihm abschließend bearbeitete polizeiliche Ermittlungsakte beim Staatsanwalt der Krone ab.

Um 14.10 Uhr des gleichen Tages wurde Detective Inspector Pearce ohne Bezüge vom Polizeidienst suspendiert.

Colin Pitchfork wurde am 22. Januar 1988 zu zweimal lebenslänglicher Freiheitsstrafe verurteilt. Die ganze Verhandlung ging im Blitztempo über die Gerichtsbühne. Der Angeklagte wurde um 11.50 Uhr in den Saal geführt. Um 13 Uhr schickte der Richter die Prozeßbeteiligten in die Mittagspause. Um 14.15 Uhr ging es weiter. Pitchfork bekannte sich schuldig. Um 15 Uhr hatte der Richter das Urteil gesprochen und begründet, und die nächste Verhandlung begann.

Unmittelbar danach trat Tony Painter nach 30 Dienstjahren in den Ruhestand. Niemand weiß, was seinen letztlich doch plötzlichen Entschluß bewirkte.

Ian Kelly bekam 18 Monate Gefängnis zudiktiert, deren Verbüßung aber auf Bewährung ausgesetzt wurde.

Die disziplinarische Untersuchung gegen Derek Pearce rief all seine Gegner auf den Plan. Deren Anzahl war beträchtlich, da der Kriminalist kaum eine Gelegenheit ausgelassen hatte, seine Vorgesetzten zu verärgern. Dementsprechend trug man alles zusammen, was irgendwie nach einem Dienstvergehen aussah. Dabei kamen so gravierende Dinge zum Vorschein wie das *Zerreißen von Polizeiformularen, Mißachtung von Weisungen und Beleidigung von Verwaltungs- und Rechnungsbeamten.*

Der Mann hatte für viele zu selbständig und ohne Rücksicht auf vorgefaßte Meinungen gedacht und gehandelt. Zum Glück, muß man in der Nachbetrachtung sagen. Er konnte damit wenig Freunde in der Hierarchie gewinnen, aber seiner Hartnäckigkeit ist es zu verdanken, daß danach auch andere sexuell motivierte Serientäter schnell gefaßt und manche Opfer vor schwerem Schaden bewahrt werden konnten.

So ging die Sache dann für Pearce zum Schluß doch auch einigermaßen versöhnlich aus.

Pro und kontra DNA-Analyse

Von nun an beschäftigten sich Wissenschaftler und Kriminalisten in aller Welt mit dem Genetischen Fingerabdruck und Varianten davon, der DNS-Analyse oder dem DNS-Fingerabdruck.

Besondere Furore machte die Methode in den USA. Ab Mitte 1988 fand das Verfahren Anwendung bei Strafprozessen in Florida, Oklahoma, New York, Pennsylvania, Virginia und Washington – überall mit zutreffenden Ergebnissen. Immer wieder griff die Weltpresse das Thema auf und wußte über Erfolge zu berichten. Aber auch die Zahl der Kritiker nahm zu.

Die amerikanische Union für Bürgerrechte zog nachhaltig in Zweifel, ob die Speicherung der Daten aus Massentests oder auch von einzelnen freiwillig gewährten Test-Daten im Computer verfassungsrechtlich hinnehmbar sei. Man äußerte den Verdacht, sie könnten dazu dienen, Aids-Infizierte von Staats wegen aufzuspüren und wegzuschließen.

Ähnliche Befürchtungen kamen aus allerlei Richtungen. Kritik und Zweifel blieben, aber die wissenschaftliche Aussagekraft der Untersuchungen war unbestritten. Sie hielt allen kritischen Nachprüfungen durch Molekular-Biologen stand.

Die zögerliche Anerkennung als Beweismittel und die verschleppte gesetzliche Genehmigung, solche Daten zentral zu speichern, resultierten aus einer wissenschaftlichen Verkennung der Methode und aus dem weithin (berechtigten) Vorbehalt gegen Gen-Manipulationen. Allerdings beruhen Vorbehalte und die engagierte Ablehnung auf Mißverständnissen.

Tatsächlich ist es schwer, die von Jeffreys entwickelte Zählmethode so verständlich darzustellen, daß daraus sowohl der überragende Beweiswert als auch die Unbedenklichkeit der Analyse erkennbar wird.

Besonders schwierig ist es, zum Verständnis eine ungefähre Vorstellung von dem komplizierten Aufbau und der Bedeutung der menschlichen Zellstruktur zu vermitteln.

Ein nur wissenschaftlich angelegter Versuch dazu ist zwar unentbehrlich, bedarf aber einer Ergänzung durch einen lebensnahen – laienhaften – Vergleich.

Die räumliche Zellstruktur haben J. D. Watson und F. H. C. Crick bereits 1953 als »Helix-Modell« auf dem Reißbrett nachgestaltet. Das Modell erfuhr nach und nach seine Bestätigung. Danach beherrschen zwei schraubenförmig umeinander gewundene »Trägerfäden« (Polynukleotidfäden) jede einzelne Zelle (Doppel-Helix). Diese Fäden sind Kettenmoleküle aus Desoxyribo-Nuklein-Säuren (DNS), die sich aus verschiedenen Nukleotiden – chemischen Verbindungen – aufbauen. Diese Verbindungen wiederum setzen sich aus stickstoffhaltigen Basen, Phophorsäure-Rest und Zucker zusammen.

Die Basen (Basisstoffe) bestehen aus ADENIN (A), GUANIN (G), THYMIN (T) und CYTORIN (C). Diese Stoffe sind auf unterschiedlich geordnete Weise miteinander verbunden.

Daraus ergeben sich unendlich viele aneinander gehängte Bausteine, die man bei Modellbeschreibungen mit den entsprechenden Buchstaben A, G, T und C kennzeichnet.

Auf diesen langen Molekülfäden schwimmen wie Inseln die persönlichkeitsbestimmenden Gene (*codierende Bereiche*). Jedes Gen ist für eine Funktion im Organismus verantwortlich. Die Gene machen aber nur etwa 10 % der »Gesamtmasse« aus, der sie umgebende Rest von 90 % hat keinerlei Einfluß auf die Funktion oder das Erscheinungsbild des Organismus.

Die Gene werden über Millionen von Zellgenerationen unverändert, aber in der Reihung stets unterschiedlich auf den Fäden weitergegeben, weil die DNS die Fähigkeit zur Reduplikation besitzen.

Ernstzunehmende Wissenschaftler behaupten sogar, die Gene »hielten sich die körperliche Konstruktion, um das eigene Überleben in Ewigkeit« zu sichern. Diese Konstruktion, mit der Fähigkeit der unendlichen Reproduktion aus sich selbst, hat in jeder Körperzelle einen identischen Aufbau (Blut, Haar, Hautschuppe, Sperma), unterscheidet sich aber bei jedem Lebewesen in typischer Weise voneinander.

Veränderungen in den codierenden Erbfaktoren treten nicht durch die Art der Weitergabe, sondern spontan – induziert durch Mutationen – auf.

Neuerdings kommt allerdings die Möglichkeit des mechanischen Eingriffs von außen hinzu, der zu unvorhersehbaren Veränderungen führen kann. Dies ist es, was Wissenschaft und Bürger so empfindlich auf Gen-Manipulationen bei Mensch, Tier und Pflanze reagieren läßt.

Die Unbegreiflichkeit der Kernsubstanz von Lebewesen und die schon mehrfache Entgleisung menschlichen Eingreifens (Atomkraft, Ozonloch usw.) machen die Kritik gegen weitere Eingriffe in die Natur verständlich. Wissenschaftler und Theologen treten gemeinsam gegen jegliche Manipulation am »Bauplan Gottes« auf.

Dieser in der Bevölkerung weit verbreitete Vorbehalt beeinflußte über Jahre auch die Gesetzgebung. Politiker im Verein mit Datenschützern und Publizisten fühlten sich zu vorsichtigem Taktieren beim Umgang mit der »Gen-Analyse« verpflichtet, obwohl die Jeffreys-Methode in keiner Weise Gen-Manipulationen vornimmt, dafür aber mit unüberbietbarer Treffsicherheit eine Identifizierung aus kleinsten körperlichen Substanzen ermöglicht.

Um die Treffsicherheit (Beweiskraft) zu verdeutlichen, muß man auf ein leichter einsehbares Beispiel zurückgreifen. Man stelle sich zwei, tausend oder eine Million Menschen mit einem annähernd gleichen Sprachschatz von etwa 20 000 Begriffen vor.

Sie sollen einen komplizierten Sachverhalt ohne besondere Vorgaben beschreiben, Groß- und Kleinschreibung, Raumaufteilung, Absatz- und Seiteneinteilung, Überschriften, Heraushebungen und Klammervermerke, Zeichensetzung und Plausibilität im Ausdruck beachten, aber alle Informationen auf etwa 50 Druckseiten unterbringen.

Es wird nicht gelingen, auch nur zwei identische Fassungen zu erlangen. Auch bei der DNA-Analyse wird es immer Unterschiede geben, obwohl der Ausgangspunkt (Vererbung), die Zielsetzung (Entwicklung eines spezifisch ausgewachsenen Lebewesens) und das Gestaltungsmaterial (chemische Verbindungen) vollständig gleich sind. Es kommt nur darauf an, Mittel und Wege zu finden, die Unterschiede erkennbar (beweisbar) zu machen.

Das genau ist Dr. Jeffreys durch Sichtbarmachung eines Streifencodes gelungen. Die Beweiskraft der Analyse-Ergebnisse ist damit von unübertreffbarer Individualität, vergleichbar dem »normalen« Fingerabdruck.

Die Gerichtsmediziner und Polizeilaboranten interessieren sich nicht im mindesten für die codierenden Gene. Sie durchsuchen ausschließlich den Trägerbereich der DNA, die die Gen-Inseln umgeben. Allein hier finden sie die auswertbaren »hypervariablen Regionen«, die nach Kennzeichnung kurze »Perlen-Abfolgen« der Basisstoffe ergeben.

Man faßt sie zusammen, so daß etwa Bezeichnungen entstehen wie BCATT = 1 Repeat. Solche Kettenverbindungen treten in großer Zahl auf = z. B. CATTCATTCATTBG. Man spricht dann von Short Tandem Repeats (STR), die in kurzen (short) Abfolgen hintereinander – wie auf einem Tandem sitzend – auftreten.

Diese Reihung nutzen die Wissenschaftler. Sie bestimmen und zählen die Repeats. Daraus entstehen Zahlenreihen, die sie in einer Formel zusammenfassen. Jeder der so entstehenden Zahlenwerte – unterschieden nach väterlicher oder mütterlicher Herkunft – kommt mit einer statistisch bestimmbaren Häufigkeit in der Bevölkerung vor.

Die bestimmt das Maß der Wahrscheinlichkeit; sie liegt stets über 1 zu 5 Millionen, meist aber im Milliardenbereich.

Wie jeder leicht daraus entnehmen kann, handelt es sich bei der DNA-Analyse überhaupt nicht um eine Gen-Analyse. Es geht vielmehr um die Bestimmung von Zahlenwerten, die zwar typisch für eine Person sind, über den Betreffenden jedoch nichts aussagen.

Der Wert ist genauso aussageneutral wie die ausgezählte Musterzahl einer Fingerkuppe, individuell typisch, aber absolut persönlichkeitsneutral. Er bietet keinerlei Möglichkeiten, Prognosen über vergangenes oder zukünftiges Verhalten zu stellen. Es erfolgen keine Veränderungen in der Substanz oder Einwirkungen auf die Persönlichkeit.

Ein winziger Teil einer menschlichen Substanz, losgelöst vom ursprünglichen Träger, wird in seiner Zusammensetzung ausgezählt. Man kann daraus buchstäblich nichts, aber auch gar nichts anderes entnehmen als den spezifischen Aufbau einer einzelnen Zelle. Das taugt nur und *nur* dazu, den ursprünglichen Träger dieser Zelle zu bestimmen (oder als Verdächtigen auszuschließen). Selbst eine Telefonnummer, die jedermann ohne weiteres zugänglich ist, verrät mehr über den Anschlußinhaber als der Zahlenwert der DNA-Analyse.

Bei Kenntnis dieser Einzelheiten ist kein Argument vorstellbar, das gegen eine Abspeicherung dieser Zahlenfolge sprechen sollte, vor allem, wenn es um potentielle Wiederholungstäter geht. Jede Einschränkung einer entsprechenden Datensammlung nützt niemandem und schädigt potentielle Opfer.

Diese Einsicht setzte sich nach und nach in allen westlichen Industriestaaten durch.

Die Einzelstaaten der USA erlaubten alsbald die Aufnahme der DNA-Daten und räumten die Möglichkeit ein, die Analyse-Ergebnisse von Sexual- und Gewalttätern zentral registrieren zu lassen.

Das erlangte besondere Bedeutung für einige Strafgefangene, die unschuldig zum Tode verurteilt worden waren und auf ihre Hinrichtung warteten.

1972 hatte der amerikanische Supreme Court die Todesstrafe erneut für verfassungskonform und zulässig erklärt. Danach führten 38 der über 50 Einzelstaaten die Todesstrafe wieder ein.

Im Jahre 1999 warteten 3 517 Männer und Frauen in den Todeszellen auf Revision oder Vollstreckung ihres Urteils.

Seit der Wiedereinführung wurden mindestens 75 US-Bürger zum Tode verurteilt, die nachweislich unschuldig waren und nach den später aufgefundenen Beweisen wieder entlassen wurden. Unter ihnen war z. B. der 38jährige Kirk Bloodsworth, der wegen vermeintlicher Vergewaltigung und Ermordung eines neunjährigen Mädchens an der staatlich verabreichten Gift-Injektion sterben sollte. Er saß 8 Jahre, 11 Monate und 19 Tage in der Todeszelle, ehe mit Hilfe des Gen-Tests seine Unschuld bewiesen werden konnte und er wieder auf freien Fuß gesetzt werden mußte.

Perry Coob erlangte erst nach 10jährigem Warten in Illinois wieder die Freiheit, weil seine Gen-Daten nicht mit den am Opfer gesicherten Spuren des Mörders übereinstimmten.

Allein der Anwalt Barry Scheck, der O. J. Simpson mitverteidigte, konnte mehr als ein Dutzend unschuldig verurteilter Mandanten mit Hilfe des Gen-Tests vor der Hinrichtung bewahren.

Die wenigen Beispiele beweisen die Entlastungsfunktion der Gen-Analyse, die ebensolche Bedeutung besitzt wie die Möglichkeit des Täternachweises. Sie ist im Einzelfall geeignet, beide Funktionen zu erfüllen, nämlich den wahren Täter zu identifizieren und den zu Unrecht Beschuldigten zu entlasten, wenn eine ausreichende Vergleichsdatei zur Verfügung steht und genutzt werden kann.

Im Jahre 1994 verfügte Großbritannien eine weitreichende Erlaubnis, DNA-Analysen vorzunehmen und Gen-Daten zu speichern. In einem Land, in dem die Bürger nicht einmal einen Personalausweis besitzen müssen, erlauben die Gesetze die zentrale Erfassung von vorhandenen Analyse-Daten und deren Abfrage nahezu von jeder polizeilichen Dienststelle per Computer.

Die Entscheidung über eine Probenentnahme und deren Speicherung obliegt dem jeweiligen Richter. Der ist aber in keiner Weise an einen Straftatenkatalog gebunden. Im Einzelfall kann er die Probensicherung sogar für einen Schwarzfahrer anordnen.

1996 traf der Gesetzgeber in den Niederlanden eine vergleichbare Regelung.

Auch Österreich sichert solche DNA-Daten mit gesetzlicher Erlaubnis und registriert sie an zentraler Stelle. Der Erfolg stellte sich fast unmittelbar ein. So wurde ein »Vergewaltiger« in Innsbruck überführt, fünf weitere Taten dieser Art ausgeführt zu haben.

Auch in anderen Ländern führten die Analyse-Daten zur Aufklärung gewichtiger Straftaten.

Während so in vielen Staaten und Rechtssystemen die Gen-Analyse bei der Entlastung und Belastung von Beschuldigten rechtliche Anerkennung fand, dauerte es in der Bundesrepublik Deutschland verhältnismäßig lange, ehe diese Identifizierungsmethode gesetzlich geregelt wurde.

Noch streitbarer ging es bei der Auseinandersetzung um die Berechtigung zu, Analyse-Ergebnisse von beschuldigten Personen und erst recht zur vorbeugenden Verbrechensbekämpfung in bundesweit gespeiste Dateien aufzunehmen.

Die Polizei übernahm die Identifizierungsmethode frühzeitig. Sie gehörte alsbald zum Alltagsgeschäft in den Labors beim Bundeskriminalamt und in den Landeskriminalämtern. Die Polizei-Wissenschaftler entwickelten dazu ein Gel, mit dem man mehrere DNA-Kennzeichen gleichzeitig überprüfen und so eine schnelle, billige und zuverlässige Feststellung ermöglichen kann.

Rechtlich konnten sie dabei auf die Bestimmungen §§ 81 a, 81 c der Strafprozeßordnung zurückgreifen, die eine körperliche Untersuchung – einschließlich der Entnahme einer Blutprobe – bei Beschuldigten und Zeugen zur Aufklärung einer konkreten Straftat erlaubten.

Beim Beschuldigten mußte dabei ein konkreter Tatverdacht vorliegen, bei Zeugen durfte der Test nur vorgenommen werden, wenn sich an ihrem Körper eine bestimmte Spur oder Folge einer Straftat fand.

Das schloß vorbeugende Probenentnahmen von bereits Verurteilten oder von unbeteiligten Zeugen aus. Bei den in den 90er Jahren häufiger durchgeführten Reihenuntersuchungen mußten die Probanden mit der Probenentnahme einverstanden sein, den Untersuchungen also freiwillig zustimmen.

Aber auch bei berechtigten Untersuchungen entstanden Zweifel an der Rechtmäßigkeit der DNA-Daten-Ermittlungen. Deshalb brachten Rechtsanwälte die Sache zur Entscheidung vor den Bundesgerichtshof. Der befand 1990 in zwei Fällen, die Bestimmung der DNA-Werte sei zulässig. Dies geschah u. a. im Verlauf eines Ermittlungsverfahrens wegen Mordes an einer Barfrau.

Zeugen hatten als Verdächtigen nur einen Porsche-Fahrer erkennen können, dessen Fahrzeug im Kennzeichen auf eine Zulassung in München hinwies. Die Polizei bat daraufhin 550 Männer, die für die Tatzeit des Mordes kein Alibi beibringen konnten, zum DNA-Test.

Auch das Bundesverfassungsgericht entschied sich für die Zulässigkeit des Verfahrens.
Als eine dem britischen Vorbild entsprechende Nagelprobe erwies sich 1994 eine Aktion, um den Mord an einem kleinen Mädchen aufzuklären. Die meisten Männer stellten sofort Blut und Speichel zur Verfügung. Der Rest wurde dringlich gebeten und kam dieser Aufforderung nach.

Die Tat wurde aufgeklärt. Allerdings wurden dabei auch die Grenzen der polizeilichen und der gesetzlichen Möglichkeiten sichtbar.

In der Folge bat die Polizei häufiger darum, freiwillig Proben für DNA-Tests zur Verfügung zu stellen. Jedoch konnten die Analyse-Ergebnisse weiterhin keine Aufnahme in zentral geführte Register finden. Zudem gewann der Chor der Kritiker an Lautstärke, die Arges im Tun der Behörden vermuteten. Nach Auffassung von Politikern, Datenschützern und des Justizministers bedurfte es für die Fortführung dieser Praxis eines Gesetzes, um die Grenzen der Erhebung und Verwendung der Daten festzulegen.

Während in der Praxis die Sicherung des Genetischen Fingerabdrucks mehr und mehr zur Selbstverständlichkeit wurde (das LKA Nordrhein-Westfalen untersuchte inzwischen in einem besonders dafür eingerichteten Laboratorium mehr als drei Proben pro Tag), dauerte es bis zum 22. März 1997, ehe der Gesetzgeber eine Regelung im *Strafverfahrenänderungsgesetz* traf.

Die Umständlichkeit der Namensgebung entsprach der Handhabbarkeit der Bestimmung. Die darin enthaltenen Einschränkungen bezeichneten einige Kriminalisten als »konstruiertes Fiasko«. Der 1. Hauptkommissar Franz Huber aus Offenburg beklagte in der November-Ausgabe 1997 der »Kriminalistik«, daß das Verbot der ethnischen Zuordnung einer Spur ebenso unsinnig sei wie die untersagte Feststellung, ob die Probe von einem Mann oder einer Frau stamme: »Gerade diese Feststellung schafft bei der Suche nach einem unbekannten Täter entscheidende Ermittlungsansätze. Bei solch einem Schwachsinn fragt man sich, ob der einzelne Abgeordnete bei der Abstimmung wußte, welche entscheidenden Fahndungshilfen er damit der Polizei aus der Hand schlägt.«

Die Kriminalisten reagierten so verbittert, weil inzwischen sogar die Datenschützer in wesentlichen Punkten ihre Bedenken aufgegeben hatten.

Doch damit nicht genug. Der Streit ging weiter, als die Frage entschieden werden mußte, ob und gegebenenfalls wo das eminent wichtige Zentralregister entstehen sollte.

Gegen die nahezu als selbstverständlich erscheinende Sammlungsbehörde BKA erhob der Justizminister Einspruch. Er wollte die Datei beim Bundeszentral-(straf)-register ansiedeln, damit »auch die Staatsanwälte Zugriff haben«.

Eine aberwitzige Begründung! Sie ließ völlig außer acht, daß die Staatsanwälte ohnehin »Herr des Strafverfahrens« sind und über alle polizeilichen Dateien frei verfügen können, aber nicht die mindeste Kompetenz für vorbeugende Maßnahmen besitzen.

Das konnte also nur eine vorgeschobene Begründung sein. Vermutlich traute der Justizminister der Polizei keinen rechtsstaatlichen Umgang mit den Daten zu, vielleicht handelte er aber auch aus bloßer Unkenntnis über die Verwendbarkeit der Daten. Wie auch immer, dieser »Streit« verzögerte die Einrichtung eines Zentralregisters um mehr als ein Jahr.

»Ein Stück aus dem Tollhaus!« so ein Sprecher des LKA Nordrhein-Westfalen.

»Ich kann mir das Theater um die Einrichtung der Datei nur so erklären, daß keiner der Verantwortlichen wirklich verstanden hat, worüber sie sprechen und befinden. Oder wollen sie es aus politischen Gründen vielleicht gar nicht so genau wissen? Kommt ihnen die diffuse Angst des Bürgers vor dem ›gläsernen Menschen‹ möglicherweise gerade recht, nur um sich in Wahlkampfzeiten auf Kosten unschuldiger zukünftiger Verbrechensopfer zu profilieren?« legte ein Wissenschaftler des LKA NRW öffentlich nach.

Ein nicht unberechtigter Verdacht, lag doch der parteiinterne Streit mit drohender Spaltung um den »Lauschangriff« noch manchem Parteifunktionär auf der Seele. Starker Tobak jedenfalls von den Praktikern an der Front, aber auch der Präsident des BKA beklagte öffentlich die Verzögerung und vermutete weitere unnötige Verbrechensopfer.

Dieser Streit lief in einer Kulisse ab, vor der sich im In- und Ausland stets neue Fälle ereigneten, die die Tauglichkeit, aber auch die Zweckmäßigkeit einer zentralen Registrierung der Gen-Daten bewiesen.

So ein Fall aus dem Ruhrgebiet. 1992 vergewaltigte und erstach der Bodybuilder Peter A. die 19jährige Rechtsanwaltsgehilfin Dalida D. in ihrer Wohnung. Er kam unentdeckt davon, obwohl er in einer benachbarten Großstadt schon einmal einschlägig in Erscheinung getreten war. Aber Gen-Daten gab es nicht von ihm, und das Tatbild war so diffus, daß man daraus keine Vergleichsschlüsse ziehen konnte.

Dem Mord folgte eine Serie von heftigen Sexualattacken in verschiedenen Polizeibereichen. Wenn der Täter eine hübsche Frau sah, verfolgte er sie bis zu ihrer Wohnung. Dort verschaffte er sich Zutritt mit der Legende, er komme vom Wasserwerk. Während er das Opfer ins Bad schickte, um das Wasser abzustellen, prüfte er, ob er allein mit dem Opfer war. Traf dies zu, bedrohte und mißbrauchte er die Wohnungsinhaberin. Er blieb weiterhin unentdeckt. Einige Geschädigte verzichteten sogar auf eine Anzeige.

Die Opfer schämten sich ihrer Vertrauensseligkeit oder wollten die Qual der Vergewaltigung nicht noch einmal durch wiederholte Schilderungen aufleben lassen. So blieb auch der Zusammenhang der räumlich auseinanderliegenden Taten unerkannt. Jede Kriminalbehörde knackte an ihrem Fall isoliert herum. Es fehlten die Verbindungsglieder, die wahrscheinlich die Gen-Daten bei einem Vergleich hätten bieten können.

Als der Täter schließlich gefaßt wurde, konnte man ihm nur weniger schwere Taten nachweisen. Das Gericht verurteilte ihn dennoch zu vier Jahren Freiheitsstrafe, weil es zu Recht in ihm einen Serientäter vermutete.

Nach erfolgreicher Revision erfuhr die Strafe infolge der schwachen Beweislage eine Minderung, und er kam wieder auf freien Fuß.

Weitere Vergewaltigungen folgten, aber diesmal sicherte die Polizei DNA-Spuren bei den Opfern. Als der Mann erneut festgenommen wird, kann man ihm einige Taten vorhalten, die er zugeben muß. In dieser aussichtslosen Situation gesteht er auch den 1992 begangenen Mord an Dalida D.

Der Fall Ronny Rieken (Deutschland)

Die sich häufenden Meldungen über Sexualverbrechen zu Beginn des Jahres 1998 und die immer heftiger werdende Reaktion der Bevölkerung veranlaßten den Bundesinnenminister zu der Erklärung, er werde die Errichtung einer zentralen »Gen-Datei« beim BKA anordnen. Das führte zu einer Gesetzesinitiative im Bundestag.

Bis zum März 1998 fruchtete die Überzeugungsarbeit der Kriminalisten im parlamentarischen Raum. Bei Vorlage eines entsprechenden Gesetzentwurfs durften sie bei den großen Fraktionen im Bundestag auf Zustimmung hoffen, die Möglichkeiten der DNA-Analyse besser nutzen zu können und dies gesetzlich zu fundieren.

Deshalb legte der Justizminister am 11. März 1998 einen »Arbeitsentwurf« vor, den man den Ländern zur Stellungnahme übersandte. Dort bestand noch keineswegs eine übereinstimmende Auffassung. Vor allem wollten einige Bundesländer das BKA nicht mit einem weiteren Informations-Monopol ausstatten. Das Schicksal des Entwurfs schien weiterhin ungewiß.

Am 16. März 1998 kehrte die elfjährige Christina Nytsch aus Strücklingen im Kreis Cloppenburg von einem Besuch im Schwimmbad nicht nach Hause zurück. Eine umfangreiche Suche in der weithin menschenleeren Umgebung verlief über fünf Tage ergebnislos. Dann fanden Suchtrupps das Mädchen an einem einsamen Platz in einem 15 Kilometer entfernten Waldstück erdrosselt, mit einem Messer traktiert und vergewaltigt.

Als die Polizei über mehrere Wochen den Täter nicht fassen kann, bittet sie 18 000 (!) Männer aus den umliegenden Dörfern zum »freiwilligen« DNA-Test.

Die Probe 3 889 bringt als Treffer den Erfolg: Der Täter ist Ronny Rieken.

Vielleicht hat dieses Geschehen den letzten Ausschlag gegeben, die Gesetzgebung ohne Wenn und Aber zu realisieren und alle Forderungen der Kriminalisten zu erfüllen.

Am 24. Juni 1998 verabschiedete der Bundestag ein *Gesetzespaket zur Bekämpfung der Kriminalität.* Im Mittelpunkt stand die Erweiterung der rechtlichen Grundlage für eine beim BKA zu errichtende Gen-Datei *zur besseren und schnelleren Aufklärung von Sexualdelikten.*

Am 11. Juli 1998 stimmte der Bundesrat in seiner letzten Sitzung vor der Sommerpause dem Paket zu.

Nur wenige Tage später – am 20. Juli 1998 – gesteht Ronny Rieken seiner Frau bei deren Besuch in der Haftanstalt einen weiteren Mord – den an der 13 Jahre alten Ulrike Everts aus Jeddeloh. Er hatte das bis dahin »nur vermißte« Mädchen am 11. Juni 1996 entführt, vergewaltigt, erdrosselt und dann an einsamer Stelle im Wald verscharrt. Die Eltern suchten ihr Kind noch immer.

Im Verlauf der weiteren Ermittlungen offenbarte sich Ronny Rieken in seiner Entwicklung, seinem Auftreten und in seinen Taten fast als eine deckungsgleiche Kopie von Colin Pitchfork.

Ronny Rieken stammt aus einer zerstörten Familie. Der Vater, rauflustig, trinkfreudig und schlagkräftig, drosch häufig auf seine Frau und die drei Kinder ein. Ronny, im März 1968 geboren, lebte als Kind mit einer älteren und einer jüngeren Schwester in einem kleinen Haus in Jaderkreuzmoor, nördlich von Oldenburg. Der Flecken verdiente nicht einmal die Bezeichnung Dorf, auf allen Karten und im Sprachgebrauch nannte man die paar Höfe und Häuser »Bauernschaft«.

Dort kannte zwar jeder jeden, aber die Zeit und die Lebensumstände brachten es mit sich, daß fast alle isoliert existierten. Dennoch galt es als offenes Geheimnis, daß Vater Rieken sich an seiner älteren Tochter verging. Das wußte seine Frau, das wußten Ronny und alle Nachbarn, aber die Behörden waren weit, und persönlich mochte sich keiner mit dem schlagstarken Maurer anlegen. So blieben diese schlimmen Zustände unter der Decke.

Nach der Geburt der kleineren Schwester blieb die Frau mit ihren drei Kindern noch vier Jahre bei ihrem Mann. Doch als er versuchte, auch die Kleine zu mißbrauchen, floh sie mit den Kindern in eine Dachgeschoßwohnung am Haaresufer in Oldenburg.

Ronny ist da sechs Jahre alt. Von jetzt an spielt der Vater keine Rolle mehr. Die Familie lebt von der Sozialhilfe. Die Mutter kümmert sich mehr um die Mädchen. Auf den Jungen drischt auch sie ein, wohl aus Angst, er könne dem Vater nachgeraten. Zu viele Schläge führen zur Gewöhnung. Da er sie ohnehin bekommt, nimmt er die Rolle an: wenn schon Prügel, dann auch verdient.

Ronny, leicht gehemmt, schmächtig, aber doch durch das Vorbild des Vaters geprägt, hält nur Kontakt zur jüngeren Schwester. Nur bei ihr ist er der Stärkere. Spielkameraden findet er nicht. So vertreibt er sich die Zeit mit Tierquälereien an Fröschen und anderem Kleingetier. Hierbei kann er nach Belieben verfahren und andere Lebewesen ungestraft beherrschen.

Als er einige Jahre älter ist, beginnt er Behinderte mit argen Scherzen zu foppen oder sogar zu tyrannisieren. Seine Schulleistungen liegen unter seinen Möglichkeiten.

Anfang der 80er Jahre steht das Haus zum Abriß. Die Familie muß die Wohnung räumen. Sie findet Unterkunft in einer schlimmen Wohngegend am Dachsberg, einem Sammelbecken für Gestrandete. »Normalität« heißt hier Gewalt und Diebstahl. Wer sich als Jugendlicher nicht an Diebstählen beteiligt, gilt als Außenseiter.

Kaum hat Ronny mit 14, 15 Jahren die körperlichen Voraussetzungen erreicht, beginnt er auf Schwächere, Wehrlose, Abhängige einzuschlagen. *Geschlagene Kinder schlagen zurück*, der tausendmal bewährte Erfahrungsgrundsatz bestätigt sich auch bei ihm.

Mädchen geht er an die Wäsche. Als 14jähriger versucht er einem Mädchen auf dem Spielplatz den Slip herunterzureißen. Als es schlagkräftig reagiert, sagt er ungerührt: »Stell dich nicht so an!«

Das Mädchen entkommt, erzählt es den Eltern. Die sprechen mit Ronnys Mutter, verzichten jedoch auf eine Anzeige. Ronny ist aber inzwischen den Strafschlägen seiner Mutter entwachsen. So bleibt ihr nur der Versuch der Selbstberuhigung, *wohl eher eine harmlose Sache*, tut sie das Ganze ab und beläßt es dabei.

Zwei Jahre später vergewaltigt er die Freundin seiner jüngeren Schwester. Die Mutter des Mädchens erstattet Anzeige.

Der Staatsanwalt stellt das Verfahren aus Mangel an Beweisen ein: Aussage steht gegen Aussage.

Die Mutter: »Sie wird es wohl gewollt haben.«

Die große Schwester: »Ronny tut so etwas nicht!«

Die kleine Schwester schweigt aus Angst vor Ronny.

Ronny ist auf dem Trip. Mit Gewalt kommt er zum Erfolg, und nichts geschieht ihm.

Nach der Volksschule nimmt er Arbeit als Binnenschiffer an. Spätestens ab da beginnt sein Lebensweg dem seines britischen Pendants Colin Pitchfork zu gleichen.

Ab Mitte der 80er Jahre rotiert der junge Mann zwischen den Gerichtssälen und seinen Arbeitsplätzen auf den Binnenschiffen »Regina« und »Wilma«. Ab 1985 kassiert er in jedem Jahr eine Gerichtsstrafe.

Wie bei Pitchfork schätzt man das gesellschaftliche Fehlverhalten Ronnys als unbedeutend, altersbedingt, reparabel ein: Fahren ohne Führerschein, einfacher und schwerer Diebstahl, Nötigung und ähnliches. Das trägt ihm Verwarnungen und Jugendarrest ein, aber keine erkennungsdienstliche Behandlung oder die Eintragung in überörtliche Register.

Als 18jähriger legt er eine rauhere Gangart ein: gefährliche Körperverletzung. Er verprügelt seinen Schiffsführer und den Schiffsjungen, die er beide im Schlaf überrascht. Sechs Monate Jugendstrafe sind die Folge, ausgesetzt zur Bewährung.

1987: Mißbrauch von Notrufen, falsche Verdächtigung.

1988 folgt eine Verurteilung wegen Diebstahls in 18 Fällen. Wieder bleibt es bei einer Bewährungsstrafe.

Wer weiß, was er bis zu diesem Zeitpunkt bereits an Sexualstraftaten verübt hat? Die Belästigung des Mädchens mit dem Slip, die vollendete, aber ungeahndet gebliebene Vergewaltigung eines Mädchens, all das spricht dafür, daß ihm wohl nicht bemerkte oder weitere nicht angezeigte Straftaten zugerechnet werden müssen. Erkannt wurde nur seine Tendenz zur Gewalttätigkeit, nicht aber seine sexuellen Neigungen.

Seine Verfehlungen gelten – wie bei Pitchfork – als durch das jugendliche Alter bedingte Taten, die aus seiner verkorksten Erziehungssituation resultieren. Tatsächlich aber muß sein Hang zur sexuellen Abartigkeit schon stark ausgeprägt gewesen sein.

1989 wird dies für die Umwelt und die Justiz schlagartig sichtbar, aber in seiner Bedeutung nicht zutreffend eingeschätzt.

Schon mehrmals hat er bis dahin seine jüngere Schwester »zum

Spaß« mit einem Gürtel stranguliert. Weder die Mutter noch die ältere Schwester hatten dies ernsthaft gerügt, obwohl die Kleine nach solch einem »Spaß« einmal bewußtlos geworden war.

Am 25. Mai 1989 trieb der nun fast 21jährige den »Spaß« auf die Spitze.

Das Mädchen wollte die Wohnung verlassen. Ronny hielt es fest, nutzte die Gelegenheit, daß sie allein in der Wohnung waren. Er strangulierte seine Schwester mit einem Gürtel und vergewaltigte sie dann.

Die junge Frau zeigt den Bruder an, hält allen Versuchen von Mutter und Schwester, sie umzustimmen, stand und bleibt bei ihren Aussagen. Sie bleibt auch dabei, als alle ihre Verwandten vor Gericht den Richter von Ronnys Unschuld überzeugen wollen.

Welchen Drangsalierungen muß sie zuvor ausgesetzt gewesen sein, diese Tortur durchzustehen, um ihren Bruder mit Hilfe des Gerichts aus dem Haus zu drängen.

Ronny sagt in der Verhandlung kein Wort. Der Sachverständige diagnostiziert eine Persönlichkeitsstörung; die sexuelle Problematik hält er für unbedeutend, oder sie entgeht ihm. Im Gegensatz dazu hält das Gericht ihn für voll schuldfähig und gefährlich. Es verurteilt ihn zu 10 Jahren Freiheitsstrafe.

Die enge Beziehung zwischen Täter und Opfer wirkt einerseits strafverschärfend, verstellt andererseits aber die Sicht auf die Gefährlichkeit des Sexual-Gewalttäters.

Die Ermittlungsbehörden schätzen den »Vorfall« offenbar als einen alkoholbedingten »Unfall« eines Primitivlings im Familienkreis ein, der sich außerhalb dieser engeren Umwelt des Täters nicht wiederholen wird. Sie verabsäumen es, ihn als gefährlichen Sexualtäter in die entsprechenden Karteien aufzunehmen. Die DNA-Analyse wird gerade eben in England entwickelt. In der Bundesrepublik weiß man noch wenig davon. Zudem glauben die Ermittler den Täter erst einmal für zehn Jahre in staatlicher Verwahrung.

Doch er erfährt keine entsprechende psychiatrische Behandlung und bleibt auch keine zehn Jahre hinter Gittern.

Der Anwalt Riekens geht in Revision. Der BGH hält nach Studium der Akten die Strafe für zu hoch. So bleiben am Ende nur fünf Jahre und sechs Monate zur Verbüßung übrig. Ronny führt sich gut, absolviert eine Lehre als Maschinenbauer. Um ihn auf die Freiheit vorzubereiten, erhält er »nach angemessener Frist« verschiedentlich Hafturlaub. Den nutzt er auf seine Weise.

Er lernt dabei seine zukünftige Frau kennen, aber im Urlaub 1992 vergeht er sich an der achtjährigen Tochter seiner zukünftigen Schwägerin. Wenig später zwingt er die jüngere Schwester seiner Verlobten mit mehr oder weniger Gewalt zum Geschlechtsverkehr. Nach deren späteren Bekundungen empfand sie das Vorgehen Ronnys als eine Vergewaltigung.

Beide Taten kommen nicht zur Anzeige. Die Geschädigten wissen wenig vom Vorleben ihres künftigen Schwagers und kennen auch nicht den eigentlichen Haftgrund. Vor allem aber schweigen sie mit Rücksicht auf die Schwester, die diesen Mann offenbar liebt. Sie wollen eine mögliche vorzeitige Haftentlassung nicht durch erneute Beschuldigungen und Anzeigen erschweren. Es steht nicht einmal fest, ob sie die zukünftige Ehefrau des rabiaten Hafturlaubers von diesen Untaten unterrichteten.

Unmittelbar nach seiner 1993 tatsächlich erfolgten Haftentlassung heiratet er seine Frau, die aus einer ordentlichen Familie stammt. Wie im Falle Pitchfork mochten die Schwiegereltern ihn nicht. Sie konnten ihre Tochter aber nicht von der Heirat abhalten, zumal sich auch bald das erste Enkelkind anmeldete.

Die Gegend, in die Ronny mit seiner Frau zieht, ähnelt der, in der er geboren wurde. Orte ohne eigentlichen Kern, schnelle, leere Straßen, viel Grün und buschige Waldung. Sie ähnelt außerdem verblüffend der dörflichen Gegend, in der Colin Pitchfork seine Opfer bald nach seinem Zuzug fand.

Ronny Rieken arbeitet manchmal, manchmal sichert seine Frau das Einkommen. Dann betätigt er sich als Hausmann, montiert seine Modelleisenbahn und pflegt sein Aquarium.

Die Ehefrau sorgt für normale soziale Kontakte, hält Verbindung zur Familie und zu den Nachbarn.

Sie klagt nie über ihr Leben oder ihren Mann. So entsteht in der Umwelt das Bild einer ungestörten Normalität. Bald bekommt die Familie das zweite und 1998 ein drittes Kind.

Nach außen bleibt beinahe unbemerkt, daß Ronny – wann immer

möglich – mit seinem orangefarbenen Opel Omega in der Gegend herumfährt.

Wie die Ehefrau an den Kosten erkennt, sind es fast 8 000 Kilometer im Monat. Gelegentlich begründet er seine »Ausflüge« mit dem Hinweis, er gehe dabei auf Arbeitssuche. Aber meistens verzichtet er auf eine Erklärung, und die Ehefrau nimmt es hin.

Er kennt bald die nähere und weitere Umgebung gut und lernt Orte und Stellen kennen, die oft menschenleer sind.

Was weder seine Frau noch sonst jemand ahnt: Ronny ist nicht ziellos unterwegs. In Wirklichkeit ist er unentwegt auf dem Sprung, junge Mädchen zu kidnappen, um sie zu vergewaltigen. Stets nimmt er eine Strumpfmaske mit, um sich im Falle eines Falles unkenntlich zu machen.

In insgesamt fünf Fällen sieht er auf den einsamen Straßen »geeignete« Opfer. Ehe er jedoch gefahrlos zur Tat schreiten kann, kommt es immer zu irgendwelchen Störungen.

Anders am 17. Januar 1996. An diesem Tag kann Ronny Rieken seinen Plan verwirklichen. In aller Frühe steigt er in sein Auto und fährt über die stillen Straßen zwischen den Dörfern. Gegen sieben Uhr erreicht er die kleine Ortschaft Neuscharrel, etwa zehn Kilometer von seiner Wohnung entfernt. Auf noch dunkler Straße sieht er ein neunjähriges Mädchen auf einem Fahrrad. Das Kind ist auf dem Weg zur Schule. Blitzschnell zieht er die Strumpfmaske über, hält an und reißt das Mädchen vom Rad. Er zerrt es in sein Auto und verbindet seinem Opfer die Augen. Dann fährt er zu einem einsamen Ort am »Küsten-Kanal« in der Nähe von Kampe. Dort breitet er eine Decke aus und vergewaltigt sein Opfer. Er glaubt sich unbemerkt von Zeugen und unerkannt vom Opfer. So läßt er die Kleine zurück und fährt nach Hause zu seiner Frau, die mit dem zweiten Kind im fünften Monat schwanger ist. Sie bemerkt keine Veränderung an ihm.

Das Opfer findet nach Hause, die Polizei wird eingeschaltet. Die kann auf der Kleidung des Mädchens Spermaspuren sichern, aber die Suche nach dem Täter bleibt ergebnislos. Keine Zeugen, keine Täterbeschreibung, nur ein vager (zudem irreführender) Hinweis auf die Autofarbe, kein DNA-Vergleichsmaterial – das reicht nicht zur Identifizierung.

Ähnliche Umstände hatten auch Pitchfork begünstigt, als er eines seiner Opfer wieder laufen ließ. Im Oktober 1986 hatte der eine 17jährige Friseuse gekidnappt, in sein Auto gezerrt und mit einem Schraubenzieher bedroht. Er nötigte sie zum Oralverkehr, ließ sie dann allerdings wieder gehen mit der Drohung: »Erzähle niemandem was davon, sonst komme ich wieder. Ich finde dich überall!«

Die Pitchfork-Sache kam der Polizei dennoch zu Ohren. Aber es war »nichts Besonderes passiert«, eine Verbindung zum Mord an Lynda Mann ergab sich nicht, und so blieb Pitchfork unentdeckt. Das steigerte seine Gewaltbereitschaft. Er kurvte danach weiter mit seinem Auto durch die dörfliche Landschaft, bis er bei einer für ihn »günstgen Gelegenheit« auf sein nächstes Opfer stieß und es ermordete.

So, als handelten beide Mörder nach einem einheitlichen Tatplan, ging auch Rieken bei seinen Verbrechen vor. Auch er fährt weiter mit dem Auto über die Dörfer. Als im Mai 1996 seine zweite Tochter geboren wird, bindet ihn dies nur kurze Zeit an die eheliche Wohnung.

Am 11. Juni 1996 bemerkt er bei einer Fahrt zwischen Jeddeloh und Habern ein 13jähriges Mädchen auf dem Bock einer Pony-Kutsche. Weit und breit ist kein Mensch sonst zu sehen.

Er stoppt – diesmal unmaskiert – und reißt Ulrike Everts an den Haaren herunter und sperrt sie in den Kofferraum seines Wagens. Das Mädchen schreit, verstummt aber, als er zügig anfährt und sein Opfer an den einsamen Ort am Kanal bei Kampe bringt.

Wieder breitet er die Decke aus und vergewaltigt Ulrike. Diesmal fühlt er sich erkannt und erdrosselt sie. Dann schleppt er die Leiche in sein Auto und fährt damit ins Ipweger Moor, wo er die Tote verbuddelt.

Zwei Jahre suchen die Eltern Everts ihre Tochter mit Aufrufen, Appellen, Fotos und Fernsehsendungen – vergebens. Keiner hat etwas gesehen oder bemerkt. Das Kind bleibt verschwunden. Der Vater zerbricht beinahe an der vergeblichen Suche.

Ronny Rieken fährt wieder nach Hause. Seine Frau ahnt wohl noch nichts von dem Doppelleben ihres Mannes, wenn sie inzwischen auch seine ständigen »Irrfahrten mit den vielen Kilometern« heftig beklagt. Sie beginnt die Zahl der gefahrenen Kilometer zu notieren und verhält sich in dieser Hinsicht genauso wie die Ehefrau von Colin Pitchfork.

Die Polizei kann die »Vermißtensache« Everts nicht klären. Insgeheim gehen die Ermittler zwar von einem Tötungsdelikt aus, aber nähere Anhaltspunkte dafür finden die Fahndungsbeamten nicht. So kann Ronny seine »Suchfahrten im PKW« in den Dorfgegenden wieder aufnehmen, unerkannt und unverdächtigt.

Am 16. März 1998 erliegt er wieder einer »günstigen Gelegenheit«. Nur wenige Kilometer von seiner Wohnung entfernt bemerkt er in der Nähe von Strücklingen die radfahrende elf Jahre alte Christina Nytsch auf der Straße. In der Dunkelheit kann er sie unbemerkt vom Rad reißen und in sein Auto zerren. Er hindert sie an der Flucht durch Schaltung der Kindersicherung. Wieder fährt er an seine »Lieblingsstelle« am Kanal bei Kampe.

Hier vergewaltigt er sie. Die Kleine kämpft und schreit: »Dich mach ich fertig! Dich bringe ich in den Knast!« und spricht sich damit wohl ihr Todesurteil.

Rieken packt sie wieder in sein Auto und fährt mit ihr in ein Wäldchen bei Lorup. Wahrscheinlich passiert er dabei das Elternhaus der Entführten, die das hilflos mit ansehen muß. Im Wald erdrosselt er das Mädchen. Aus nicht ersichtlichem Grund sticht er noch mit einem Messer auf die Tote ein.

Große Mühe beim Verstecken der Toten gibt er sich nicht. In einem Dreieck, begrenzt von zwei Wegen, legt er die Leiche ab, nur wenig von Zweigen bedeckt, keine vier Schritte vom Weg entfernt. Das Messer wirft er auf der Rückfahrt weg.

Seine Frau merkt ihm wieder nichts an. Er betreut fast rührend das gerade geborene dritte Kind.

Die Suche nach der Vermißten führt nach einigen Tagen zum Erfolg. Man findet sie, vergewaltigt und ermordet. Diesmal kann die Polizei DNA-Vergleichsmaterial vom vermutlichen Täter sichern.

Der Leichenfund löst eine intensive und umfangreiche Fahndungsaktion aus. In der Bevölkerung wächst der Verdacht, ein Sexualmörder gehe um. Plötzlich erinnert man sich auch wieder an das Verschwinden der »vermißten« Ulrike Everts. Der Mord an Christina ist Gegenstand intensiver Diskussionen zwischen den Dorfbewohnern.

Auch die Presse berichtet täglich über den (Nicht-)Fortgang der Untersuchungen.

Diesmal fühlt sich Rieken nicht mehr ganz so sicher. Gleich nach der Tat beginnt er mit einer Diät, um deutlich abzunehmen. Vorher trug er häufig einen Dreitage-Bart, jetzt geht er glatt rasiert und läßt sich einen Schnurrbart wachsen. Auch im Umgang zeigt er Veränderungen.

Als die Polizei die Bevölkerung um Mithilfe bittet, fragt ihn seine Frau direkt: »Hast du etwas mit der Sache zu tun?«

Welche Frau fragt ihren Mann so etwas, die völlig ahnungslos das Verhalten ihres Mannes beobachtet?

Auch die schon früher behelligten Schwestern seiner Frau stellen »merkliche Veränderungen« bei Ronny fest. Schließlich sucht er sogar das Gespräch mit seiner jüngeren Schwester, die ihn bereits einmal für längere Zeit ins Gefängnis gebracht hatte. Will er sie davon abhalten, irgendwem gegenüber einen Verdacht zu äußern?

Doch keiner aus der Familie oder dem Bekanntenkreis verständigt die Polizei über Ahnungen oder Vermutungen. Wie auch im Fall Pitchfork fürchten sich die, die etwas ahnen oder vermuten, vor der schrecklichen Gewißheit oder fürchten die Rache des Gewalttäters.

Dann fordert die Polizei die männlichen Einwohner der Region zum Speicheltest auf. Ronny Rieken will da nicht hingehen, zögert mit dem Aufsuchen der Sammelstelle. Seine Frau drängt ihn: »Mach es, sonst kommst du wegen deiner Vorstrafe erst recht in Verdacht!«

Sie bittet Bekannte, ihren Mann zum Test zu begleiten. Schließlich, Karfreitag, am 10. April 1998, kann er sich dem Drängen nicht mehr entziehen. Vielleicht hofft er aber auch wegen des Feiertags auf besonderen Andrang und die Möglichkeit, irgendwie davonzukommen.

So geht er mit den Bekannten zum Test. Noch während der Prozedur versucht er zu tricksen. Nach der Registrierung will er davonschleichen, ohne seinen Speichel abzugeben. Das mißlingt.

Seine Probe bekommt die Registrier-Nummer 3 889.

Einer seiner Begleiter meldet der Polizei das merkwürdige Verhalten von Ronny bei der Speichelabgabe. Die Beamten nicken, verzichten aber auf hartnäckige Nachfragen. Sie geben sich mit der Feststellung zufrieden, daß die Speichelprobe des Verdächtigten bereits beim Labor vorliegt. Mehr kann man in diesem Moment ohnehin nicht unternehmen.

Die Probe von Rieken ist *der* Treffer: Rieken ist der Mörder im Fall Nytsch.

Am 28. Mai 1998 holt ihn die Polizei ab. Er nimmt die Festnahme ruhig, beinahe gelassen hin. Schon bei der ersten Vernehmung gibt er den Mord an Christina zu.

Als ihn seine Frau bei einem Haftbesuch fragt: »Warst du es?«, gesteht er ihr auch den Mord an Ulrike Everts. Er führt die Ermittler zu Ulrikes »Grab«. Die Suche der Eltern hat ein Ende.

Am 12. November 1998 begann vor dem Schwurgericht in Oldenburg die Hauptverhandlung gegen Ronny Rieken. Er gestand beide Morde ein und gab weitere Sexualdelikte zu. Er bestätigte, seit 1994 ständig auf der Suche nach kindlichen Opfern gewesen zu sein.

Genau wie Pitchfork hat Rieken zwei Mädchen in einem längeren Zeitabstand ermordet. Beide hatten ihre Taten nicht von langer Hand vorbereitet, sondern hielten sich an Opfer, die sie durch Zufall antrafen. Übereinstimmend fanden sie ihre Opfer nach einem dauerhaften Suchvorgang in dörflicher Umgebung, wobei sie darauf rechnen konnten, nicht von Zeugen beobachtet zu werden.

Beide Täter kehrten nach den Taten scheinbar unbeeindruckt in den Kreis der Familie zurück.

Beide Ehefrauen ahnten oder befürchteten eine Beteiligung ihres Mannes an den Morden, aber ebenso übereinstimmend schwiegen sie, weil sie sich ihre Ahnungen nicht bestätigen lassen wollten.

Die Morde in diesen Fällen konnten nur mit Hilfe der DNA-Analyse aufgeklärt und bewiesen werden.

Die Duplizität der Ereignisse könnte kaum größer sein. Mit Gewißheit würden bei weiteren Vergleichsversuchen bei ähnlichen Mordtaten ebenso übereinstimmende Fakten feststellbar sein, auch bei unaufgeklärten Taten, die schon längere Zeit zurückliegen.

Daher war es wichtig, eine Gesetzesgrundlage zu schaffen, die eine Probenentnahme nicht nur im akuten Fall erlaubt, sondern bei allen

Sexualtätern, die in der Vergangenheit einschlägig in Erscheinung getreten sind, gleich ob sie sich noch in Haft oder bereits wieder in Freiheit befinden.

Das seit dem 1. September 1998 gültige Gesetz erlaubt nach eindringlichen Forderungen der Kriminalisten die Feststellung des Genetischen Fingerabdrucks von verurteilten Sexual- und Gewaltverbrechern, bei denen eine Wiederholungsgefahr besteht, und eine Aufnahme ihrer Daten in die DNA-Datei.

Bei einer negativen Verhaltensprognose können auch die Daten von Straftätern erfaßt werden, die ihre Freiheitsstrafe bereits verbüßt haben und wieder in Freiheit leben, sofern ihre Eintragung in das Bundeszentralregister noch nicht durch Fristablauf getilgt worden ist.

Die Anordnung obliegt in diesen Fällen einem Richter. Die interne polizeiliche Regelung sieht vor, daß – wenn eine solche richterliche Erlaubnis erteilt worden ist – der Betroffene zur freiwilligen Abgabe der Daten aufgefordert werden kann. Verweigert der Ersuchte den Vollzug, kann die Probenentnahme zwangsweise erfolgen.

In Nordrhein-Westfalen begannen die entsprechenden organisatorischen Maßnahmen dazu im November 1998. Vorerst richteten sie sich gegen die in Haft befindlichen 1 600 Gewaltverbrecher. Daran schloß sich die Überprüfung der verurteilten, aber bereits wieder entlassenen Gewalttäter an.

Künftig wird die Identifizierung von noch unbekannten Sexualverbrechern erheblich leichter sein.

Gesetzliche Grundlagen für die DNA-Analyse in Deutschland

Das ***Strafverfahrenänderungsgesetz*** vom 17. März 1997 (in Kraft seit dem 22. März 1997) regelt die Zulässigkeit von molekulargenetischen Untersuchungen zur Feststellung der Täterschaft oder der Abstammung (§§ 81 e und 81 f der Strafprozeßordnung).

Danach dürfen – nur auf Grund richterlicher Anordnung und unter weiteren einschränkenden Voraussetzungen – in den Fällen der StPO-Bestimmungen

§ 81 a *»Körperliche Untersuchung; Blutprobe von Beschuldigten«* und
§ 81 c *»Untersuchungsberechtigung von Nicht-Beschuldigten«*

aber auch an sichergestelltem oder beschlagnahmtem Spurenmaterial DNA-Analysen vorgenommen werden.

Im Juli 1998 stimmte der Bundesrat auch dem § 81 g der Strafprozeßordnung *»DNA-Analyse«* und der innerdienstlichen Regelung zur Errichtung eines BKA-Zentralregisters zu.

§ 81 e Strafprozeßordnung *»Molekulargenetische Untersuchungen«*

(1) An dem durch Maßnahmen nach § 81 a Abs. 1 (vom Beschuldigten) erlangten Material dürfen auch molekulargenetische Untersuchungen durchgeführt werden, soweit sie zur Feststellung der Abstammung oder der Tatsache, ob aufgefundenes Spurenmaterial von dem Beschuldigten oder dem Verletzten stammt, erforderlich sind.

Untersuchungen nach Satz 1 sind auch zulässig für entsprechende Feststellungen an dem durch Maßnahmen nach § 81 c StPO (anderer Personen) erlangten Material.

Feststellungen über andere als die in Satz 1 bezeichneten Tatsachen dürfen nicht erfolgen, hierauf gerichtete Untersuchungen sind unzulässig.

(2) Nach Absatz 1 zulässige Untersuchungen dürfen auch an aufgefundenem, sichergestelltem oder beschlagnahmtem Spurenmaterial durchgeführt werden. Absatz 1 Satz 3 gelten entsprechend.

§ 81 f Strafprozeßordnung *»Anordnung und Durchführung«*

(1) Untersuchungen nach § 81 e dürfen nur durch den Richter angeordnet werden. In der schriftlichen Anordnung ist der mit der Untersuchung zu beauftragende Sachverständige zu bestimmen.

(2) Mit der Durchführung der Untersuchung nach § 81 c sind Sachverständige zu beauftragen, die öffentlich bestellt oder nach dem Verpflichtungsgesetz verpflichtet oder Amtsträger sind, die der ermittlungsführenden Behörde ***nicht*** *angehören oder einer Organisationseinheit dieser Behörde angehören, die von der ermittlungsführenden Dienststelle organisatorisch und sachlich* ***getrennt*** *ist. Diese haben durch technische und organisatorische Maßnahmen zu gewährleisten, daß unzulässige molekulargenetische Untersuchungen und unbefugte Kenntnisnahme Dritter ausgeschlossen sind.*

Dem Sachverständigen ist das Untersuchungsmaterial ***ohne Mitteilung des Namens, der Anschrift und des Geburtstages und -monats des Betroffenen*** *zu übergeben.*

Ist der Sachverständige eine nichtöffentliche Stelle, gilt § 38 des Datenschutzgesetzes mit der Maßgabe, daß die Aufsichtsbehörde die Ausführung der (Geheimhaltungs-)Vorschriften über den Datenschutz auch überwacht, wenn ihr keine hinreichenden Anhaltspunkte für eine Verletzung dieser Vorschriften vorliegen und der Sachverständige die personenbezogenen Daten nicht in Dateien verarbeitet.

§ 81 g Strafprozeßordnung *»DNA-Analyse«*

(1) Zum Zwecke der Identitätsfeststellung in ***künftigen Strafverfahren*** *dürfen dem Beschuldigten, der einer Straftat von erheblicher Bedeutung, insbesondere* ***eines Verbrechens, eines Vergehens gegen die sexuelle Selbstbestimmung, einer gefährlichen Körperverletzung, eines Diebstahles in besonders schwerem Fall oder einer Erpressung*** *verdächtig ist, Körperzellen entnommen und zur Feststellung des DNA-Identifizierungsmusters molekulargenetisch untersucht werden, wenn wegen der Art oder Ausführung der Tat, der Persönlichkeit des Beschuldigten oder sonstiger Erkenntnisse Grund zu der* ***Annahme besteht, daß gegen ihn künftig erneut Strafverfahren*** *wegen einer der vorgenannten Straftaten zu führen sind.*

(2) Die entnommenen Körperzellen dürfen nur für die in Absatz 1 genannte molekulargenetische Untersuchung verwendet werden; sie sind unverzüglich zu vernichten, sobald sie hierfür nicht mehr erforderlich sind. Bei der Untersuchung dürfen andere Feststellungen als diejenigen, die zur Ermittlung des DNA-Identifizierungsmusters erforderlich sind, nicht getroffen werden; hierauf gerichtete Untersuchungen sind unzulässig.

(3) § 81 a Abs. 2 und § 81 f StPO gelten entsprechend.

Durch das sogenannte ***DNA-Identitätsfeststellungsgesetz*** (in Kraft seit dem 11.09.1998) dürfen mit sofortiger Wirkung bei Straftaten *von erheblicher Bedeutung* (z. B. bei Vergehen gegen die sexuelle Selbstbestimmung, gefährlicher Körperverletzung, Diebstahl in besonders schweren Fällen oder Erpressung sowie bei allen als Verbrechen ausgewiesenen Taten) zur Feststellung der Identität in *künftigen Strafverfahren* von Beschuldigten Körperzellen, z. B. durch eine Speichelprobe, entnommen und zur Feststellung des DNA-Identifizierungsmusters untersucht werden, sofern Grund zu der Annahme besteht, daß der Beschuldigte rückfällig werden wird.

Die Körperzellen dürfen nur für diese Untersuchung verwendet werden. Die unverzügliche Vernichtung der Körperzellen muß nach Wegfall der Erforderlichkeit der Maßnahmen vorgenommen werden.

Die Anordnungskompetenz obliegt grundsätzlich dem Richter.

Neben Beschuldigten können auch bereits rechtskräftig verurteilte Personen und solche, die nur deshalb nicht verurteilt worden sind, weil sie schuld- oder verhandlungsunfähig sind, einer solchen Untersuchung unterzogen werden.

Die erhobenen Daten dürfen beim BKA gespeichert, verarbeitet und auch genutzt werden.

QUELLEN UND LITERATURANGABEN ZUM TEIL I

Aktuell Lexikon der Gegenwart 1984 –1997, Chronik-Verlag Harenberg

Ausschuß für Bankbestimmungen und -überwachung: Selbstregulierung der Banken zwecks Verhinderung der Geldwäsche, Baseler Tagung v. 15.12. 1988

Boenisch/Leyendecker/Rickelmann: Mafia im Staat, Steidl Verlag, Göttingen 1992

Breuers, Dieter: Für den Papierkorb, WAZ-Kolummne v. 6.3.1998

Bundesgrenzschutz: Schleuserorganisationen immer brutaler, Jahresbericht für 1997, BMI Bonn, Oktober 1998

Bundeskriminalamt: Lagebild Menschenhandel, Wiesbaden 1995

Ciampi, Azeglio (Italienischer Notenbank-Präsident): Rede vor dem Antimafia-Ausschuß am 6. Januar 1989

Dörmann/ Koch/ Risch/ Vahlenbeck: Organisierte Kriminalität – Wie groß ist die Gefahr? BKA-Sonderband, Wiesbaden 1990

Nel van Dijk/EU-Ausschuß für die Rechte der Frau: Rede vor dem Ausschuß für Grundfreiheiten und Innere Angelegenheiten zum Menschenhandel, Straßburg, 7. 9. 1995

Forum der SPD-Landtagsfraktion Nordrhein-Westfalen: Experten-Anhörung: »Organisierte Kriminalität«, 17. März 1993 (Referenten: Dr. Harald Körner, Oberstaatsanwalt Frankfurt a. M.; Leocuta Orlando, Bürgermeister a. D. von Palermo; Dr. Heribert Prantl, Süddeutsche Zeitung; Klaus Rohr, FBI-Verbindungsmann US-Botschaft, Bad Godesberg; Herbert Schnoor, Innenminister Nordrhein-Westfalen; Walter Seiter, Ltd. Oberstaatsanwalt Düsseldorf; Hans-Ludwig Zachert, Präsident des Bundeskriminalamtes)

Freiberg/Thamm: Das Mafia-Syndrom, Verlag Deutsche Polizei-Literatur, Hilden 1992; dies.: Mafia-Global, Verlag Deutsche Polizei-Literatur, Hilden 1988

Hamacher, Hans-Werner: Hintermänner von Verbrecherorganisationen, Arbeitstagung Organisierte Kriminalität, BKA, Oktober 1974, Wiesbaden 1975

ders.: Betrug in der Europa-Union. In: Kriminalistik, Nr. 12/1996, S. 778 ff.

ders.: Europa – Das Opfer von Betrügern. In: Kriminalistik, Nr. 2/1993, S. 97 ff.

ders.: Tatort Bundesrepublik; Verlag Deutsche Polizei-Literatur, Hilden 1986

Hestermann, Thomas: Kampf dem Menschenhandel, Fachseminar v. 4.–8. August 1997, Wiesbaden, Deutsche Polizei, Nr. 9/1997
Innenminister-Konferenz: Programm zur OK-Bekämpfung. In: Die Streife, Düsseldorf Innenministerium, Nr. 6/1998
Koch/Poerting/Störzer: Sicherheitsschleier gegen das Krebsübel Organisierte Kriminalität. In: Kriminalistik, Nr. 1/1997, S. 2 ff.
Kölbach, Jochen: Geldwäsche – Entwicklung und Erscheinungsformen. In: Kriminalistik, Nr. 11/1995, S. 755 ff.
Kölner Stadtanzeiger: Kinder zum Diebstahl geprügelt, 25.3.1998
ders.: Oberbürgermeister spricht von Saustall, 16.9.1998
ders.: Europäischer Teppich der Rechtshilfe, 20. 9.1998
ders.: Banden auf Betrug mit EU-Geldern spezialisiert, 15.9.1998
ders.: Luxushotel wurde Geldwäschern zur Falle, 20.3.1998
ders.: Tätige Reue statt Durchhalteparolen: Jaques Santer will Betrug vermeiden, 2.3.1999
Kommission der Europa-Gemeinschaften: Schutz der finanziellen Interessen der Gemeinschaft, Jahresberichte 1995–1997
Lindlau, Dagobert: Der Mob, Hoffmann & Campe, Hamburg 1987
Meyer/Hetzer: Abschöpfung von Verbrechensgewinnen. In: Kriminalistik, Nr. 1/1997, S. 31 ff.
Pfeiffer, Christian: Das riecht nach Selbstbedienung. In: Der Stern, Nr. 4/1998
Raith, Werner: Mafia in Deutschland, Köster-Verlag, Köln 1989
Roth/Frey: Die Verbrecher Holding, Piper, München/Zürich 1992
Schaefer, Hans Christoph: Organisierte Kriminalität aus der Sicht der Justiz. In: Kriminalistik, Nr. 1/1997, S. 23 ff.
Schwind/Baumann: Ursachen, Prävention und Kontrolle der Gewalt, Berichte der Gewaltkommission, Band I (Endgutachten), Duncker/Humboldt, Berlin 1990
Sicherheits-Magazin: Lagebild Schweiz, Borberg-Verlag, Stuttgart, Nr. 1/1998, S. 15 ff.
Der Spiegel: Dreckiges Geld – Saubere Helfer, Nr. 9/1992 bis 11/1992
ders.: Rauschgift-Report 1, Nr. 47/1997, S. 143 ff.
ders.: Eine schmutzige Sphäre, Denninger, Nr. 9/1998 , S. 72 ff.
Der Stern: Vorsicht – Staat hört mit, Nr. 7/1998, S. 20 ff.
ders.: Die Models, die Mafia und der Tod von Moskau, Nr. 27/1998, S. 134 ff.
ders.: Dr. Raffke auf der Spur, Nr. 34/1998, S. 112 ff.

ders.: Eldorado für Abzocker, Nr. 20/1998, S. 190 ff.
Stille, Alexander: Der Richter, der Tod, die Mafia und die italienische Republik, Beck & Ebner, Ulm/München 1997
Storbeck, Jürgen: Die Rolle supranationaler Zentralstellen bei der Bekämpfung der Organisierten Kriminalität, Arbeitstagung Bundeskriminalamt, November 1994
ders.: Noch kein europäisches FBI, Interview Kölner Stadtanzeiger v. 1.10. 1998
Strafgesetzbuch, Beck-Texte im Deutschen Taschenbuch Verlag, 32. Auflage 1998
Stümper, Alfred: Bekämpfung der Organisierten Kriminalität – wie denn? Vorlage beim Bundeskanzler am 4.2.1988 (unveröffentlicht)
Vorwärts: Handelsware Frau, Vorwärts-Verlag, Godesberg, August 1997, S. 22 ff.
Wolters, Jörg: Verbrechensbekämpfung – Eine Europäische Sache? In: Kriminalistik, Nr. 2/1997, S. 86 ff.
Zachert, Hans Ludwig: Allgemeine Kriminalität – Organisierte Kriminalität. In: Kriminalistik, Nr. 11/1995, S. 690 ff.

QUELLEN UND LITERATURANGABEN ZUM TEIL II

BKA-Berichte 1997/1998
DPA/AP/AFP-Berichte
Edith Kohn: Das tödliche Schweigen. In: Der Stern, Nr. 32/1998, S. 45 ff.
Wolfgang Metzner: Mörderjagd mit High-Tech und Pinzette. In: Der Stern, Nr. 22/1998, S. 180 ff.
Hubert Pöche: Der gläserne Mensch? Unsinn! In: Der Stern, Nr. 22/1998
Dr. Claus Roxib: Rechtsstaatliche Garantien des Strafprozesses in der Strafprozeßordnung, Beck-Texte, 29. Auflage 1998
Monika Sieradzki: DNA-Analyse/Gen-Datei. In: Deutsche Polizei, Nr. 6/1998, Verlag Deutsche Polizei Literatur, Hilden 1998
Joseph Wambaugh: »The Blooding« (Nur ein Tropfen Blut), Heyne Verlag, Band 01/473, München 1989 (Die Rekonstruktion der Ereignisse im Fall Colin Pitchfork folgt den von Wambaugh genannten Namen und Tatsachen.)

MILITZKE Zeitgeschichte: Aus unserem Programm

Jack Kuper
Jankele lebt!
Ein jüdisches Kind auf der Flucht
256 Seiten · Festeinband
14 x 21,2 cm
ISBN 3-86189-126-3
36,00 DM/33,00 sFr/263 öS/
18,45 Euro

Karin Steimann
Leben lassen
Auf den Spuren eines unbequemen Anwalts
304 Seiten · Festeinband
14 x 21,2 cm
ISBN 3-86189-144-1
48,00 DM/44,50 sFr/351 öS/
24,55 Euro

Rosemarie Killius
Sei still, Kind! Adolf spricht
Gespräche mit Zeitzeuginnen
256 Seiten · 27 Abb.
Festeinband mit Schutzumschlag
14 x 21,2 cm
ISBN 3-86189-180-8
38,00 DM/35 sFr/278 öS/
19,45 Euro